21世纪高职高专精品系列规划教材

服务营销

FUWU YINGXIAO

（第三版）

主　编◎张翠英　赵志江

首都经济贸易大学出版社
Capital University of Economics and Business Press
·北　京·

图书在版编目(CIP)数据

服务营销/张翠英,赵志江主编.—3版.—北京:
首都经济贸易大学出版社,2017.1
ISBN 978-7-5638-1572-2

Ⅰ.①服… Ⅱ.①张… ②赵… Ⅲ.①服务营销 Ⅳ.①F719

中国版本图书馆CIP数据核字(2013)第152436号

服务营销(第三版)
张翠英 赵志江 主编

责任编辑 王玉荣
封面设计 砚祥志远·激光照排 TEL:010-65976003
出版发行 首都经济贸易大学出版社
地 址 北京市朝阳区红庙(邮编100026)
电 话 (010)65976483 65065761 65071505(传真)
网 址 http://www.sjmcb.com
E-mail publish@cueb.edu.cn
经 销 全国新华书店
照 排 首都经济贸易大学出版社激光照排服务部
印 刷 北京市泰锐印刷有限责任公司
开 本 787毫米×1092毫米 1/16
字 数 371千字
印 张 14.5
版 次 2010年6月第1版 2013年8月第2版 **2017年1月第3版**
2017年1月总第5次印刷
印 数 16 001~21 000
书 号 ISBN 978-7-5638-1572-2/F·906
定 价 29.00元

第三版前言

PREFACE TO THE THIRD EDITION

服务业范围广泛，不仅包括了金融、信息、物流、电子商务、文化创意等新兴服务业，也包括改造升级中的传统服务业。近年来随着中国经济产业升级步伐加快，服务业保持着较快的增长速度，目前服务业已经成为拉动中国经济增长的主要力量。

服务业快速发展的过程，也是其自身不断改革和创新的过程。在国家“大众创业、万众创新”的大背景下，“互联网+服务业”已经成为服务业发展的新突破点，众多的“互联网+服务”企业如雨后春笋般蓬勃发展起来，这些服务企业在实践服务营销理论的同时，也丰富和完善了服务营销的案例。

《服务营销》自2010年出版以来得到了广大读者的认可和好评，为了反映我国服务业的最新发展状况，同时也为了进一步适应教学需要，我们在《服务营销》第二版的基础上进行再次修订，本次修订保留了原书的基本结构和内容，对书中案例资料进行了更新和调整，借鉴和吸收了近年来服务行业的最新数据和经典案例，更加突出了教材的时效性。

本书由浙江水利水电学院张翠英、赵志江主编。张翠英进行了本次的修订工作。

在编写及修订过程中，我们大量参考了同仁们的研究成果，在此向这些作者们致以诚挚的谢意。首都经济贸易大学出版社的王玉荣编辑对本书的出版和修订给予了大力支持和帮助，在此致以衷心的感谢！

囿于作者时间经验，难免会有疏漏，书中存在不当和欠妥之处，恳请广大读者批评指正，以便我们不断改进。

编者

2016年11月于杭州

前言

PREFACE

在当今的消费经济和网络经济时代，服务在发达国家的经济中扮演着举足轻重的作用。一方面，服务业在这些国家国民生产总值中所占的比重及其从业人数都已达到相当高的水平；另一方面，相对于制造业而言，服务业已成为发达国家获取和保持竞争优势的战略武器。

近年来，我国服务业在国民经济中的地位日益提高，服务业对经济增长的贡献率亦得到相应提升，从 10 年前的 40% 增加到目前的 50%，服务业从业人数占总就业人数的比例达到 33%。毫无疑问，随着我国人均国民收入的增加，服务业产出将在国民生产总值中占主要比重，服务业成为经济主导的经济结构即将在中国出现，服务业将对我国经济发展带来巨大而深远的影响。然而，就整体而言，目前我国服务业的发展相对发达国家仍显滞后，服务业层次较低，服务企业的经营观念和运营方式比较落后。因此，借鉴现代服务营销的理念和原理，结合我国服务业的现实状况，将先进的服务营销理论和方法运用到我国服务企业，具有很高的现实意义。

本书根据高职高专教育技能型人才培养的客观要求和内在规律，吸收近年来相关课程的教学改革经验以及学界的最新理论和实践成果编写而成。本书在编写过程中，立足于高职高专教育的特征，力求精练、实用、突出重点，紧紧围绕服务这一无形产品的特殊性，内容和案例尽可能与有形产品的市场营销相区别，同时又保持呼应和衔接。为了方便学生学习，本书每章前设有“学习目标”、“引导案例”，后设“本章小结”、“关键词”、“思考题”和“案例分析”等栏目。

参加本书编写的有浙江水利水电专科学校的赵志江、张翠英和覃琼霞。赵志江编写第一、三、十一、十二章；张翠英编写第四、五、六、七章；覃琼霞编写第二、八、九、十章。在分工编写的基础上，由赵志江总纂、修改、定稿。

本书可以作为高职高专院校市场营销专业以及其他工商管理类专业学生的教材，也可以作为工商企业管理者参考用书。

在编写过程中，我们大量参考了同行的研究成果，以充实本教材，在此，向这些作者致以诚挚的谢意。由于时间和水平有限，书中不当和欠妥之处恳请广大读者批评指正。

编　者

2009 年 11 月于杭州

目 录

CONTENTS

第一章　服务营销概述

学习目标
Learning Objectives

1. 掌握服务的概念及其特征
2. 了解服务营销演变过程及其与市场营销的联系和区别
3. 熟悉服务营销的主要理念

引导案例

招商银行“因你而变”

招商银行是我国第一家完全由企业法人持股的股份制商业银行，总行设在深圳。在英国《银行家》杂志“世界1 000家大银行”的最新排名中，招商银行资产总额居前150位。

目前招商银行形成了“立足深圳、辐射全国、面向海外”的机构体系和业务网络。在中国境内30多个大中城市及香港设有分行，网点总数有400多家，在美国设立了代表处，并与世界70多个国家和地区的900多家银行建立了代理行关系。

招商银行在革新金融产品与服务方面创造了数十个第一，较好地适应了市场和客户不断变化的需求，被广大客户和社会公众称誉为国内创新能力强、服务好、技术领先的银行，为中国银行业的改革和发展做出了有益的探索，同时也取得了良好的经营业绩。近年来，招商银行连续被境内外媒体授予“中国本土最佳商业银行”“中国最受尊敬企业”“中国十佳上市公司”等多项殊荣。

秉承“因您而变”的经营理念，招商银行在国内业界率先通过各种方式改善客户服务，致力于为客户提供高效、便利、体贴、温馨的服务，带动了国内银行业服务观念和方式的变革，拉近了银行与客户的距离。招商银行在国内率先构筑了网上银行、电话银行、手机银行、自助银行等电子服务网络，为客户提供“3A”式现代金融服务。根据市场细分理论，招商银行在继续做好大众服务的同时，致力于为高端客户提供量身定制的“一对一”的尊贵服务，不断提高金融服务的专业化、个性化水平。招商银行率先在国内建立了“客户满意度指标体系”，为管理质量和服务质量的持续提升提供了有力保障。

招商银行立足于市场和客户需求，充分发挥拥有全行统一的电子化平台的巨大优势，率先开发了一系列高技术含量的金融产品与金融服务，打造了“一卡通”、“一网通”、“金葵花理财”、“点金理财”、招商银行信用卡和“财富账户”等知名金融品牌，树立了技术领先型银行的社会形象。其“一卡通”银行卡被誉为我国银行业在个人理财方面的一个创举，累计发卡量居全国银行卡前列。招商银行在国内率先推出一卡双币国际标准信用卡，有数据显示其占有了国内双币种信用卡市场超过30%的份额，成为国内最大的国际标准信用卡发卡行。

招商银行在国内首家全面启动的网上银行———"一网通"，无论是在技术性能还是在业务量方面，在国内同业中都始终处于领先地位。"一网通"曾经作为中国电子商务和网上银行的代表，登上了被誉为全球IT业"奥斯卡"大奖的国际信息技术应用大赛(CHP大赛)的领奖台。目前招商银行已形成了以"一网通"为品牌的国内著名金融证券网站，功能包括"企业银行"、"个人银行"、"网上证券"、"网上商城"和"网上支付"五个系统。以个人银行为例，用户在"一网通"的"个人银行"中可以实现从用户管理的增加用户、修改密码、账务查询到一卡通、数字证书管理及转账汇款、网上支付、代缴各种费用、融资信贷、理财投资等各种功能。目前，招商银行的网上用户和网上交易额均居国内银行业的前列。

第一节　服务的概念及其特征

一、服务的概念

有关服务概念的研究，最早可以追溯到亚当·斯密时代，而市场营销学界对服务概念的研究则大致从19世纪五六十年代开始。

1960年，AMA(美国市场营销学会)最先给服务下定义为"用于出售或者是同产品连在一起进行出售的活动、利益或满足感"。

雷根(Regan,1963)把服务定义为"直接提供满足(交通、租房)或者与有形产品或其他服务(信用卡)一起提供满足的不可感知活动"。

拉斯美尔(Rathmell,1966)把服务定义为"一种行为，一种表现，一种努力"。

斯坦顿(Stanton,1974)认为"服务是可被独立识别的不可感知的活动，为消费者或工业用户提供满足感，但并非一定要与某个产品或服务连在一起出售"。

莱特南(Lehtinen,1983)认为服务是"与某个中介人或机器设备相互作用并为消费者提供满足的一种或者一系列活动"。

芬兰服务营销学家格隆鲁斯(Gronroos,1990)在莱特南、科特勒等人的基础上，把服务的定义概括为"或多或少地具有无形特征的一种或一系列活动，通常(并非一定)发生在顾客同服务的提供者及其有形的资源、商品或系统相互作用的过程中，以便解决消费者的有关问题"。

詹姆斯·A. 菲茨西蒙斯和莫娜·J. 菲茨西蒙斯在《服务管理》一书中定义"服务是一个由在支持性设施内使用辅助物品实现的显性和隐性利益构成的'包'(Package)。服务的多重维度是服务传递系统设计和控制的核心"。

AMA在1960年定义的基础上进一步补充完善，将服务定义为"可被区分界定，主要为不可感知，却可使欲望获得满足的活动，而这种活动并不需要与其他的产品或服务的售出联系在一起。生产服务时可能会或不会利用到实物，而且即使需要借助某些实物协助生产服务，这些实物的所有权也不涉及转移的问题”。这个定义得到营销学界的普遍认同。

二、服务的分类

服务依据不同的划分标准，可以进行不同的分类。

(一)服务推广顾客参与程度分类法

依据顾客对服务推广的参与程度，可将服务分为以下三大类。

1. 高接触性服务。高接触性服务是指顾客在服务推广过程中参与其中全部或大部分活动的服务，如电影院、娱乐场所、公共交通、学校等所提供的服务。

2. 中接触性服务。中接触性服务是指顾客只是部分地或在局部时间内参与其中活动的服务，如银行、律师、地产经纪人等所提供的服务。

3. 低接触性服务。低接触性服务是指在服务推广中顾客与服务的提供者接触较少的服务，其间的交往主要是通过仪器设备进行，如信息、邮电业等提供的服务。

这种分类法的优点是便于将高接触性服务从中、低接触性服务中分离出来，以便采取多样化的服务营销策略满足各种高接触性服务对象的需求；其缺点是过于粗略。

(二)综合因素分类法

从服务的综合因素着手，分别从不同的侧面进行分类。

1. 依据提供服务工具的不同可分为以下两类。

(1)以机器设备为基础的服务，如自动售货机、自动化汽车刷洗等。

(2)以人为基础的服务，包括非技术性、技术性和专业性服务，如会计与审计服务、旅行服务等。

2. 依据顾客在服务现场出现的必要性的大小可分为以下两类。

(1)必须要求顾客亲临现场的服务，如身体检查、理发美发、按摩美容等。这样的服务要考虑环境卫生、设施等因素。

(2)不需要顾客亲临现场的服务，如汽车修理、成衣整熨等。

3. 依据顾客个人需要与企业需要的不同可分为以下两类。

(1)只面对个人需要的专一化服务。

(2)面对个人需要与企业需要的混合性服务。

这种分类法综合考虑了各类因素，对其客观状态进行了分类，包容性较广，但从服务营销管理角度考虑不够，与对服务业的管理不太协调。

(三)服务营销管理分类法

这种方法吸收了前几种分类法的优点，并重点结合对服务业的管理过程进行分类。

1. 依据服务活动的本质可分为以下四类。

(1)作用于人的有形服务，如民航、理发服务等。

(2)作用于物的有形服务，如航空货运、草坪修整等。

(3)作用于人的无形服务，如教育、广播等。

(4)作用于物的无形服务,如咨询、保险等。

2. 依据顾客与服务组织的联系状态可分为以下四类。

(1)连续性、会员关系服务,如银行、保险、汽车协会等。

(2)连续性、非正式关系的服务,如广播电台、警察保护等。

(3)间断的、会员关系的服务,如电话购买服务、担保维修等。

(4)间断的、非正式关系的服务,如邮购、街头收费电话等。

3. 依据服务方式及满足程度可分为以下四类。

(1)选择自由度小,难以满足顾客的个性需求的标准化服务,如公共汽车载客服务等。

(2)易于满足要求,但服务方式选择自由度小的服务,如电话服务,旅馆服务等。

(3)提供者选择余地大,而难以满足个性要求的服务,如教师授课等。

(4)需求能满足且服务提供者有发挥空间的服务,如美容、建筑设计、律师和医疗保健等。

4. 依据服务供求关系可分为以下三类。

(1)需求波动较小的服务,如保险、法律、银行服务等。

(2)需求波动大而供应基本能跟上的服务,如电力、天然气、电话等。

(3)需求波动幅度大并会超出供应能力的服务,如交通运输、饭店和宾馆等。

5. 依据服务推广的方法可分为以下六类。

(1)在单一地点顾客主动接触服务组织的服务,如电影院、烧烤店。

(2)在单一地点服务组织主动接触顾客的服务,如出租汽车等。

(3)在单一地点顾客与服务组织远距离交易的服务,如信用卡公司等。

(4)在多个地点顾客主动接触服务组织的服务,如汽车维修服务、快餐店等。

(5)在多个地点服务组织主动接触顾客的服务,如邮寄服务。

(6)在多个地点顾客和组织远距离交易的服务,如广播站、电话公司等。

由于服务内涵的复杂性,决定了人们考察服务时从不同的角度介入,因而导致不同的分类法。对服务分类是为了认识不同行业、不同部门服务的特征,是制定服务营销战略的基础。

三、服务的特征

服务与有形商品相比是有本质区别的。一般而言,服务具有以下共同的特征。

(一)无形性

无形性是服务最明显的特征。服务的无形性可以从三个方面来理解。首先,服务若与有形的消费品或产业用品比较,服务的特质及组成服务的元素,很多时候都是无形、无质的。其次,顾客在购买服务之前,无法看见、听见、品尝、触摸、嗅闻到他能得到什么样的服务,也无法明确说明他们希望得到什么样的服务,因为大多数服务都非常抽象,很难描述。最后,即使消费者曾经购买过某种服务,当他们再次购买这种服务时,也无法肯定是否能得到同样的服务。因为这一特征,使消费者在购买服务之前所面临的购买风险比购买有形商品要大得多。

（二）不可分离性

有形的产业用品或消费品从生产、流通到最终消费的过程中往往要经过一系列的中间环节，生产与消费过程具有一定的时间间隔。而服务则是服务过程和消费过程同时发生，服务与消费不能分离，消费者往往参与服务（如快餐店的顾客），或通过与服务人员合作（如美容店的顾客）积极地参与服务过程，享受服务的使用价值。因为服务具有这一特征，所以服务企业往往将生产、零售和消费场所融为一体。大多数消费者必须到服务场所才能接受服务，或服务企业必须将服务送到消费者手中。各个服务网点只能为某一个地区的消费者服务，因此服务场所的选址对服务企业显得十分重要。

（三）差异性

差异性是指服务的构成成分及其质量水平经常变化，很难统一界定。服务无法像有形产品那样实现标准化，每次服务带给顾客的效用、顾客感知的服务质量都可能存在差异。造成差异性的原因有：一是由于服务企业往往不易制定与执行统一的服务质量标准，不易保证服务质量，提供给一个顾客的服务不可能与提供给下一个顾客的服务完全相同；二是服务人员的原因，如服务人员有各种不同经历、心理状态、性格特点、工作态度，其服务行为也难以把握；三是顾客的原因，由于顾客直接参与服务的生产与消费过程，顾客因知识水平、兴趣和爱好等差异，即使服务企业提供同样的服务，顾客的感受也会不同，也直接影响服务质量和效果。

（四）不可储存性

由于服务的不可感知性以及服务的生产与消费同时进行，使得服务不可能像有形的产业用品和消费品一样被储存起来，以备未来出售，而且消费者在大多数情况下，亦不可能将服务携带回家安放。服务企业为消费者提供服务之后，服务就立即消失。尽管如此，服务企业为了给消费者提供及时的服务，仍必须把提供服务的各种设备、材料提前准备好，但生产出来的服务如不及时消费掉，就会造成损失（如飞机空位等）。不过，这种损失不像有形产品损失那样明显，它仅表现为机会的丧失和折旧的发生。因此，不可储存性的特征要求服务企业必须解决由于缺乏库存引起的产品供需不平衡问题，解决如何制定分销战略来选择分销渠道和分销商，以及如何设计生产过程和有效地弹性处理被动的服务需求等问题。

（五）缺乏所有权

缺乏所有权是指在服务的生产和消费过程中不涉及任何东西的所有权转移。既然服务是无形的，又不可储存，服务在交易完成后便消失了，消费者并没有“实质性”地拥有服务。我们乘坐航班抵达目的地后，除了机票和登机牌在手上外，其他一切都清算交割，同时航空公司也没有把任何东西的所有权转移给旅客。在银行提取存款，在服务过程结束后，储户手中拿到钱，但并没有引起所有权的转移，因为这些存款本身是储户自己的，银行只不过是一个存放的场所，而且银行还要给储户一定的利息。不过也有例外的情况。比如，在百货公司购物后，购买者取得了所购商品的所有权，此类公司的服务导致了有形商品权的转让。

从上述五个特征的分析中不难看出，无形性大体上可被认为是服务产品的最基本特征。其他特征都是从这一特征派生出来的。事实上，正是因为服务的无形性，它才不可分离。而差异性、不可储存性、缺乏所有权在很大程度上是受无形性和不可分离性两大特征所决定的;同时,就对服务市场的营销行为及顾客行为的影响而言,后几种特征也不如前两种特征影响深远。

第二节　服务营销的兴起与发展

一、服务营销的兴起

服务营销学于20世纪60年代兴起于西方。1996年,美国拉斯摩(John Rathmall)教授首次对无形服务与有形实体产品进行区分,提出要以非传统的方法研究服务的市场营销问题。1974年由拉斯摩所著的第一本论述服务市场营销的专著面世,标志着服务市场营销学的产生。在该著作中,作者明确指出,仅把市场营销学的概念、模型、技巧应用于服务领域是行不通的,而必须建立服务导向的理论架构;视服务营销学为市场营销学的衍生物还不够,还必须认清服务营销学与市场营销学之间存在着某种质的区别,这样才能使服务营销学成为独立的学科。在服务营销学的形成中,北欧以格隆鲁斯(Christopher Gronroos)和赫斯基(James Heskett)为代表的诺迪克学派(Nordic School)起到了巨大的推进作用。他们有关服务质量的理论及服务营销管理理论成为服务营销学的重要理论支柱。

服务营销学的兴起源于服务业的迅猛发展和产品营销中服务日益成为焦点的事实。随着经济的发展,服务业在国民经济中的比重日益增大,产业升级与产业结构优化的直接结果必然导致服务业的强劲发展。同时,企业在进行有形产品营销时,服务已成为销售的重要手段,成为企业间进行市场竞争的焦点,并日益成为产品市场竞争的主角。企业营销及市场竞争不仅需要市场营销学作为理论基础,而且需要服务营销学作为行动指导。

二、服务营销的发展阶段

服务营销学的发展大致经历了以下几个阶段。

(一)第一阶段(20世纪60~70年代)——服务营销的脱胎阶段

这一阶段的研究主要是探讨服务同有形产品(主要指产业用品与消费品)的异同,并试图界定大多数服务所共有的特征。在1977~1980年期间理论界对服务特征进行了大量的研究,总结归纳出服务业具有无形性、不可分离性、差异性、不可储存性和缺乏所有权等特征。

(二)第二阶段(20世纪80年代初至中期)——服务营销的理论探索阶段

这一阶段研究主要包括以下两个方面。

1.探讨服务的特征如何影响消费者的购买行为,尤其是集中于消费者对服务的特征、优缺点以及潜在的购买风险的评估。

2.探讨如何根据服务特征将其划分为不同的种类,不同种类的服务需要市场营销人员运用不同的市场营销战略和技巧来进行推广。如:萧斯塔克根据产品从有形向无形的变化来区分服务，提出了“有形性与无形性差异序列理论”；戚斯的“高卷入与低卷入模式”，按照顾客参与服务生产过程的程度高低划分服务；贝尔（Bell）利用“无形”的程度与“服务是否为顾客度身定制”对服务进行分类；而拉夫罗克则根据服务的生产过程、会员制度、以人提供服务或者是以机器提供服务等不同标准，提出多种区分服务的方法。

（三）第三阶段（20 世纪 80 年代后期至今）——理论突破及实践阶段

在这个阶段，服务营销学研究的一个重要变化就是一些学者开始利用实证方法验证和创新理论，通过在服务实践中收集大量的数据来支持自己的理论，而不是仅局限于概念层面的研究。这个阶段研究的成果包括以下内容。

1. 探讨服务营销组合应包括哪些因素。在传统市场营销 4P 组合的基础上逐渐确定“人”（包括顾客和企业员工）在服务推广以及生产服务的过程中所扮演的角色，并由此衍生出两大领域的研究，即关系市场营销学（Relationship Marketing）和服务系统设计（Service System Design）。在关系市场营销学研究中，有学者着重研究如何维系和改善同现有顾客的关系、要与不同的顾客建立不同类型的关系、企业同顾客的关系对服务企业市场营销的巨大影响等内容。在有关“服务系统设计”的研究中，萧斯塔克提出的蓝图技巧理论，解释“蓝图技巧”对于分析和设计服务以及服务生产过程的作用；戚斯与坦斯克（Tansik）合作，根据顾客投入服务生产过程的程度设计服务；包文（Bowen）和钟斯（Jones）则利用交易成本理论（Transaction Cost Theory）研究顾客在何种情况下愿意参与生产服务。

2. 对服务质量进行了深入的研究。葛劳罗斯就“服务质量”提出新的解释，认为服务质量是由“技术质量”（Technical Quality）和“功能质量”（Functional Quality）组成，前者指服务的硬件要素，后者指服务态度及员工行为等软件要素。在 20 世纪 80 年代后期美国的三位学者巴拉苏罗曼、贝瑞和西斯姆提出差距理论（Gap Theory），指出服务质量受五种“差距”的影响和制约，并提出服务质量可以从五种角度或标准进行测量，即可靠性、可感知性、应对性、保证性和移情性。

3. 提出了有关“服务接触”的理论。贝特森等一批学者分析了服务接触对顾客整项服务感受的影响，使服务企业的管理者懂得如何利用服务人员及顾客双方的“控制欲”、“角色”和对投入服务生产过程的“期望”等因素来提高服务的质量。

4. 提出了有效服务营销的组合策略。在传统的产品、价格、分销渠道和促销四个市场营销组合策略的基础上，又增加了有形展示、人、服务过程三个因素，形成了 7P 组合，有关服务营销的理论研究就围绕 7P 组合进行。

5. 提出了服务营销的一些特殊领域的专题研究，如服务的出口战略，现代信息技术对服务生产、管理以及市场营销过程的影响等。

三、服务营销与市场营销的联系与区别

（一）服务营销与市场营销的联系

市场营销理论于 20 世纪初诞生于美国。它的产生是基于工业生产迅速发展、市场规模迅速扩大、企业分销系统发生变化的大背景下。它研究的对象是以满足消费者需求为中心的企业市场营销活动过程及其规律性。具体地说，市场营销是指企业旨在占领市

场、扩大销售、实现预期利润目标的商务活动过程。它以顾客为终点，更以顾客为起点，包括市场调研、选择目标市场、产品开发、市场开发、产品定价、渠道选择、产品促销、产品储运、产品销售、售后服务等一系列与市场有关的业务经营活动。市场营销的实质就是在市场研究的基础上，以消费者需求为中心，在适当的时间、适当的地点，以适当的价格、适当的方式，把适合消费者需要的产品和服务提供给消费者。在市场竞争越来越激烈的今天，随着市场环境和经营条件的变化，企业也更加重视采取有效的营销策略以占领或保住市场。

服务营销是现代市场营销的一个新领域，是随着服务业的不断发展和市场竞争焦点，逐步在以商品为中心转向以服务为中心的背景下从市场营销之中独立出来的一门新的学科。虽然服务与有形的产业用品和消费品在本质上没有什么不同，但因服务有其特殊的内涵和特征，服务业的经营活动与有形产品的生产过程的组织是有明显区别的，这就有必要架构起适合服务营销活动的营销理论和原则。所谓服务营销是服务企业为了满足顾客对服务产品所带来的服务效用的需求，实现企业预定的目标，通过采取的一系列整合的营销策略而达成服务交易的商务活动过程。服务营销的核心理念是顾客满意和顾客忠诚，通过取得顾客的满意和忠诚来促进相互有利的交换，最终实现营销绩效的改进和企业的长期成长。

（二）服务营销与市场营销的区别

由于服务具有无形性、不可分离性、差异性、不可储存性和缺乏所有权等基本特征，就决定了服务营销与有形产品的市场营销有着本质的区别。服务营销与市场营销的差异性表现在以下几方面。

1. 产品特点不同。有形产品表现为一个具体的物质实体或一个实实在在的东西，在营销活动中推销的是一个看得见、摸得着的实体，消费者可从其实体的外观及具体的使用中判定产品质量的好坏。而服务是无形的，这产生了两个问题：一是顾客难以感知和判断其质量和效果，他们更多是根据服务设施和环境，或从他人之口来衡量，因而顾客在购买服务产品时冒有较大的风险。二是服务不能依法申请专利，因此新的服务概念可以轻易地被竞争对手所模仿。

2. 顾客对生产过程的参与程度不同。有形产品的生产因生产企业有固定的生产线和生产工艺，消费者一般不参与生产过程，即使一些生产企业实行柔性化生产、个人定制生产，但这毕竟是少数。而在服务生产过程中，顾客是其中一个因素，直接参与到服务生产过程，服务产品的好坏与顾客的参与密切相关。因此，如何管理顾客以使得服务推广有效进行，成为服务营销管理的一个重要内容。

3. 人的因素影响不同。在有形产品的生产过程中，生产工人须严格按照生产工艺的要求进行产品生产。现代化的企业生产，工人对产品个性的形成所起的作用越来越小。而在服务产品的生产过程中，服务人员直接与顾客广泛接触，服务绩效的好坏既取决于服务提供者的素质及行为，又与顾客的行为密切相关。

4. 质量控制难易程度不同。有形产品的生产须严格按照一定的产品质量标准来进行生产，这样产品质量才能得到有效监控。而服务产品的生产因有人的参与，人为因素对服务的影响最大，所以服务产品难以用统一的质量标准来衡量，也不易控制服务质量。

5.产品储存存在差异。由于服务的不可感知形态以及生产与消费的同时进行,使得服务具有不可储存的特性。虽然生产服务的设备、劳动力等能够以实物的形态存在,但它们只是代表一种生产能力而非服务本身。如果没有顾客需要提供服务,就意味着生产能力的浪费;如果服务需求超过供给能力,又会因缺乏存货而使顾客的需求得不到满足。所以,在服务企业中很难管理需求的波动,如何使波动的需求同企业的生产能力相匹配,便成为管理中的一个难题。由于生产和服务同时进行,服务质量和顾客满意度将在很大程度上依赖于"真实瞬间"发生的情况。

6.时间因素的影响不同。由于服务生产与服务消费同时进行,在服务中顾客与服务人员面对面地接触,服务的推广必须及时、快捷,以缩短顾客消费中的时间成本。若在服务中等候的时间太长,则会引起顾客的厌烦,给服务企业的服务质量及形象带来不良影响。而有形产品的生产过程,一般情况下顾客是不参与其中的,因此,对企业生产效率的高低,顾客不会关心。

7.分销渠道不同。有形产品的销售可通过生产企业自己的营销渠道或利用中间商所建立的分销渠道销售给目标顾客。而服务产品因其生产与消费密不可分,只能把生产、零售和消费的地点融在一起来推广产品,最多为了方便消费者而采用连锁经营的方式。服务企业的分销渠道一般都附属于企业生产过程,而不能独立存在。

第三节 服务营销理念

所谓服务营销理念,是指人们从事服务活动的主导思想意识,它反映了人们对服务活动的理性认识。服务理念不是天生就有的,而是在一定的经济、文化环境影响下,在人们长期的营销服务实践中逐渐形成的,是对服务营销工作方法的总结和提炼。先进的服务营销理念能指导人们提供更好的服务产品,更有效地拓展市场。

一、顾客满意理念

顾客满意理念来源于市场营销理论的基本概念,是指企业全部经营活动都要从满足顾客的需要出发,以提供满足顾客需要的产品和服务为企业的责任和义务,以满足顾客需要、使顾客满意为企业的经营宗旨。服务企业导入顾客满意理念,不单单是经营理念上的转变,还需要将CS纳入整个经营体系之中,要求所有员工密切合作,切实将顾客的需求作为日常经营活动中的"轴心",积极提供顾客满意的服务,这样CS战略才能得到贯彻和落实。

顾客满意理念(CS)与企业形象策划理念(CI)相互补充,由内到外完善企业的服务体系。企业形象策划试图通过对企业内部员工的行为规范和企业视觉识别系统的设计,向社会公众传达出企业的经营理念和企业精神,从而建立起企业独特的形象识别和社会认同;顾客满意理念直接以最终顾客的满意度来调整企业的经营战略和服务行为,以此来争取社会公众的普遍认同。企业形象策划理念侧重点在企业自我;顾客满意理念则强调客户的满意程度。

（一）顾客满意服务的内涵

顾客满意服务是一个系统，可从横向和纵向两方面来理解。

1. 横向的顾客满意系统。横向的顾客满意系统包括以下几方面内容。

（1）企业经营理念满意，包括经营战略、经营目标、经营道德、经营方针、经营哲学等方面带给顾客的满意度。

（2）企业营销行为满意，包括企业的行为机制、行为规范、行为实施过程带给顾客的满意度。

（3）企业视觉形象满意，企业的环境、标志、色彩、有形展示等往往是顾客满意度的基础和第一印象。

（4）产品满意，指企业的实体产品和服务产品带给顾客的满意度。

（5）服务满意，主要是指服务过程中的服务态度、服务水平、服务质量等带给顾客的满意度。对于服务企业来说，这是影响消费者满意度的最直接的要素。

2. 纵向的顾客满意系统。纵向的顾客满意系统包括以下几层次。

（1）物质满意层次，即消费者对服务产品的功能、品质、功效等方面的满意度评价。

（2）精神满意层次，即顾客对服务方式、环境、服务态度、服务过程的满意度评价。

（3）社会满意层次，即顾客在消费服务产品的过程中所感受到的企业社会经营价值观，以及企业对社会公共利益所做的贡献。

（二）顾客满意度

顾客满意度有两种概念：行为意义上的顾客满意度和经济意义上的顾客满意度。

行为意义上的顾客满意度是顾客在历次购买活动中逐渐积累起来的连续的状态，是一种经过长期沉淀而形成的情感诉求。它是一种不仅仅限于“满意”和“不满意”两种状态的总体感觉。

对经济意义上的顾客满意度，可以从其重要性方面加以理解。一般地，当企业的顾客服务处于一般水平时，顾客的反应不大；一旦其服务质量提高或降低一定程度，顾客的赞誉或抱怨将呈指数级增加。构成顾客满意度推动力的主要因素有：产品的自身特点、分销地点和分销渠道、价位因素、员工的服务态度、企业的服务理念、企业的公众形象和促销手段等。企业只有认真分析自身在上述方面的长处与不足，采取积极有效的步骤，不断修正自己的行为，才能取得经济意义上较高的顾客满意度。

案例链接

服务就是创造意外的惊喜—— 一次迪士尼乐园的旅程

开始离开南极大陆返程回国，现在太平洋航行的船上。此次登陆南极是我最大的梦想之一，一路上很多的震撼，冰川、企鹅、鲸鱼、变化无常的天气、汹涌的波涛、灿烂的旭日与艳美的晚霞……很多很多，我还需要一些时间来仔细回味和感触。但是在船上的一件小事，却让我感动不已，让我真切感受到什么是服务的真谛。同舱的团友找不到自己的手机,我们翻遍了房间里的所有地方,还是无法找到,所以就和负责我们房间卫生的服务生说,手机不见了,请他留意,希望可以找到。和服务生说好之后就到餐厅去吃饭。回房间的路上,团友还说:“你说,我的手机会找到吗?”,我还安慰她说“应该会找到”。当打开舱门的时候,真是一个大大的惊喜:一个白色的小企鹅,握着团友的手机在等着我们回来,真是太惊奇了,那一瞬间,我们都惊呼了起来,不仅仅是看到手机,是看到一个可爱的“小企鹅”。服务生不仅找到手机,还用白毛巾折叠了一个企鹅,并让企鹅握着手机,真的是太神奇了,那份带给我们的惊喜简直无法用语言形容,这一刻,我开始理解服务的真谛的是什么:就是用心创造出意外的惊喜。

两位著名学者(B. Joseph Pine Ⅱ和 James H. Gilmore)在世纪之交借一本书指出了体验经济(experience economy)的来临。书的一开篇就讲了一个故事:经济的演进过程,就像母亲为小孩过生日、准备生日蛋糕的进化过程。在农业经济时代,母亲是拿自家农场的面粉、鸡蛋等材料,亲手做蛋糕,从头忙到尾,成本不到1美元。到了工业经济时代,母亲到商店里,花几美元买混合好的盒装粉回家,自己烘烤。进入服务经济时代,母亲是向西点店或超市订购做好的蛋糕,花费十几美元。到了今天,母亲不但不烘烤蛋糕,甚至不用费事自己办生日晚会,而是花一百美元,将生日活动外包给一些公司,请他们为小孩筹办一个难忘的生日晚会。这就是体验经济的诞生。书中提到的服务经济时代,服务是附属于产品、帮助产品实现价值的。而到了体验经济时代,服务本身成为关键性的增值部分。

迪士尼乐园创造出独特、丰富的体验项目,用心去描绘、激发每个人心里潜藏的梦想。在迪士尼乐园,每一位员工都被称为“演员”,米老鼠、唐老鸭就是表演的道具,员工的任务就是利用这些道具“制造欢乐”,而管理阶层的任务就是“分配角色”。新员工到迪士尼乐园上班的第一天,并不会被告知“你的工作是保持这条大道的清洁”,而是“你的工作就是创造欢乐”。迪士尼乐园利用服务创造出了独特价值:“制造梦想,激发快乐”。

这一次的公主号邮轮寻找手机的际遇,也让我感受这份“快乐呵呵喜悦”,感受到由员工所创造出来的服务所带来的增值。很多时候,企业经常幻想留住所有顾客,这是不现实的。但是如果像公主号邮轮这样的服务,真的可以留住顾客,当我离开邮轮的时候,就告诉自己如果有机会选择邮轮,我还会选择公主号,因为这个小小的白毛巾企鹅。服务来自于对于每一个顾客的体验的认识,来自于对于每一个顾客价值的理解,能够站在顾客的角度来看待问题,同时又超越顾客的想象,给顾客带来惊喜,这样的服务不是单纯的承诺,而是创造性的承诺,是用心和创意带给顾客超值的体验。

(三)顾客是否满意对企业的价值分析

1. 不满意顾客的后果。营销界有一个著名的等式:100 - 1 = 0。意思是,即使有100

个顾客对一个企业满意,但只要有1个顾客对其持否定态度,企业的美誉就会立即归于零。这种形象化的比拟似乎有夸大之嫌,但事实显示不满意的顾客会有如下反应:70%的购买者将到别处购买;24%的人会告诉其他人不要购买该企业的商品或服务;一个不满意的顾客会使9~20个人对该企业的商品或服务质量产生不良印象,从而可以引起101个人对该企业的产品或服务产生不良印象。

2. 一个满意的顾客对企业的价值。若一个顾客真的满意,他会这样做:更多地购买并且更长时间地对该企业的产品或服务保持忠诚;购买该企业推荐的其他服务产品并且提高购买产品的等级;至少对12个人推荐该企业的产品和服务,较少注意竞争品牌的广告,并且对价格也不太敏感;给该企业提供有关改进产品和服务的好建议。而且由于交易惯例化,企业与老顾客交往要比对新顾客节省交易成本。

顾客从购买到满意,再从满意到忠实,最后向自己的亲朋好友传播口碑,其中的每个过程,都会带给企业利润。所以,满意顾客的价值,不仅是他一次购买的金额,而是他一生所能带来的购买总额,包括他自己以及对亲朋好友的影响。由此可见,现有顾客的价值很大,一名满意顾客的价值相当惊人,因此,做到使顾客满意,对企业市场营销有极其重要的战略意义。

案例链接

一个客户值多少钱

如果所有的公司都知道失去一个客户的损失,他们就会衡量"投资于新业务"和"投资于留住客户"之间的取舍关系。不幸的是,会计系统无法计算一个忠实客户的价值,财务系统也忽略了客户在与公司保持业务关系期间所能产生的现金流。如果能得到满意的服务,顾客会在与公司保持业务关系的几年里,一年比一年多地为公司贡献利润。

以信用卡服务为例,争取一个新的用户平均要51美元用于广告、推销和开户等开支。用户开始时花钱很少,但能为公司带来一定的利润。但如果用户继续使用到第二年,就会为公司带来更多的经济效益,因为公司与客户之间的信任和客户对公司的满意,致使客户更多地通过信用卡消费。用户贡献在增加,公司的运作费用却在不断减少。信用卡公司可以不断减少对客户信用的审核时间,保持长期的客户关系,还可以减少广告支出。客户本身就是一个免费的广告资源,很多人在消费前喜欢听取朋友的意见,觉得比广告更可信。

(资料来源:http://www.zh09.com)

(四)顾客满意策略

1. 明确理念。明确提出、阐述和广泛宣传企业"以客为尊"的经营理念,并通过实际行动，联络公司所有的部门，共同为顾客满意的目标奋斗，让消费者对企业产生依赖情结，建立起忠诚的合作关系。如，海尔集团，以“海尔——真诚到永远”为企业经营理念，让消费者购买海尔确保“零烦恼”。

2. 提供顾客利益。即站在顾客的角度，给顾客提供更多的利益。顾客的购买首先是一种利益选择，企业若能多方面地、持续地满足顾客需要，顾客每一次购买的良好体验就会以记忆形式保留下来，那么顾客在以后的购买中就会优先考虑原来的选择对象。在给顾客提供利益时，企业必须考虑以下两个方面。

(1)利益的适应性。如不断推出符合时代潮流的新产品、新服务，紧紧把握住顾客的心理，防止顾客因需求变化或有更好的选择而改变忠诚。

(2)利益的保护。企业应主动维护消费者的合法权益，尽量以补偿性办法调节与顾客的关系，让企业的所有人员都充当企业信誉的“卫士”。

3. 加强沟通。企业通过传送各种信息对顾客的心理和思想施加重大影响，不仅有助于保持与现有顾客的关系，还有助于吸引新顾客。加强与顾客的沟通，不仅能提高顾客素质以适应企业产品，还能通过免费培训和试用来增进双方感情；通过显示新服务产品的用途乃至新的生活方式，可以激发顾客的潜在需求或改变某种消费观念，从而使新老顾客成为或继续成为企业一系列新产品的用户。

4. 与顾客建立有形的关系纽带。通过利益满足和沟通所结成的纽带基本上还是无形的，若能建立一些有形利益的情感纽带，则会更利于长期地保持双方关系，如发行会员卡、建立俱乐部等。这些有形的关系纽带，会改变商业交往中那种冷冰冰的纯功利关系。实践证明，这些有形的纽带均能给企业带来良好的效益。

5. 建立消费者数据库。企业通过建立消费者数据库，可以选择和收集大量的现有顾客和潜在顾客数据，了解这些消费者的状况，从而进行有针对性的沟通，提供比竞争者更好的产品和服务，增进顾客满意度。

6. 运用情感营销策略。企业应当运用多种情感营销策略把充满情感色彩或人情味的有形产品和无形服务送给消费者。

7. 增加消费者剩余。顾客在购买服务产品时感觉到的消费者剩余越大，消费者获得的满意度就会越高。实际产品接近或超过顾客心目中的理想产品时，顾客就会对企业的服务产品以及企业本身产生格外的信任，从而成为满意顾客，进而变成忠诚顾客。增加消费者剩余的方法有两类：一是降低顾客期望值。企业宣传自己的服务产品时应采取适度促销或低促销姿态。在促销中要增强责任感和道德感，不能采用夸大不实或闪烁其词等容易使人误解的、甚至是虚假或欺诈性的广告，更不能只是口中说“顾客是上帝”，一旦顾客实施购买行为后，态度却来个 180 度大转弯，置顾客利益于不顾，那样，必定会引发顾客的极大不满。二是提升服务产品和服务企业形象，增大企业或服务产品的美誉度。

8. 及时、妥善地处理顾客的抱怨，挽回不满意顾客。顾客与企业的纠纷与矛盾是不可避免的，如何挽回不满意的顾客，对企业来说相当重要。如果企业能妥善地处理顾客的投诉，这些顾客中的 70% 还是会再次购买其服务或产品；如果能当场听取顾客的投诉并给他们一个满意的答复，那么至少有 90% 的顾客会成为其回头客。而每个满意而归的顾客，又定会把该企业的做法告诉其他5个人，这样，企业就可坐享免费广告的收益。及时、妥善地处理顾客的抱怨，应注意以下几个问题。

(1)尊重顾客的人格，专心对待顾客。

(2)从顾客角度出发(而不是从企业角度出发)分析顾客的实际问题，尽可能多地找出解决问题的途径，同时请顾客参与共同选择解决问题的最佳途径，给顾客一定的自主权。

(3)对顾客的损失给予一定的补偿，同时增加顾客对未来交易的期望值，使顾客保持与企业的长久交往。

二、关系营销理念

(一)关系营销的内涵

关系是指人和人或人和事物之间的某种性质的联系。关系随着人类社会的诞生而出现，随着社会发展而发展。在远古时代，社会成员为了征服自然、获得生存而保持一定的协调关系，其特点是关系被无意识地用来调整相互之间的利益分配；随着社会分工的出现，人们之间的种种联系由于利益而更加持久；随着人们交往活动的增加，关系呈网络状迅速扩散。

关系营销(Relationship Marketing)也称关系管理，它是交易营销的对称，是企业与顾客、分销商、经销商、供应商等建立、保持并加强关系，通过互利交换及共同履行诺言，使有关各方实现各自营销行为的总称。菲利普·科特勒称之为“双方之间创造更亲密的工作关系与相互依赖关系的艺术”。关系营销理念即是企业通过以关系营销的理论指导自己的行动而形成的指导思想及经营哲学。

(二)关系营销的特征

关系营销的本质特征可以概括为以下几个方面。

1.双向沟通。在关系营销中，沟通应该是双向而非单向的。只有广泛的信息交流和信息共享，才可能使企业赢得各个利益相关者的支持与合作。

2.合作。一般而言，关系有两种基本状态，即对立和合作。只有通过合作才能实现协同，因此合作是“双赢”的基础。

3.双赢。即关系营销旨在通过合作增加关系各方的利益，而不是通过损害其中一方或多方的利益来增加其他各方的利益。

4.亲密。关系能否得到稳定和发展，情感因素也起着重要的作用。因此关系营销不只是要实现物质利益的互惠，还必须让参与各方能从关系中获得情感的需求满足。

5.控制。关系营销要求建立专门的部门，用以跟踪顾客、分销商、供应商及营销系统中其他参与者的态度，由此了解关系的动态变化，及时采取措施，消除关系中的不稳定因素和不利于关系各方利益共同增长的因素。

此外，有效的信息反馈也有利于企业及时改进产品和服务，更好地满足市场的需求。

案例链接

一起跳舞

众所周知宝洁和沃尔玛是两家实力强大的公司,彼此之间有业务往来。宝洁以其强大的力量控制了与其零售商的大部分交易,在零售商采用能搜索顾客信息的POS系统之前,它们对宝洁的顾客数据分配和交易控制不敢有任何异议。另一方面,沃尔玛执行向供应商直接订货的政策,取消了与所有销售中介的协议,沃尔玛仅和愿意投资预期专用的电子数据交换系统并在产品包装上使用条形码的生产企业进行交易活动。沃尔玛凭借其强大的势力,使制造商不得不服从其条件。

而在过去的10年里,宝洁和沃尔玛这两大巨人却建立了长久的伙伴关系,成为制造商和零售商关系的范本。这一关系基于双方成熟的依赖度:沃尔玛需要宝洁的品牌,而宝洁需要沃尔玛的顾客通道。

现在,宝洁和沃尔玛之间通过电子数据交换系统连接起来。这一网络系统使宝洁能够控制沃尔玛商场的存货管理,通过卫星传送,宝洁连续收到来自众多沃尔玛商场销售其各种不同商品的即时销量、存货数量和价格信息。这些信息使得宝洁公司可以预测产品的销售,决定货架空间、需求数量并自动传送订单。整个交易使用电子发票和电子货币传送,由于订单处理周期短,沃尔玛将商品卖给最终消费者之后的结算速度非常迅速。

这种伙伴关系为顾客创造了巨大价值,顾客可以非常容易地以最低价格得到他们所喜欢的宝洁公司的产品。通过双方合作,使诸如订单处理、结账等过程中多余活动得到了简化;销售代表也不需要经常访问商场;文书工作和出错的概率也大大减少。这种即时订货系统可以使宝洁得以按需生产,也减少了存货。此外,沃尔玛也成功地减少了存货和空货架的可能性,为双方避免了销售的损失。

为了分享双方良好关系带来的利益,沃尔玛必须充分信任宝洁,让宝洁分享销售信息和价格信息,并将一部分订单处理和存货管理的控制权授予宝洁;而宝洁也必须信任沃尔玛,认同其"天天低价"的经营哲学,并投资于专门的信息网络,代之以关注沃尔玛的订货量,宝洁的销售队伍集中力量去寻求如何提高沃尔玛的销售业绩,使双方的利益最大化。

(资料来源:郭毅,营销渠道管理)

(三)关系营销的市场模型

关系营销的市场模型概括了关系营销的市场活动范围。在"关系营销"概念里,一个企业必须处理好与下面六个子市场的关系。

1. 顾客市场。顾客是企业存在和发展的基础,市场竞争的实质是对顾客的争夺。最新的研究表明，企业在争取新顾客的同时，还必须重视留住老顾客，培育和发展顾客忠诚。有研究表明，争取一位新顾客所花的费用往往是留住一位老顾客所花费用的6倍。企业可以通过数据库营销、发展会员关系等多种形式，更好地满足顾客需求，增加顾客信任，密切双方关系。

2. 供应商市场。任何一个企业都不可能独自生产自己生产所需的所有资源。在现实的资源交换过程中，资源的构成是多种多样的，至少包含了人、财、物、技术、信息等因素。与供应商的关系决定了企业所能获得的资源数量、质量及获得的速度。生产1辆汽车需要8 000～10 000个零部件，任何一个企业都不可能单独生产全部零部件，必须通过其他供应商进行专业分工、协作生产。企业与供应商必须结成紧密的合作网络，进行必要的资源交换。此外，公司在市场上的声誉也是部分地来自于供应商所形成的关系。例如，当IBM决定在其个人电脑上使用微软公司的操作系统时，微软公司在软件行业的声誉便快速上升。

3. 内部市场。内部营销起源于这样一个观念，即把员工看做是企业的内部市场。任何一家企业，要想让外部顾客满意，它首先得让内部员工满意。只有工作满意的员工，才可能以更高的效率为外部顾客提供更加优质的服务，并最终让外部顾客感到满意。内部市场不只是企业营销部门的营销人员和直接为外部顾客提供服务的其他服务人员，它包括所有的企业员工。因为在为顾客创造价值的生产过程中，任何一个环节的低效率或低质量都会影响最终的顾客满意。

4. 竞争者市场。在竞争者市场上，企业营销活动的主要目的是争取那些拥有与自己具有互补性资源竞争者的协作，实现知识的转移、资源的共享和更有效的利用。例如，在一些技术密集型行业，越来越多的企业与其竞争者进行了研究与开发方面的合作，这种方式的战略联盟可以分担巨额的产品开发费用和风险。种种迹象表明，现代竞争已发展为"协作竞争"，在竞争中实现"双赢"才是最理想的战略选择。

5. 分销商市场。在分销商市场上，零售商和批发商的支持对于产品的成功销售至关重要。IBM公司曾花费1亿美元为其某一产品做广告，结果还是以失败告终，原因在于作为第三方的供应商和零售商反对该产品。IBM公司投入了大量的资源去争取顾客，而忽略了与零售商、经销商等对产品销售起关键作用的个人或组织建立积极的关系，扼杀这种产品的正是分销商一类的市场基础设施。

6. 影响者市场。金融机构、新闻媒体、政府、社区以及诸如消费者权益保护组织、环保组织等各种各样的社会团体，对于企业的生存和发展都会产生重要的影响。因此，企业有必要把它们作为一个市场来对待，并制定以公共关系为主要手段的营销策略。

（四）关系营销的价值测定

1. 附加利益——让渡价值。关系营销为顾客创造和传递的价值一般用"让渡价值"来衡量。所谓让渡价值，就是顾客总价值与顾客总成本之差。其中，顾客总价值包括顾客在购买和消费过程中所得到的全部利益，这些利益可能来自产品价值、服务价值、人员价值或形象价值。对顾客总价值的分析是顾客理论研究的重点。顾客总成本包括顾客为购买某一产品或服务所支付的货币成本以及购买者预期的时间、体力和精神成本。关系营销可增加顾客让渡价值。

2. 成本测定——顾客分析。企业自身从关系营销中得到的利益，可以结合顾客赢利能力、顾客保留成本、顾客流失成本等指标来进行衡量。

(1)顾客赢利能力。关系营销涉及吸引、发展并保持同顾客的关系，其中核心原则是创造真正的顾客。所谓“真正的顾客”是这样的顾客：一方面他们认为自己得到了有价值的服务，愿意与企业建立和保持长期、稳定的关系；另一方面，他们是最有利可图的顾客，除了愿意为企业提供的产品支付高价外，还愿意将该企业介绍给其他人，义务宣传其产品和服务。企业常常发现20%～40%的顾客也许是无赢利的，因此有必要对企业的顾客进行分析。对许多企业来说，最大的客户一般要求周到细致的服务和最大限度的折扣，这往往降低了公司的利润水平；中等规模的客户接受良好的服务，并且几乎能按全价付款，在大多数情况下是最具赢利能力的；最小的客户也能按全价付款，并且只接纳最低程度的服务，但是与最小客户的交易费用降低了公司的利润率。因此，大部分可赢利客户并不是企业的最大客户或最小客户，而是一些中等规模的客户。这里赢利能力的概念强调了顾客的终身价值，而不是指通过一次特定交易企业获得的利润。影响顾客赢利能力的因素有很多，包括需求性质和大小、顾客的讨价还价能力、顾客的价格敏感度、顾客的地理位置和集中度等。

(2)顾客保留成本和顾客流失成本。由于吸引新顾客的成本高于保留老顾客的成本，而且老顾客的赢利能力一般也高于新顾客，因此，关系营销的最终目的就是要通过关系的建立和发展留住老顾客。

菲利普·科特勒曾提出按照四个步骤来进行是否采取顾客保留措施的决策：第一步是测定顾客的保留率。顾客保留率即发生重复购买的顾客比率。第二步要识别造成顾客流失的原因，并且计算不同原因造成的流失顾客比率。第三步是估算由于不必要的顾客流失造成企业利润的损失，这一利润就是顾客生命周期价值的总和。第四步是决策，即企业维系顾客的成本只要小于损失的利润，企业就应支付降低顾客流失率的费用。

丹尼尔·查密考尔这样分析“漏桶”原理：在环境宽松时，企业不注意维系顾客，使得顾客就像漏桶里的水一样流走，这样，当买方市场形成时，企业就会受到惩罚。进攻性营销的成本大于防守性营销成本，因此，最成功的公司应修补“桶上的洞”，以减少顾客流失。

3. 评价标准——顾客份额。

(1)关系营销水平。菲利普·科特勒区分了与顾客之间的五种不同程度的关系水平：①基本型，即销售人员把产品销售出去就不再与顾客接触；②被动型，即销售人员鼓励顾客在遇到问题或有意见时与公司联系；③负责型，即销售人员在产品售出后，主动征求顾客意见；④能动型，即销售人员不断向顾客询问改进产品用途的建议或者关于使用新产品的信息；⑤伙伴型，即公司与顾客共同努力，寻求顾客合理开支的方法，或者帮助顾客更好地进行购买。

(2)顾客份额。唐·佩珀和玛沙·罗杰斯针对市场份额提出了顾客份额的概念，认为顾客作为企业营销活动的中心，是关系营销或“一对一”营销这一新营销范式的本质。

所谓顾客份额，就是指一家企业的产品或服务在一个顾客该类消费中所占的比重，还可以更贴切地称之为顾客的钱袋份额。初看起来似乎没有什么特别之处，实际上这是与传统的市场份额概念有着本质不同的思想。代表传统营销理念的市场份额是将顾客看做没有个性的群体，其着眼点站在企业一边，是"以产品为中心"，而采用"顾客份额"思路的企业则把顾客视为不同的个体对待。因此，以顾客份额为核心的企业可以向较少数量的顾客销售更多的产品或服务，从而更加具有成本效益。

（五）关系营销策略

关系营销的核心就是建立长期稳定的顾客关系，保留顾客，建立顾客忠诚。如何实施顾客保留战略，一些美国营销专家提出了可以帮助企业保留顾客的"5A"战略，即认识顾客、欣赏顾客、答谢顾客、分析顾客、为顾客满意而行动。

1. 认识顾客（Acquainting）。认识顾客即对顾客的偏好、行为习惯、文化背景要有相当的认识，这需要一个全面的认知过程。对企业而言，研究顾客群的购买行为和消费习惯是相当必要的，企业不必留住所有的顾客，但应不遗余力挽留住具有较高价值的顾客，因为它直接影响到公司在未来一个时期内的利润水平。

2. 欣赏顾客（Acknowledging）。欣赏顾客，首先需要了解顾客的价值取向，即使是名牌企业，也需要牢记对顾客的光临和消费表示感激与欣赏。尤其在顾客的选择余地和讨价能力越来越大的今天，顾客在众多供应商中作出选择，无疑给不同企业提供了销售机会，这是顾客对企业的"赏识"，这种"赏识"源于企业当前的优势，企业必须从欣赏顾客独特的价值取向的角度，加倍努力来满足顾客的价值需求。

3. 答谢顾客（Appreciating）。答谢顾客，让顾客知道他们正受到企业的重视，是维系企业与顾客感情的绝好手段，企业应该提供精神的满意，让顾客感到物超所值。顾客也许更在意这种精神上的满足。企业不能以为这些付出很浪费精力，这些投入对于顾客给公司带来的利润来说是微不足道的。

4. 分析顾客（Analyzing）。顾客的任何有关企业的言论和行为，哪怕只是一次少量的购买行为，也会为企业带来极有价值的信息。企业应收集顾客的各种信息，对顾客的消费行为进行分析，建立信息管理系统。许多研究表明企业的表现与顾客所提供的信息具有正相关的关系。

一个商业上的笑话也许可以从调侃中揭示分析顾客的奥妙。一位妇女经常光顾一家超市，而且喜欢顺手牵羊带走一些商品，保安人员反映给经理后，经理却微笑着说："不要紧，我早就发现了，千万不要惊动她，你们不知道，她每次拿的商品不久就会流行。"这意味着这位妇女极有眼光，经理正是根据这一信息来组织进货的。尽管是一个商业调侃，却恰恰证明了企业通过合理地分析顾客带来的信息，对自己未来的经营活动决策的影响。

5. 为顾客满意而行动（Acting）。顾客对企业服务的抱怨源于两种：一种是服务传递系统失误，包括因为服务政策失误、延迟服务、标价错误、包装错误、产品缺陷、缺货和错误服务等；另一种是对顾客需求反应不佳，包括员工服务态度不佳、反应不及时、错误记账甚至是欺骗等行为。无论哪一种抱怨，都清楚地表明顾客是不满意的，企业要想使顾客满意，必须在上述几个方面寻求有效的改进，以增加顾客对企业的信任感和忠诚度。企业通过建立顾客信息管理系统，建立服务顾客的决策支持系统（DSS），认真研究顾客的投诉，建立快速反应机制积极反应，真正做到为顾客满意而行动，让顾客感到企业是自己最好的朋友。

本章小结

服务是可被区分界定的不可感知、却可使欲望获得满足的活动,而这种活动并不需要与其他产品的售出联系在一起。生产服务时可能会或不会利用到实物,而且即使需要借助某些实物协助生产服务,这些实物的所有权将不涉及转移的问题。

服务可以按服务推广顾客参与程度、服务营销综合因素、服务营销管理进行分类。

服务具有无形性、不可分离性、差异性、不可储存性、缺乏所有权等特征。

服务营销的发展经历了脱胎阶段、理论探索阶段、理论突破及实践阶段三个阶段。与市场营销既有联系,又有区别。

服务营销的理念主要有顾客满意理念和关系营销理念。

关键词

服务　服务特征　服务营销　顾客满意　关系营销

思考题

1. 什么是服务?其具有哪些特征?
2. 服务营销与市场营销有何区别?
3. 什么是顾客满意理念?如何实施?
4. 关系营销的内涵是什么?如何实施关系营销策略?

案例分析

星巴克——以服务抓住顾客

可以说星巴克是唯一一个把店面开遍全球的世界性咖啡品牌,今天的星巴克不仅出售咖啡,而且集咖啡豆经销、咖啡店、咖啡饮料等多种经营于一身。被称为"家和办公室以外的第三场所"的星巴克极力将自己打造成一个舒适的聚集场所,满足众人交友、聊天、聚会、休闲的需求。

星巴克认为自己的咖啡只是一种载体,他们想向顾客销售的是一种体验。因此,他们极力营造温馨的感觉,让顾客在这种体验中得到享受。

一、互动式服务

星巴克深深知道每一个进入店中的顾客是最直接的消费者,应该努力使之成为常客,为此星巴克对其服务人员进行了深度的培训,使每个员工均成为咖啡方面的专家。

如此一来就可以和顾客深度互动，其工作人员和顾客可以一起探讨有关咖啡的各类知识，包括种植、挑选、品尝，回答顾客的各种询问。顾客逐渐有了这样一种感觉：除服务和环境氛围之外，还可以得到很多有关咖啡方面的知识，并以此为据向自己的朋友和家人讲述。而服务人员也借此机会把从顾客身上了解到的兴趣爱好、问题反映给公司，从而使得公司得到最准确的资料以便更有效地制订销售策略。这种互动使得双方关系更加密切。不仅如此，星巴克在与顾客的互动上更具有独到之处。例如，星巴克的吧台一定摆放在离门口不远的地方。星巴克要求员工做到，当顾客进店后，吧台服务员再怎么忙，都要回头与顾客眼神接触，笑着说"欢迎光临"。一些星巴克分店还在放糖、牛奶的吧台上，放一张让顾客提意见的信函，上面写着"让我们做得更好"，只要顾客回函，星巴克都一一给予答复，并记录在案，且适时邀请他们参加公司组织的活动。

二、自助式服务

星巴克十分强调它的自由风格，因此它采用的是自助式的经营方式，顾客在吧台点完咖啡，可以先去找个位置稍加休息，也可以到旁边的等候区观看店员调制咖啡，等顾客听到服务生喊自己点的东西后，就可以满怀喜悦地去端取。在用品区有各式各样的调味品，如奶糖、奶精、肉桂粉以及一些餐具，顾客可以自行拿取。自助服务让消费者摆脱了长长的等候队伍，减少了等候时间，并给了他们更多的控制权。让星巴克如此吸引人的正是这份自由的体验。由于采用自助式消费方式，来到店里的顾客不会被迎面一声"请问您需要什么"而弄得失去心情，而是自行走到吧台前，选取自己所需的饮料和其他小食，吸管、糖等也是自取。在完成了点餐之后，侍者会迅速地端上咖啡，并报以一个淡淡的微笑。星巴克很多事情都是在淡淡的氛围中进行的，咖啡淡淡的清香，服务人员淡淡的微笑，店内淡淡的音乐，体验中淡淡的休闲……这些都是星巴克所特有的。

三、"神秘顾客"制度

这并非星巴克的专利，在肯德基也有类似的制度。肯德基从社会上招募一些真正素质较高但与肯德基无任何关系的人员，对他们进行专业培训，使他们了解肯德基食品的温度、重量、色泽及口感标准，以及服务五部曲是什么，对每位顾客的服务时间应该是多少，等等。这些人员在接受培训后，开始以一般顾客的身份不定期地去餐厅购餐，并按全世界统一的评估表要求对肯德基进行打分。其评估的内容详细到如："当你进来的时候，迎宾的人，不管他是在门口还是在柜台，有没有用眼光与你接触，有没有面带笑容。"由于从各分店经理、一般员工到公司总经理都不认识这些检查人员，所以这些神秘的检查人员就被称为"神秘顾客"。这些"神秘顾客"来无影、去无踪，而且没有时间规律，使分店经理及服务人员每天战战兢兢、如履薄冰，丝毫不敢疏忽，总是不折不扣地按总部的标准去做。这些"神秘顾客"的检查结果直接关系到员工及管理人员的奖金水准，因此餐厅没有一个人员抱有侥幸心理来对付一天的工作，而是脚踏实地地做好每一项工作。在星巴克，"神秘顾客"是为了检查"为顾客煮好每一杯咖啡"的服务标准而建立的一种考评机制。就是除了通常的理论知识考察和实际操作考察外，他们委托某个具有考察能力的公司，秘密派人扮做顾客，来到星巴克分店进行消费，其间对员工的服务、技能、环境氛围等进行全方位考察，然后结合业绩综合考虑，才决定某店的服务质量如何、某店员能否升迁等。在星巴克，许多普通店员、资深店员、见习主管、主管及店长，均是通过这种方式考察晋升的。

星巴克认为,服务业要想吸引顾客,靠的不是广告,而是企业服务本身。因此,星巴克与员工的互动,员工与顾客的沟通,为其强而有力的口碑营销奠定了基础。

案例讨论:

1. 比较服务营销与一般产品营销有何不同。
2. 分析星巴克如何实现顾客满意。

第二章　服务消费行为

学习目标
Learning Objectives

1. 了解服务消费者的常见购买心理
2. 掌握消费者服务购买行为的决定因素与特点
3. 理解服务消费者的购买决策过程与基本原则

引导案例

2015年超60%用户选择“线上超市”购物

Hishop通过对北京、上海、天津、武汉等18个地区的消费者2015年网购数据分析调研，看消费者是否真的愿意为“线上超市”买单。

2015年网购数据调查显示，超过60%的用户会在网上超市购物，其中，除了基础的日化用品外，超过45%的用户会在网上超市购买生鲜产品；超过50%的用户之所以选择在线上购买是因为“工作太忙，没空去超市”；在配送时间中，用户最满意的是京东到家2小时送达的服务。由此可见，消费者目前对于线上超市接受度极高，未来各个平台应该在送达时间上增加更多关注。

2015年网购数据调研显示，66.96%的用户会在网上购买日常生活所需品（包括柴米油盐酱醋茶、生鲜水果蔬菜日化用品等）。但是在这部分用户中，会有42.67%的用户仍然选择在淘宝网与京东商城进行购买，57.33%的用户会选择新兴网上超市消费。超过70%的女性用户会选择在网上购买日常生活用品，另外63.64%的男性用户也会选择在线上购买。

而从调研结果来看，收入水平越高，在线上购买日常生活用品的比例也越高。月收入1.5万元及以上的用户中有73.33%会在网上超市购买，即使是月收入在4 000元以下的用户仍有61.29%选择线上购买。同时，收入水平越高，使用网上超市的频次越高。在调查中发现，一个月使用2～3次的占比随着消费者收入增高而增大。

据Hishop了解，用户之所欲会选择在线上购买日常生活所需品，55.33%的人选择了“上班太忙，没空去超市”的理由，另外20%的用户认为“红包多，便宜”而选择。一般消费者在线上购物时，购买日化用品的比例最大，占比65.33%，其次是食品饮料占比56%，生鲜水果蔬菜占比46.67%，排名第三。

在用户最常用网上超市的调查中，天猫超市、京东到家及1号店分别位列前三，其中有超过65%的用户选择天猫超市。在这三个平台中，1号店在2008年7月上线，资历最老；天猫超市在2012年5月低调上线；只有京东到家是今年

3月才正式上线，运营时间最短，但也占据了51.16%的比例，已经超过1号店。

在选择线上超市购物时，收入越高的消费群体越倾向购买国际品牌，在月收入在1.5万元及以上的消费者中占比40%，其次有20%的消费者是选择新兴互联网品牌，国产传统品牌被选择的占比最小，只有13.33%。

在能接受的配送时间中，41.3%的用户最能接受京东到家2小时送达，28.26%的用户选择天猫超市当日＋次日达的方式，还有15.22%的用户希望在半小时内送达。Hishop了解到，京东到家除了自身的物流队伍以外，在今年5月推出了“京东众包”模式，有效地借助了社会化运力进行配送；而天猫超市除了与菜鸟物流合作以外，在不同地域物流合作方不同，例如在河南地区与大河速递合作，还与上海万象、全峰等合作最后一公里的配送。另外，目前还没有线上超市平台推出“半小时内送达”的服务。

Hishop了解到，许多线上超市均设置不等的起送金额。通过2015年网购数据调查分析发现，36.36%的用户希望不要设置起送金额，27.27%的用户能接受京东到家满39元免运费的设定，22.73%的用户对于天猫超市满88元包邮的设定也可以接受。

在“以客户为中心”的现代市场游戏规则下，对消费者消费行为的研究在市场营销理论体系中占有重要的基础地位。研究消费者消费行为倾向，把握消费者消费行为的共性和特性，对厂商而言，不仅是客户关系管理中的重要内容，也是市场营销活动的一个重要环节，更是企业制定市场营销策略、开展市场营销活动的基础。对消费者而言，其研究结果对消费者消费行为的科学化、理性化也具有一定的指导作用。

第一节 服务消费与购买心理

一、我国服务消费现状

（一）服务消费趋势

在新的世纪，随着社会的发展和人民生活水平的提高，服务消费呈下述发展趋势。

1.服务性消费支出已经成为居民消费的新亮点。我国正处于服务消费需求快速增长的时期。改革开放30多年来，我国居民家庭恩格尔系数均呈下降趋势，2008年我国城镇居民家庭恩格尔系数为37.9%，比1978年的57.5%下降了19.6个百分点，农村居民家庭恩格尔系数为43.7%，比1978年的67.7%下降了24个百分点，反映我国消费模式从温饱向小康转型：从消费形式看，实物型消费比重下降、服务型消费比重上升，生存性消费比重下降、享受和发展性消费比重上升；从消费目的看，花钱“买轻松、买享受”的服务需求增加。随着城乡居民生活水平的提高，居民家庭服务社会化趋势愈加明显，服务性消费的需求和支出不断上升，2007年城镇居民家庭服务性消费为2 666元，占消费性支出的比重为26.7%，比1978年的10.2%上升16.5个百分点。

2.服务的领域呈多元化扩大的趋势。服务已经不仅仅局限于购买产品的过程或之后所享受的种种待遇，也不只停留在传统的服务业所提供的服务内容，而是扩大到社会各种领域，包括社会文化娱乐、人际交往、社会组织系统、高新科技领域等。而且近年来，随着城市中高收入者不断增多和人们生活个性化的趋势日益显现，像私人健身教练、私人律师、私人营养师、私人理发师、私人医生、私人美容顾问、私人保镖、私人侦探、私人风格造型师、私人理财顾问、私人生活顾问等私人服务渐渐地走入了城市人们生活的视野。这种一小时消费几百元或月消费上几千元的服务，其消费者目前正从白领、企业主、高级技术人员、演艺界和体育界的明星等高收入阶层延伸到普通的上班族。在沐浴行业，经营业态由过去单一的大众浴室向大型综合浴场、足浴、桑拿、保健中心、大众浴室、SPA 会所等业态转变；在家政服务行业，服务项目日益拓展到家庭看护、家庭餐制作、家庭教育、家庭休闲娱乐等领域，用工形式更加灵活，满足了不同层次的消费需求。中国是个大国，消费者的收入水平、支付能力和购买习惯仍然存在着差异性，表现在市场上，就是消费者对商品和服务的需求呈现出多层次、多样化的发展趋势。

3. 服务市场潜力巨大，服务呈现不断创新的趋势。服务性行业，是劳动力密集型产业，是容量最大的吸纳劳动力的市场。发展服务，对于缓解目前巨大的就业压力，促进改革，维护社会稳定，具有特别重大的意义。据统计，2008 年全国住宿与餐饮业零售额累计实现 15 404 亿元，连续 18 年保持两位数的高速增长；餐饮就业人数逾 2 000 万；美容美发服务产值达 2 500 亿元，从业人员逾 1 800 万，经营服务机构（网点）达 180 万家；沐浴业企业逾 15 万家，从业人员 1 500 多万；人像摄影业企业已达 45 万家，总营业收入超过 900 亿元，从业人员 600 多万人；家政服务业各类服务企业和网点达 50 万家，营业额逾 1 600 亿元，从业人员 1 500 多万人；展览业总营业收入达 153 亿元，从业人员 25 万人。在发达国家，第三产业的从业人员超过 70%。国际服务业发展实践及我国居民消费水平不断提升趋势表明，我国服务消费正进入快速发展的黄金时期。未来几年，进一步扩大服务消费具备许多有利条件，我国服务消费比重将继续上升。另外随着现代经济技术的发展，社会需求更趋多样化，推动了新兴服务业态的兴起和发展。如同实物品生产需要不断开发新产品一样，服务产品也在不断创新。几乎所有与居民服务有关的行业，都存在着巨大的发展空间。凡是老百姓感到不方便、不称心，或需要提供帮助的地方，都是服务的潜在市场，只要认真加以开发，就能创造出许多新的服务品种来。

4. 服务正在向追求名牌的境界发展。随着消费者自我保护意识的增强，服务进入了追求名牌服务产品的阶段。现在，服务市场秩序较乱，缺乏规范，欺诈性行为时有发生，严重损害了消费者利益，以致让消费者望而生畏。这个问题不解决，服务就不可能有大的发展。物质产品要创名牌，服务产品也要提倡创名牌。许多企业正借鉴国外服务企业的先进管理经验和经营方式，努力提高从业人员的素质，逐步形成一批服务规范、信誉好、消费者信得过的名牌服务企业，以推动整个服务市场向更高境界发展。

（二）服务消费的制约因素

从世界各国的情况看，消费环境、消费政策和服务引导与居民消费倾向也密切相关，当前我国服务消费领域仍存在着许多制约居民消费扩大的因素。具体有以下几方面。

1. 服务业发展不平衡，供需矛盾突出。我国服务业发展不平衡，供需矛盾突出，一部分服务产品供给不足，还有些服务产品质量有待提高，这些都制约服务消费规模的扩大。

特别是城市服务体系和服务业发展滞后，针对普通大众的便民服务平台和服务手段仍然缺乏，大众化餐饮、家政服务方面供需缺口明显，钟点工市场、保姆市场供需缺口较大。另外，针对中高收入阶层的、发达规范的金融、理财、管家、育婴等服务供给十分有限，制约了中高收入阶层服务消费的快速扩张。

2. 市场监管机制不健全，服务质量参差不齐。服务消费容易存在服务信息不对称、服务质量不易鉴别等特点，消费监管与维权难，这些因素制约了居民消费能力释放。我国服务业发展历程较短，产业化水平不高，法律法规与标准体系建设相对滞后，服务质量参差不齐，服务不规范化等现象时有存在，市场秩序和环境有待进一步净化。特别是在美容美发、洗浴保健、家政服务等行业，"散、乱、小"特征明显，服务水平不高，经营不够规范。导致居民消费不放心、不实惠、不便利，抑制居民服务消费能力释放，影响了行业健康发展。

3. 专业型人才供给不足，制约服务消费持续增长。服务行业如餐饮、沐浴、摄影、美容美发等的专业性较强，需要一大批具有专业技能的管理人才和技术人才。而居民服务业专业人才教育滞后，全国没有本科烹饪院校，沐浴、美容美发等没有纳入高校专业设置目录，住宿餐饮、沐浴洗染、美容美发、人像摄影等职业的经理人队伍建建设和专业培训工作滞后。目前居民服务业在一定程度上存在从业人员素质偏低、学历偏低、业务水平差的问题，影响服务质量的提高。

二、服务消费购买心理

消费者购买心理、购买动机和购买行为存在着不可分割的内在联系，购买心理是购买动机的驱使器，当消费者具备购买条件时，便产生了购买行为。每一次购买行为的发生，不仅仅是一种购买心理诱导的结果，通常表现为几种购买心理综合作用支配的结果。实践证明，消费者心理是实现社会商品购买力的一种强大的、客观的心理作用力。随着服务经济的兴起与发展，目前我国服务消费者正呈现出追求时髦、喜欢新奇、讲究保健、崇尚自然、突出个性、倾向高档、注重方便、讲究情趣等基本行为特征。根据服务的特殊性与服务消费者购买所表现出的心理特征，我们把服务消费者常见的购买心理归纳为以下类型。

（一）服务购买的个性化心理

服务消费市场发展到今天，多样化服务选择都极为丰富，消费者能够以个人心理愿望为基础挑选和购买服务。现代消费者往往富于想象力、渴望变化、喜欢创新、有强烈的好奇心，对个性化消费提出了更高的要求。他们所选择的已不单是商品与服务本身的实用价值，更要与众不同，充分体现个体的自身价值，这已成为他们消费的首要目标，个性化已成为现代消费的主流。

（二）服务购买的便捷心理

对于惜时如金的现代人来说，在繁忙的工作中享受及时、便利、随手可得的服务显得更为重要。传统的商品选择过程短则几分钟，长则几小时，再加上往返路途的时间，消耗了消费者大量的时间、精力，而现代物流与网络服务以及其他便利性服务弥补了这一缺陷。人们付费所享受的金融服务、保险服务、各类教育服务、网上购物与订票服务、各种信息服务、汽车租赁服务等，正在逐渐成为人们现代快捷生活方式的一部分。

（三）服务购买的恐惧心理

由于服务消费的无形性，服务消费者无法事先了解企业提供服务的内容与质量，只能从外部形象来进行识别。一个装修非常豪华的服务场所，即使服务商品价格并不昂贵，工薪阶层的顾客还是有顾虑不敢去光顾，这就是恐惧心理。恐惧心理来自信息的不对称，因为商家是信息优势一方，顾客是弱势的一方。顾客的恐惧心理有担心价格昂贵自己财力不能承受、担心被营业员缠住不放被强行推荐消费、担心服务质量有问题解决不了，等等。

（四）服务购买的逆反心理

逆反心理是人的心理活动中的一种常见的心理现象，是消费者购买行为的组成部分，对企业营销活动有着利弊两方面的影响。逆反心理是一种与众不同的心理倾向，它在现实中同求奇心理一样，也包含有探索、追求的倾向。具有逆反心理的消费者或者顾客一般都有较强的好奇心和好胜心，富于冒险精神。因此，具有逆反心理的消费者常常成为新商品的早期采用者。当然，逆反心理有时也给商品宣传和销售造成负面影响。企业的营销者应做到善于利用消费者的逆反心理，变消极因素为积极因素。强买强卖的生意是没有办法成功的，很多企业的服务推销人员抓住顾客就喋喋不休地推荐，不考虑顾客的感受，根本不在意顾客的感觉，只有一个想法，就是把服务产品推出去，让顾客把钱掏出来，这样的方式顾客不喜欢，推荐也不会成功。对于顾客要不失热情又不让顾客感觉到压力，留有一定的空间又不能让顾客感觉到受冷落。顾客有时是非常奇怪的，你不理，顾客很不高兴，你离顾客太近产生压力，他也不高兴，说你老盯着她的钱包。对于顾客的逆反心理要把握非常好的尺度，用既不冷也不热、不远也不近的方式服务，让顾客觉得你就在她身边真诚服务就可以了。

（五）服务购买的从众心理

看到一个人购买某项服务产品大家都跟着效仿，这就是从众心理。在一个特定的时期内，消费者的需求是非常类似和接近的。在一个服务产品刚刚进入市场的时候，消费者的要求和标准相对来说比较雷同，并且消费者具有十分明显的模仿性，一旦一个群体对某些服务产品形成需求，社会上很快就会形成对这个产品的整体需求。顾客单纯接受服务人员推荐的时候不敢作决定，如果服务人员告诉顾客某某在使用尤其是她认识的朋友也在用，顾客就会放心地购买。为什么做广告都要找明星、找有影响力的人物，就是因为他们可以影响消费者的消费行为，广告就是利用人的从众心理产生效果的。绝大多数顾客对新的服务项目存在顾虑心理，在顾客不能下决定的时候让他看看其周围的人都在使用，尤其是顾客认识的人都在使用时产生的效果会更好，这样的方式可以打消顾客的疑虑让顾客放心购买。

（六）服务购买的防风险心理

消费者在购买某项服务时或多或少会存在一定的风险，但是消费者能否知觉到这种风险，以及知觉到风险的大小，却因人、因产品、因情景而异。风险是一种客观现象，是不以人的意志为转移的。作为企业经营者所能做的，或是做得更好的就是降低消费者购买服务消费时的种种风险。比如，无条件退货、无条件退款、诚实待客、童叟无欺、建成消费者信得过的企业、提高服务质量等等。防风险同样对企业也是个考验，企业应选择有责任心、信誉卓越的中间商作为自己的合作伙伴。

案例链接

把握女性消费心理，创造无限商机

在现代社会，谁抓住了女性，谁就抓住了赚钱的机会。要想快速赚钱，就应该将目光瞄准女性的口袋。无论是传统店铺、网络店铺，在市场销售中，应当充分重视女性消费者的重要性，挖掘女性消费市场。

女性消费者一般具有以下消费心理：

(1)追求时髦。俗话说"爱美之心，人皆有之"，对于女性消费者来说，就更是如此。不论是青年女子，还是中老年女性，她们都愿意将自己打扮得美丽一些，充分展现自己的女性魅力。尽管不同年龄层次的女性具有不同的消费心理，但是她们在购买某种商品时，首先想到的就是这种商品能否展现自己的美，能否增加自己的形象美，使自己显得更加年轻和富有魅力。例如，女性消费者往往喜欢造型别致新颖、包装华丽、气味芬芳的商品。

(2)追求美观。女性消费者还非常注重商品的外观，将外观与商品的质量、价格当成同样重要的因素来看待，因此在挑选商品时，她们会非常注重商品的色彩、式样。

(3)感情强烈，喜欢从众。女性一般具有比较强烈的情感特征，这种心理特征表现在商品消费中，主要是用情感支配购买动机和购买行为。同时她们经常受到同伴的影响，喜欢购买和他人一样的东西。

(4)喜欢炫耀，自尊心强。对于许多女性消费者来说，之所以购买商品，除了满足基本需要之外，还有可能是为了显示自己的社会地位，向别人炫耀自己的与众不同。在这种心理的驱使下，她们会追求高档产品，而不注重商品的实用性，只要能显示自己的身份和地位，她们就会乐意购买。

第二节 服务消费与购买行为

一、服务消费者购买行为的决定因素

(一)影响服务消费者购买行为的内在因素

影响服务消费者购买行为的内在因素很多，主要有消费者的个体因素与心理因素。购买者的年龄、性别、经济收入、教育程度等因素会在很大程度上影响着消费者的购买行为。服务消费者心理是服务消费者在满足服务消费需要活动中的思想意识，它支配着服

务消费者的购买行为。影响服务消费者购买的心理因素有:动机、感觉与知觉、学习、信念与态度,其中最主要的是服务购买动机。动机是为了使个人需要得到满足的一种驱动和冲动,消费者购买动机是指消费者为了满足某种需要,产生购买商品与服务的欲望和意念。

1. 服务购买动机的类型。一般而言,服务性消费购买动机从表现形式上可分为以下类型。

(1)生存与安全动机。生存与安全动机使消费者为了能健康长久地生存而进行服务性消费,如食品加工、医疗保健服务消费,居住(物业管理、保安服务)服务消费等。

(2)发展动机。发展动机使消费者为了事业发展而进行服务性消费,如教育服务消费、交通服务消费、网络数据服务消费等。

(3)求便动机。求便动机使人们为自己的生活更加方便而进行服务性消费,如家政服务、金融服务、邮政通信、在外用餐等服务性消费等。

(4)求美动机。求美动机使顾客因追求美而进行服务性消费,如美容、美发、美体、美甲服务消费,衣着加工服务消费等。

(5)享乐动机。享乐动机使消费者为了得到身心享受、娱乐、刺激而进行服务消费,如旅游、影视、卡拉OK、足浴、桑拿、按摩、蹦极等服务性消费。

除了以上服务性消费动机以外,还有一些动机,如惠顾动机(照顾亲友生意而消费服务)等。人们的购买动机不同,购买行为必然是多样的、多变的。这就要求企业营销深入细致地分析消费者的各种需求和动机,针对不同的需求层次和购买动机设计不同的产品和服务,制定有效的营销策略,获得营销成功。

2. 服务性消费动机与商品性消费动机的差异性。服务性消费动机与商品性消费动机存在很大差异,商品性消费动机包括:求实、求信、求新、求美、求名、安全、攀比、好胜、炫耀、癖好、惠顾、从众等动机。服务性消费动机与其相比存在以下差异。

(1)部分商品性消费动机在服务性消费中难以实现。由于服务的无形性、生产与消费的同时性,炫耀、攀比、好胜、模仿等在商品性消费中很容易实现的动机,在服务性消费中却较难实现。消费者即使是消费了某种十分昂贵的服务产品,他也无法将其搬到其他人面前炫耀;即使某些人经消费某种服务产品,但另一些人也因并不知道而不会产生攀比心理;即使有些人特别好胜,但也很难在大量的服务性消费中,使自己的好胜得以体现。因为服务性消费往往是悄无声息的,服务消费结束后,一般不存在有形的东西,其产品展示的困难性,使得这些动机较难实现。

(2)服务性消费动机的非阶梯性。我们知道,在商品性消费需求中,人们的需求一般呈现由低层次到高层次的阶梯性发展。从生理需求,到安全、社交、尊重、自我实现需求,通常是先满足低层次需求,而后满足高层次需求,其阶梯性比较强。而服务性消费需求则并非如此,如作为高层次的教育消费,无论是富裕家庭,还是贫困家庭,一般都将其摆在首位,农村和城镇的贫困家庭,常常自己省吃俭用,也要让小孩念书。很多人有钱以后,也舍不得享受高层次的文化娱乐服务,则说明服务性消费的先后顺序,并非像商品性消费那样呈现由低层次到高层次阶梯性上升的趋势。服务性消费动机的变化往往呈跳跃性、交叉性发展。

（二）影响服务消费者购买的外在因素

1. 相关群体。相关群体是指那些影响人们的看法、意见、兴趣和观念的个人或集体。研究服务消费者行为可以把相关群体分为两类：参与群体与非所属群体。

（1）参与群体是指消费者置身于其中的群体，有两种类型：主要群体是指个人经常受其影响的非正式群体，如家庭、亲密朋友、同事、邻居等；次要群体是指个人并不经常受到其影响的正式群体，如工会、职业协会等。

（2）非所属群体是指消费者置身其外，但对自己购买有影响作用的群体。有两种群体：一种是期望群体；另一种是游离群体。期望群体是个人希望成为其中一员或与其中人员交往的群体；游离群体是遭到个人拒绝或抵制，极力与某种消费群体划清界限的群体。如有人认为去酒吧等场所是一种不好的行为，那么就会拒绝去这类场所消费，甚至产生抵触情绪。

企业营销应该重视相关群体对消费者购买行为的影响作用；利用相关群体的影响开展营销活动；还要注意不同的服务商品受相关群体影响的程度不同。服务商品能见度越强，消费者受相关群体影响越大；服务越特殊、购买频率越低，消费者受相关群体影响越大；消费者对商品越缺乏知识，受相关群体影响越大。

2. 社会阶层。社会阶层是指一个社会按照其社会准则将其成员划分为相对稳定的不同层次。不同社会阶层的人，他们的经济状况、价值观念、兴趣爱好、生活方式、消费特点、休闲活动、接受大众传播媒体等各不相同。这些都会直接影响他们对服务的购买习惯和购买方式。企业营销要关注本国的社会阶层划分情况，针对不同的社会阶层爱好要求，通过适当的信息传播方式，在适当的地点，运用适当的销售方式，提供适当的产品和服务。

3. 家庭状况。很多服务产品都是以家庭为消费单位，因此在企业营销中应关注家庭对购买行为的重要影响。研究家庭中不同购买角色的作用，可以利用有效营销策略，使企业的促销措施引起购买发起者的注意，诱发主要消费者的兴趣，使决策者了解商品，解除顾虑，建立购买信心，使购买者购置方便。研究家庭生命周期对消费购买的影响，企业营销可以根据不同的家庭生命周期阶段的实践需要，开发产品和提供服务。

4. 社会文化状况。每个消费者都是社会的一员，其购买行为必然受到社会文化因素的影响，文化因素有时对消费者购买行为起着决定性的作用。

二、服务消费者购买行为类型

（一）根据服务消费者行为的复杂程度和所购服务本身的差异划分

根据服务消费者卷入程度（卷入程度是指消费者购买时的谨慎程度以及在购买过程中愿花费多少时间和精力去收集信息、选择判断，还有多少人参与购买过程。）和服务产品差异的组合，消费者购买类型可划分为以下四种。

1. 复杂型购买。该类型购买发生在消费者初次购买那些卷入程度高、品牌差异大的服务商品的场合。多数消费者对这类商品知之甚少，但因其服务的无形性，并且价格昂贵，故消费者购买前的选择决策非常谨慎，要花费时间大量收集信息，多方位挑选比较。这种购买决策最为复杂。

2. 和谐型购买。该类型购买发生在消费者购买卷入程度高、但品牌差异较小的服务商品时。这种购买因不同品牌的服务只要价格在同一档次内，质量功能差别不大，故消费者不需要收集很多的信息或进行评价，卷入程度高主要因服务价格较高或不经常购买引起。决策重点在买不买，买什么档次的，而不在乎买什么品牌的，且更关心能否得到价格优惠，购买时间和地点是否方便等问题。

3. 多变型购买。该类型购买发生在品牌差别大、卷入程度低的服务商品上。消费者经常变换所购服务的品牌，主要是出于尝试一下新东西的好奇性，避免单调乏味。消费者在这类服务购买前，一般并不主动收集有关信息，只是通过广告等宣传媒体被动接受信息，对服务的品评也是发生在购买之后，而且即便对所消费服务的感觉不错，下次购买时仍可能更换品牌。

4. 习惯型购买。该类型购买发生在消费者购买卷入程度低、品牌差异小的商品时，是一种多次购买后形成的习惯性反应行为。消费者经常购买某种固定的服务，并非出于忠诚，而是出于习惯。

（二）根据消费者的购买目标划分

根据消费者的购买目标可将消费者购买类型分为以下三种。

1. 全确定型。即指消费者在购买服务商品以前，已经有明确的购买目标，对服务的内容、质量、价格都有明确的要求。这类消费者进入服务提供场所以后，一般都是有目的地选择，主动地提出所要购买的服务，并对所要购买的服务提出具体要求，当服务人员承诺能满足其需要时，则会毫不犹豫地消费。

2. 半确定型。即指消费者在消费某项服务以前，已有大致的购买目标，但具体要求还不够明确，最后购买需经过选择比较才完成。如，美容是原先计划好的，但去哪家美容院、接受什么样的服务等心中没数。这类消费者进入消费场所以后，一般要经过较长时间的分析、比较才能完成其购买行为。

3. 不确定型。即指消费者在购买某项服务消费以前，没有明确的或既定的购买目标。这类消费者进入服务场所主要是参观游览、休闲，漫无目标地观看或随便了解一些情况，有时感到有兴趣或合适的服务项目偶尔购买，有时则观后离开。

三、服务消费者购买的共同特征

服务消费由于与有形产品消费相比有其特殊性，因而在消费购买行为上也呈现出不同的特点，主要表现如下。

（一）购买者多而分散

服务消费购买涉及每一个人和每个家庭，购买者多而分散。为此，服务消费者市场是一个人数众多、范围广阔的市场。由于服务消费者所处的地理位置各不相同，闲暇时间不一致，因此造成购买地点和购买时间的分散性。

（二）购买量少，多次购买

服务消费者购买一般是以个人和家庭为购买和消费单位的，由于受到消费人数、需要量、购买力等诸多因素的影响，加之服务消费者主要是为了保证自身的消费需要，服务消费又不具有可存储性，所以往往购买批量小、批次多、购买频繁。

（三）购买的差异性大

消费者购买因受年龄、性别、职业、收入、文化程度、民族、宗教等影响有很大的差异性，对服务的要求也各不相同，而且随着社会经济的发展，服务消费者的消费习惯、消费观念、消费心理不断发生变化，从而导致服务消费者购买差异性大。

（四）大多属于非专家购买

绝大多数服务消费者购买缺乏相应的专业知识、价格知识和市场知识，尤其是对某些技术性较强、操作比较复杂的服务商品，更显得缺乏知识。在多数情况下服务消费者购买时往往受感情的影响较大。因此，服务消费者很容易受广告宣传、企业形象、装潢以及人员促销等方式的影响，产生购买冲动。

（五）购买的流动性大

服务消费者购买服务会经常面临选择，加之在市场经济比较发达的今天，人口在地区间的流动性较大，因而导致服务消费购买的流动性很大，消费者购买行为经常在不同服务产品、不同地区及不同企业之间变动。

（六）购买的周期性

有些服务商品消费者需要常年购买、均衡消费，如网络、教育、交通等生活必需的服务消费商品；有些服务商品消费者需要季节购买或节日购买，如一些时令旅游、节日民俗服务消费品。这些都表现出消费者购买有一定的周期性可循。

（七）购买的时代特征

服务消费者购买常常受到时代精神、社会风俗的导向，从而使人们对服务消费购买产生一些新的需要。如 SPA、瑜伽等健身休闲正成为流行时尚；又如社会对知识的重视，对人才的需求量增加，从而使人们对教育、文化用品的需要明显增加。这些显示出消费购买的时代特征。

（八）购买的发展性

随着社会的发展和人民消费水平、生活质量的提高，消费需求也在不断向前推进。过去只要能买到商品就行了，现在追求名牌；过去不敢问津的高档商品，如汽车等，现在有越来越多的人消费了；过去自己承担的劳务现在由劳务从业人员承担了等等。这种新的需要不断产生，而且是永无止境地增长，使服务消费者购买具有发展性特点。

认清服务消费者购买的特点意义十分重大，它有助于企业根据服务消费者购买特征来制定服务营销策略，规划企业经营活动，为市场提供消费者满意的服务，更好地开展市场营销活动。

案例链接

电子阅读的消费行为趋势

在互联网资源共享的背景下，以 iPad、电子阅读器、手机客户端为代表的移动阅读终端，正逐渐改变人们的阅读习惯，越来越多的读者开始尝试并逐步习惯使用电子阅读产品。

根据专业调研公司2014年对电子阅读品类消费者的用户构成、阅读习惯、产品偏好等进行的调研可得出如下结论：

(1)中青年和男性是最主要的电子阅读人群，中老年电子阅读用户显著增长。2013年的电子阅读用户中，中青年消费者(15～34岁)占比达到72%，是目前最主要的电子阅读人群。男性用户依然是电子阅读消费者的主要人群，电子阅读消费者中近六成为男性消费者。值得关注的是，和2012年相比较，中老年消费者占比由8%增长至27%，中老年消费者的快速增长驱使电子阅读消费者的整体年龄结构更加多元化。

(2)手机成为最常用的阅读方式，小说类是用户最热衷的电子书类型。91%的电子阅读用户最常使用手机设备进行阅读行为;40%的用户通过手机阅读客户端接入方式进行日常阅读，是电子阅读用户最常用的电子阅读入口。在阅读题材方面，78%的用户偏爱看小说类电子书，从小说类电子书题材来看，现代都市、言情小说是最受用户追捧的小说题材。

(3)睡前是深入阅读的时间，短篇阅读和浅阅读多在碎片化阅读时间。65%的电子阅读消费者有睡前阅读的习惯，这个时间段整块时间集中，并且环境安静，大部分的深度阅读行为多发生在该时间段。排队或等人、上下班路上、上班时的空闲时段等时间段是消费者具有代表性的碎片化阅读时间，这个时间段时间零散、环境相对嘈杂，大部分的短篇阅读和浅阅读发生在该时间段。

(4)消费者在阅读产品选择和使用中最关注产品的阅读资源。阅读产品内容资源是多数电子阅读用户选择其常用阅读产品最为关注的因素。内容资源因素包括内容类型全、阅读内容吸引人、阅读内容丰富等，其对用户阅读产品整体满意度是影响最大的因素。另外，客户端功能丰富性，也是影响用户对产品整体满意度的最直接因素。

另外，由于电子阅读消费成本相对较低，和大多数收费产品不同的是，资费满意度对产品整体满意度的影响并不显著。从电子阅读消费者产品满意度中可以看出，一款阅读内容类型更全、电子书数量更丰富的电子阅读产品，有可能会成为消费者更加满意的电子产品，也更有会成为消费者的最终产品选择。

第三节　服务购买及其决策过程

一、服务购买决策过程

(一)购前阶段

购前阶段是指消费者购买服务之前的一系列活动。当消费者意识到有某种服务需求时，这一阶段就开始了，随着这种需求不断增强，消费者开始着手准备购买。这时，消费者会从各种渠道搜集有关信息,他们首先会回忆以往所了解或者体验到的有关知识,试图从中找到解决办法,同时向亲戚、朋友和邻居征求意见和建议,或者翻阅报纸杂志、向专家咨询等,最后将确定出最佳的选择方案。

以一个顾客选择餐馆吃午饭为例。他面临的第一个问题是“在什么场合下吃饭”,无疑,不同的餐馆适合不同的顾客。他单独一人吃与同朋友一起吃可能有不同的要求。如果一个人吃饭,像麦当劳、肯德基一类的快餐店兴许就可以了;而如果是和朋友一起,则会选择较好一些或者是上档次的餐馆。吃饭的场合确定下来之后,紧跟的问题是“哪些餐馆可以选择”。从理论上讲,顾客可选择的餐馆有很多,而事实上,他通常根据以往的经验和知识只选择有限的几家。不过,究竟他会选择哪一家还要考虑一系列其他因素。

(二)购买阶段

经过购买前的一系列准备,消费者的购买过程进入实际购买阶段。对于有形产品而言,过程通常包括购买、使用和废物处理等不同过程,然而,由于服务具有生产和消费同时进行的特点,消费者购买服务的过程也就是服务生产的过程。在这一过程中,顾客不是同其直接消费的物品打交道,而是表现为同服务提供人员及其设备相互作用的过程。

有形产品的使用是完全独立于卖方影响的,至于消费者何时使用、怎样使用以及在哪里使用都是他们自己的事,同产品的提供者没有任何关系。对于服务来讲,则有着不同的情形。

服务生产与消费同时进行的特征意味着服务企业在顾客享用服务的过程中将起到重要作用。离开服务提供者,服务的过程是无法进行的,因为服务提供者同顾客一道构成了服务过程的两大主体。同时各种服务设施的作用也不容忽视,这些设施是服务人员向顾客提供服务的工具,它们给顾客的印象还将直接影响到顾客对企业服务质量的判断。

此外,由于服务传递过程的延长,顾客对产品的评价不单单是在购买之后的阶段,而在过程中就已经发生。

(三)购后评价阶段

让顾客满意是企业营销过程的最终目的,而顾客的满意度则来自于他们对服务质量的评价。在服务质量一章中,将研究影响顾客评价服务质量的各种因素,顾客对服务质量的判断取决于体验质量和预期质量的对比,而预期质量受市场沟通、企业形象、顾客口碑及其需求的影响。

从购买过程的层面上看,服务的过程有别于有形产品的过程,因为后者一般包括购买、使用和处理三个环节,而且这三个环节的发生遵循一定的顺序并有明确的界限。比如,顾客从超级市场购买一瓶洗涤剂,在洗衣服时使用,当所有的洗涤剂用光之后就把空瓶子扔掉。而服务的过程则有些不同:一方面,在服务交易过程中并不涉及产品所有权的转移,因此,服务的过程也就没有明显的环节区分,这些所谓的环节都融合为顾客与服务人员互动的过程;另一方面,服务不可感知(无形性)的特点,使得服务处理的过程同消费者体验的整个服务过程都没有关系。

所以,服务的购后评价是一个比较复杂的过程。它在顾客做出购买决策的一刹那间就开始了,并延续至整个过程。顾客的评价就不仅受到前述因素的影响,而一些来自社会和环境方面的因素也将起到很大作用。从某种意义上说，顾客的评价如何将取决于企业是否善于管理顾客与顾客、顾客与员工、顾客与企业内部环境以及员工与内部环境之间的关系。

二、服务评价

消费者购买服务产品一般是理智行为，即购买前要对有关信息进行搜集、评价、比较和选择。这个全过程与购买有形产品没有什么区别，但二者在依据条件和具体评价程序及把握上存在着明显的差异。总的说来，对服务产品的评估较之对有形产品的评估复杂而困难，这是由服务产品的不可感知性决定的。

（一）服务评价的依据

区分消费者对服务过程和有形产品评价过程的不同，主要依据以下三个特征。

1. 可寻找特征。可寻找特征是指消费者在购买前就能够确认的产品特征，比如价格、颜色、款式、硬度和气味等。像服装、家具和珠宝等产品有形、有质，具有较强的可寻找特征；而像度假、理发、餐饮则不具备可寻找特征而只具备经验特征。

2. 经验特征。经验特征是指那些在购买前不能了解或评估，而在购买后通过享用该产品才可以体会到的特征，如产品的味道、耐用程度和满意程度等。如饮食只有品尝后才知其味，理过发后才知道理发师的技术和服务水平，听过课后才了解教师的水平和能力。

3. 可信任特征。可信任特征是指消费者购买并享用之后很难评价，只能相信服务人员的介绍，并认为这种服务确实为自己带来期望所获得的技术性、专业性好处的服务特征。比如，诉讼寻找律师，投诉者无法判断律师的服务水平，只能听信律师的分析，其他技术性、专业性服务，如家电维修、汽车修理、保健等都具有这类特征。

消费者对从有形产品到无形服务的评价过程有一个从易到难的变化序列。对有形性特征较为明显的商品，如衣服、珠宝、家具等有较多的可寻找性特征，消费者易于对这类产品进行评价；而对汽车、餐饮、旅游、美发等部分是有形产品、部分是无形服务的消费对象，其感知性逐步降低，不具备明显的可寻找特征，消费者购买时只能按照经验特征估计产品的质量；而对法律咨询、汽车维修、医疗服务等纯粹是不可感知性的服务产品，消费者评价此类产品时需要依赖其可信任特征的考察，才能辨别产品的优势。

（二）产品与服务评价过程的差异

消费者购买产品和服务的评价过程的差异性主要表现为以下几方面。

1. 信息搜寻。消费者购买有形产品通常从两类渠道获取信息：一是人际渠道；二是非人际渠道，即产品本身、广告、新闻媒介等。消费者购买服务产品则更多依赖于人际渠道，原因有以下三点。

（1）大众媒体多适合于传递有关有形产品可寻找特征方面的信息，服务产品多为经验特征和可信任特征，只适合于消费者向社会相关群体获取。

（2）服务提供者往往是独立机构，它们不会专为生产者产品作经验特征的广告，而生产商与中间商所采用的联合广告往往侧重于产品本身的性能、质量，而不会专门为服务做广告。

（3）消费者在购买服务之前很难了解到服务的特征，为了避免错误购买，乐意接受相关群体口头传播的信息，以为这样的信息可靠性强。

服务信息的收集并不完全排斥非人际来源，如音像、电视、电影、戏剧等文化服务，广告及其他新闻媒体的宣传往往是消费者采取购买行动的重要原因。

2. 质量标准。在购买有形产品时，消费者可以凭借产品的款式、颜色、商标、包装和价格等多种标准来判断产品的质量；而购买服务时，消费者只局限于价格和各种服务设施等方面。在管道维修、楼房管理、草坪剪修等服务行业，消费者在购买服务之前只能获得价格方面的信息，只能通过价格的高低来判断服务的质量；而对于理发、法律咨询和健身等服务，消费者则要根据有形的服务设计，包括办公室、场所、人员及其设备等来判断产品质量。服务质量判断标准的单一性或连带性容易造成假象，对消费者形成误导。在许多情况下，服务质量不一定与价格成正比关系，服务场所的设计和设备也不一定形成良好的服务质量。

3. 选择余地。消费者购买服务的选择余地较之购买一般品小，这是由以下原因造成的。

（1）服务品牌单一，它不像零售店陈列的商品那样琳琅满目。

（2）在同一个区域中，限于需求的有限性，不可能同时有很多的提供同种服务的不同企业可以选择，如银行、干洗店、画廊等都很有限。

（3）消费者在购买服务前所获得的相关信息也是有限的，这也限制了选择余地。

4. 创新扩散。创新扩散的速度取决于消费者对创新特征的认识，创新特征包括相对优势、兼容性、可沟通性、可分离性和复杂性。一般而言，一个创新产品比现有产品具有较高的比较优势和兼容性，并且容易演示和介绍，其扩散速度就会快；反之，一个产品的结构和性能较为复杂、难以操作，则它的扩散速度就会慢一些。由于服务具有不可感知的特征，很难被演示、讲解和相互比较。而且每一个消费者对同一服务的看法和感受又各不相同，所以服务比较复杂、难以沟通。再者，新的服务可能同消费者现有价值观和行为不可兼容，因为许多消费者可能已习惯于自我服务。

5. 认知。消费者购买商品和服务都要承担一定的风险，相比之下，消费者购买服务所承担的风险更大，消费者对服务的认知更难，这是因为：

（1）服务的不可感知性和经验性特征，决定消费者在购买服务之前所获得的有关信息较少，信息越少伴随的风险会越大。

（2）服务质量没有统一性标准可以衡量，消费者在购买产品过程中的不确定性增强，故而风险更大。

（3）通常情况下，服务过程没有担保和保证可言，即使顾客在消费过程中或消费后感到不满意，也会因为服务后果的不可逆转性而无法重新更改或退换。

（4）许多服务都具有很强或较强的技术性或专业性，有时即使在享用过服务之后，消费者也缺乏足够的知识或经验来对其进行评价。

6. 品牌忠诚度。消费者购买服务较之购买有形商品对品牌忠诚度更高。这取决于这样几个因素：转移品牌的成本；替代品的适用性；购买难易程度；以往的经验。消费者购买服务受获取服务信息困难程度的影响，难于全面了解到有关替代品的情况，对替代服务能否比现有服务更能增强满意度亦无把握，因而不如仍选择原有的服务。同时，消费者在其转移对服务产品品牌的选择时也会增加更多的费用支出，例如，病人到第一家医院看病可能首先要对身体进行系列检查，如果中途想换另一家医院，那家医院可能又要重新作一次身体检查，这样，消费者增加了不必要的开支。而且，消费者知道，购买服务将要承担更多的风险，他们当然不会轻易转换品牌，而只能忠实于原有服务品牌。在服务过程中，消费者往往心存由于老顾客的身份而获取更多优惠的侥幸。服务提供者要充分利用消费者的这种心理来稳定老顾客，与顾客建立良好的合作关系。

7. 对不满意的归咎。消费者对购买的商品不满意，通常不是归咎于中间商，就是归咎于生产厂商，一般不会归咎于自己。但是，若购买服务则不然，由于顾客在很大程度上参与服务的生产过程，消费者会觉得自己对服务后果的不满意负有一定的责任，或是自悔选择对象不当，或是自责没给服务提供者讲清要求，或是为没能与对方配合好而自咎。服务质量既是服务提供者的事，也取决于消费者的认同与看法，这为企业引导和调动消费者配合完成服务过程提出了更高的要求。

三、服务购买决策的基本原则

（一）最大满意原则

就一般意义而言，服务消费者总是力求通过决策方案的选择、实施，取得最大效用，使某方面需要得到最大限度的满足。按照这一指导思想进行决策，即为最大满意原则。遵照最大满意原则，消费者将不惜代价追求决策方案和效果的尽善尽美，直至达到目标。最大满意原则，只是一种理想化原则，现实中，人们往往以其他原则补充或代替之。

（二）相对满意原则

这一原则认为，现代社会，服务消费者面对多种多样的服务选择和瞬息万变的市场信息，不可能花费大量时间、金钱和精力去搜集制定最佳决策所需的全部信息，即使有可能，与所付代价相比也绝无必要。因此，在制定购买决策时，消费者只需做出相对合理的选择，达到相对满意即可。

（三）遗憾最小原则

若以最大或相对满意作为正向决策原则，遗憾最小则立足于逆向决策。由于服务的特殊性使得任何决策方案的后果都不可能达到绝对满意，都存在不同程度的遗憾，因此，有人主张以可能产生的遗憾最小作为决策的基本原则。运用此项原则进行决策时，消费者通常要估计各种方案可能产生的不良后果，比较其严重程度，从中选择情形最轻微的作为最终方案。

（四）预期—满意原则

有些消费者在进行购买决策之前，已经预先形成对服务价格、质量、内容等方面的心理预期。消费者在对备选方案进行比较选择时，会与个人的心理预期进行比较，从中选择与预期标准吻合度最高的作为最终决策方案，这时他运用的就是预期—满意原则。这一原则可大大缩小者的抉择范围，迅速、准确地发现拟选方案，加快决策进程。

本章小结

随着人们对服务的消费逐年增长，企业服务行为日益频繁。服务行为及消费者的心理活动是企业有效制定服务营销战略和开展推广活动的重要依据。服务消费与购买行为不同于有形产品消费与购买行为。服务购买过程及其决策过程更多地受消费者购买服务时的心理状态的影响，也有别于一般有形产品的购买过程及决策过程。研究服务行为及心理活动是服务企业及一般企业营销活动中不可忽视的重要环节。

关键词

购买心理　购买行为　购买决策

思考题

1. 如何理解我国服务消费现状？
2. 服务消费的常见心理有哪些？
3. 服务消费购买行为的特点与决定因素有哪些？
4. 如何理解服务购买决策过程与基本原则？
5. 服务评价的依据是什么？产品与服务评价过程的差异有哪些？

案例分析

如家——成功源于了解顾客的消费行为

酒店业中的商务旅客市场在整个市场中占据了很大的份额。随着企业管理机制的完善，许多商务人士差旅费用被控制在平均一天300元以内。与过去的“吃公家，喝公家”的观念不同，商务人士的消费需求出现了很大的转变。

现在的商务人士在满足工作要求的基础上，不再盲目追求档次，而强调实用性。自助旅游的游客也多了起来，但却很难找到合适的住处，这是因为酒店的档次结构不够合理：一方面高星级酒店林立、设施豪华、价格昂贵；另一方面，一些小型旅馆、招待所服务质量、卫生条件差，使大多数普通商务人士和游客感到不便。由此出现了酒店行业所提供的服务与消费者需求脱节的情况。如家正是在这种混沌的市场环境中应运而生的。

如家是首都旅游国际酒店集团和携程旅行服务公司创办的。它拥有得天独厚的硬件条件，为其进入经济型酒店市场打下了坚实的基础。所谓的经济型酒店的形式，在最大限度上适应了现代中国人讲究实惠的观念，经济型酒店定位于普通消费大众，价格适中,基本设施齐全、干净、经济、温馨。相对于传统的星级酒店以及一般招待所,这一新生的酒店业态所提供的服务更加能够满足消费者的消费需求。

通过对顾客长时间的观察,如家发现商务旅客一般来说并没有时间去使用酒店会所、游泳池等配套设施。由于差旅费的限制,他们甚至连餐饮都是去酒店附近的小餐馆吃。酒店,仅仅是他们暂时性的休息场所。只要价格合理,休息环境干净舒适,他们就已经很满意了。由此,在如家旗下的酒店中,一概都没有任何多余的配套设施;在其中一些酒店里,甚至连餐厅和商务中心都被省去。同时,如家十分注重酒店的选址,酒店附近一定会有餐馆以及火车飞机订票点。通过这样的选址,如家成功地把一些占用酒店面积很大的配套项目转嫁出了酒店周围的商家,一方面降低了企业的经营成本,另一方面也满足了顾客节省的需要。而客房设计则是如家最精髓的地方。客房内不但空调、电视、电话、磁卡门锁、标准席梦思床具、配套家具、独立卫生间、24 小时热水等设施一应俱全,并且在整体格调的设计上颇费心思,以求营造一种温馨和谐的气氛。

如家的成功,在于其对顾客消费行为与需求的重视。了解顾客的消费行为成为服务提供者设计服务目标与流程的前提。

案例讨论:

1. 如家定位的经济型酒店的主要目标客户有哪些?这些目标客户的消费行为特征是什么?

2. 如家是如何提供让顾客满意的服务的?

3. 如家的竞争对手有哪些?它是如何领先竞争对手的?

第三章 服务营销战略

学习目标

Learning Objectives

1. 了解服务营销战略的含义和类型
2. 掌握服务营销 STP 战略的含义和应用
3. 掌握服务营销组合的概念和内容

引导案例

阿里影业增速 1 022% 的差异化

阿里影业从 2014 年成立，是其前身并购文化中国后更名的，但经过两年时间的业务方向调整后，阿里影业总营收增速高达 1 022%。正常情况下，业务稳定的公司是不可能出现这个惊人的增速的。

阿里影业 2016 年上半年财报显示，其疯狂增长的背后亏损高达 4.66 亿元，究其亏损原因，主要是在线售票与推广平台票补力度所致，如抛开前期亏损因素，阿里影业背后的差异化运作，是其高速增长的看家本领。

企业都在谈差异化，但总不得其要领，这里除了缺少战略性的眼光之外，还与企业对品牌的操作有关。现在看阿里影业是亏损，但这恰恰是阿里影业棋高一筹之处，为差异化运作赢得市场。

(1) 运营差异化。运营水平经常考验一个公司实际面对市场的反应，特别是在企业经营出现亏损的情况下，更是需要做出非常规的运营水平，才能赢得市场的青睐。阿里将文化中国并购后，很多企业认为巨亏了，就不敢往前跨步了。

实际上，分析阿里影业亏损，只要是票上的亏损，停止票补就可以止损，就像滴滴开始补贴司机一样，是为前期积累客户的黏度而铺垫。更能体现阿里影业的运营差异化，当所有的对手都因为影院的上座率下滑收缩战线时，阿里影业却逆流出击，在 2016 年 5 月与 8 月分别以 10 亿可转债注资广东大地影院，并斥资 1 亿收购杭州星际影院。阿里影业快马加鞭抢占“场景”，其中原因是想通过互联网来改变传统电影行业模式。

有足够多的银屏，场景就可以体现出互联网的价值。这是阿里运营与传统的影院不同之处，通过收购来实现场景，在影院的数量上先胜一筹。但是，在这个亏损趋势下，敢于这样反其道而行之，也只有敢于亮剑的阿里影业了。

(2) 产品差异化。现在，大家都陷入产品同质化的困境当中，产品大同小异，无法真正实现差异化。通过收购换来“场景”，自然与其他的“场景”是没有本质的区别的，所以，阿里影业产品差异化就显得非常重要了。

在传统依靠内容吃饭的影业里，显然阿里影业没有这个资源优势。比如，像华谊、博纳等传统影视公司，依靠的是雄厚的内容IP和明星资源，所以阿里影业必须另辟蹊径，不在内容上硬碰硬，而是从最擅长的互联网宣发切入，先保证一个赢利点，逐步搭建从创意、投融资、内容制作，到发行、在线售票、衍生品等泛娱乐全链条。

目前看，这个链条唯独缺少终端影院这一环，这是消费者最切身体验的环节，所以，前面阿里进行大胆的并购，采取激进的运营方式产生差异化，确实是具有画龙点睛之妙。利用互联网来撬动传统的影视市场，像淘宝天猫撬动传统的零售市场一样。

(3)渠道差异化。有好的产品，也需要渠道来开路。从阿里影业收购的场景来讲，也确实是渠道差异化操作的体现。我们先来看看阿里连续入股的两家影院，就可以窥视到阿里将为改变传统影视公司以内容操作的模式转变为互联网方式，进行渠道上差异化开辟蓝海。

大地影院是一个主要瞄准珠三角和长三角的二、三线市场发展的影院投资公司，2015年年底时它在全国共有596家电影院和3 003块银幕（其中2 808块3D银幕），电影院规模甚至一度超过根植于一、二线市场的万达。

杭州星际影院是一个规模小的多的单体影院，且位于杭州非核心商业区。也可以视为阿里避开一二线市场的做法，更为可贵的是星际影院处于移动互联网和O2O接受度非常高的城市杭州，又是成立时间比较短的影院，在新模式尝试中比传统影院更灵活，将有利于阿里试水互联网营销与会员管理等一揽子计划。

细看阿里的渠道布局，似乎有农村包围城市的味道。阿里显示出来的渠道在二三线城市，确实与万达、华谊、博纳根植一线城市不一样，也是与对手形成差异化的思路，这样，阿里影业完全走一条与对手相反的路。

第一节　服务营销战略概述

一、服务营销战略的含义和重要性

（一）服务营销战略的含义

对企业而言，战略是指企业面对急剧变化的环境和激烈竞争的市场，为谋求自身的长期生存和持续发展而制定的全局性发展规划。其中“急剧变化的环境和激烈竞争的市场”是战略背景，“谋求长期生存和持续发展”是战略总目标，“全局性发展规划”是战略内容。

服务营销战略，顾名思义，是把服务营销和战略二者紧密结合起来，所以可以给服务营销战略下这样一个定义：服务营销战略是指从事服务营销的企业面对急剧变化的环境和激烈竞争的市场，为谋求其营销目标的实现，而制定的营销总体规划。

在急剧变化的市场环境和日益激烈的市场竞争中，营销战略常常是企业能否成功的关键。一个既顺应市场和环境变化趋势，又符合自身资源状况的营销战略，使企业不管是在有利还是不利的环境下，都能维持现有顾客和发展新顾客，进而获得较佳的经济效益。反之，如果一个企业没有营销战略或营销战略不科学，则它取得成功的概率将是很小的。因为，"做对的事情"（Do The Right Things）要比"把事情做对"（Do The Things Right）更重要。努力认真地把一件既定的事情做好，只是一个"效率"的好坏问题，而如果一开始就选择正确的事情去做，那才会起到事半功倍的效果并取得成功。

（二）服务营销战略的重要性

服务营销战略的重要性体现在以下几方面。

1. 多变的市场和环境。近年来，企业面对的市场和环境越来越复杂多变，各种因素的变化节奏明显加快，现有市场的不稳定性和未来市场的不确定性都随之增强了。在这种情势下，企业战略（包括营销战略）就显得尤为重要，不仅要求企业管理者能制定正确的战略，而且还要能调动企业每个成员的积极性，齐心协力去实施战略。这是时代发展对管理者提出的严峻课题。

2. 竞争的不断加剧。近年来，竞争的激烈程度前所未有。企业面对来自国际和国内的残酷竞争，能否占有一定的市场份额对企业来说是生死攸关的事情。竞争的实质是争夺顾客，企业要想在竞争中巩固自身的市场地位，不仅要赢得顾客，更要拥有顾客，只追求顾客满意已不够，必须达到顾客忠诚。所以，无论是制造业还是服务业，众多企业纷纷向服务型企业转变，它们都在经营中更加重视服务要素，并将其放在战略高度来规划。

3. 科技进步与信息业发展。大多数企业依赖科技进步来实现产品创新和业务流程创新，以获取竞争优势。但是，随着信息业的高速发展，信息的传递越来越快而且广泛，信息的透明度也越来越高，新技术、新产品很快就被普及和模仿，产品的趋同性越来越明显。在这一趋势下，企业要形成差别优势，就必须更多地借助于服务要素，并把它放在战略高度来思考，以保持长期的竞争优势。

4. 资源缺乏。对人类社会来说，能源、原材料等资源的供给日益紧张。任何企业都必须考虑如何在有限的资源条件下满足顾客更多的需要。这就要求企业从战略上下功夫，通过更多的、更有效的服务来弥补资源的缺乏。

5. 人力资源作用日显重要。最近几十年的数据统计表明，人力资源对经济的贡献越来越大。对企业来说，员工是最重要的资源，任何企业要想长期生存和持续发展，首先应该对员工施以良好的服务，重视员工的培养和激励，这将是服务营销战略中不可缺少的内容。

6. 社会各界对企业的要求日益增长。随着社会的发展，企业的利益相关者（股东、客户、供应商、债权人、政府、员工等）对企业提出了更多、更严格的要求，他们在与企业的交往和合作中追求着多层面、全方位的利益，他们希望获得更好的服务。企业必须在服务营销战略上给予足够的重视。

针对营销规划的具体内容，服务营销战略可以分为三大类：第一类是基于市场发展或产品发展的规划，称之为发展战略；第二类是基于竞争模式的规划，称之为竞争战略；第三类是基于营销方法论的规划，称之为STP（这里S是指Segmenting Market，即市场细分；T指Targeting Market，即选择目标市场；P为Positioning，亦即定位。）战略。

二、服务营销发展战略

服务营销发展战略有以下几种。

（一）密集式成长战略

密集式成长战略（如图3－1所示）有以下几类。

1. 市场渗透。即在现有的市场上，通过现有的服务产品来扩大销售，主要策略有促使现有的顾客增加消费次数、消费数量，或者吸引新顾客来消费服务产品。

2. 市场开发。即利用现有的服务产品去开拓新的市场，例如可在现有的销售区内进一步进行市场细分，满足新的细分市场的需求。

3. 产品开发。即在现有的市场上提供新的或改进的服务产品，从而满足现有市场上的不同需求。

	现有产品	新产品
现有市场	市场渗透	产品开发
新市场	市场开发	多元化发展

图3－1　密集式成长战略

（二）多元化成长战略

如果服务企业在原有市场营销系统的框架内没有更好的发展空间，甚至无法进一步发展，则可以考虑多元化成长战略，具体有以下几种多元化战略。

1. 同心多元化。即面对新市场、新顾客，以原有的服务特长与经验为基础，增加新的服务产品，如银行提供的消费信用、住宅贷款、电子计算机转账服务等。由于企业从同一圆心逐渐向外扩展其服务领域，没有脱离其经营主线，所以利于发挥自己的优势，风险相对较小。

2. 水平多元化。即针对现有的市场和顾客提供全新的服务，如航空公司经营酒店业务，由于企业进入了全新的领域，风险较大。

3. 综合多元化。即企业以全新的服务进入全新的市场，而新业务与企业现有的业务及市场没有联系，这种战略风险最大。例如，企业同时从事金融业、旅游业、网络服务等。企业在选择多元化战略时必须十分谨慎，应结合企业现有的优势和特长加以考虑。

三、服务营销竞争战略

服务营销发展战略与服务竞争战略是两个不同层次的概念:服务营销发展战略指出了企业的发展方向;服务竞争战略则说明了达到目标的基本打算。美国学者波特提出,企业在实现其战略目标的过程中,有以下三种一般性竞争战略可供参考。

(一)总成本领先战略

采用这种战略的核心是通过扩大生产规模,力争使其成本降到行业最低水平,从而以较低的售价赢得竞争优势,争取最大的市场份额。实现总成本领先的战略目标要求企业具有如下条件:良好、通畅的融资渠道;服务产品的同质化程度较高;低成本的分销渠道;熟练的、高效率的服务从业人员;严格的成本控制体系、组织体系和责任管理等。

(二)差别化战略

企业实施这种战略的竞争优势主要依托企业形象、产品特色、客户服务、技术特点、客户网络等各个方面,与竞争者相比,这些方面要有独到之处。由于企业各具特色,顾客很难分辨各个企业不同产品的优劣,故采用差别化战略可以有效抑制市场价格的敏感性,企业可获得较高的经济效益。不仅如此,一旦消费者对企业或品牌建立了较高的信任度,还能为竞争者的进入设置障碍。实现差别化战略的前提是:企业在市场营销、产品研发、产品技术以及服务设计等方面有强大的实力;服务产品及质量享有良好的声誉;拥有久远的历史和传统;有来自渠道企业强有力的合作。

(三)集中性战略

总成本领先和差别化战略往往着眼于整个市场或整个行业,从大的范围谋求竞争优势。集中性战略则将目标锁定在某个特定的、相对狭小的领域内,集中使用最能代表自身优势的某一技术、某一市场、某一品牌的服务产品资源,争取成本领先或争取差别化,从而取得某一方面的竞争优势。一般情况下,中小企业多采取此战略。中小企业虽然在整个市场上不能取得竞争优势,但却能促使企业明确其经营方向,采取科学的管理方式,取得相对优势。然而,一旦市场需求发生变化或较大的竞争者执意进入市场,采取此战略的中小企业将面临较大的风险。

第二节　服务营销 STP 战略

服务营销活动必须遵循的步骤:市场细分→目标市场→市场定位。即通过市场细分,选择适合本企业进入的目标市场,并在目标市场上确立一个有利于目标顾客识别和认同的、能充分发挥企业自身资源优势的位置,在有针对性的营销策略的配合下,最终树立企业独特的、良好的市场形象。

一、服务市场细分

(一)服务市场细分的概念

市场细分就是根据消费者不同的需求特征将整体市场划分成若干个消费者群的过

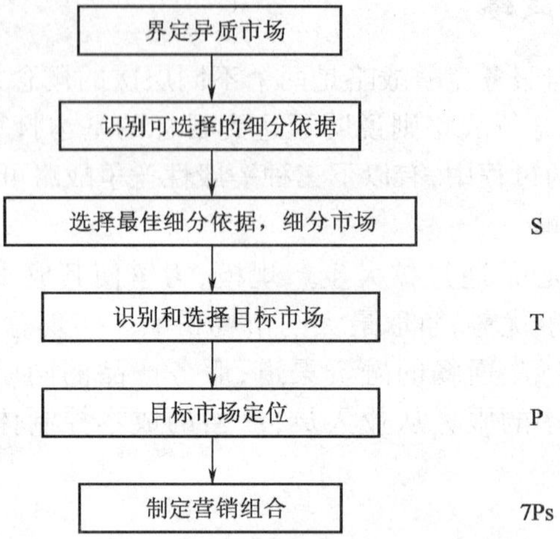

图3－2　服务营销STP战略过程

程,每一个消费者群都是一个具有相同需求和欲望的细分子市场。通过市场细分,企业能够向目标子市场提供独特的服务及其相关的营销组合,从而使顾客需求得到更为有效的满足,并达到留住顾客和提高顾客忠诚度的目标。

市场细分对于服务企业具有极为重要的意义。随着服务市场上新的竞争对手的不断加入和服务项目的增多,企业之间的竞争日益加剧。市场细分将有助于企业投资于能够带来经济效益的领域,从而避免因盲目投资而造成的资源浪费。同时,市场细分将有助于企业通过产品的差异化建立起竞争优势,即使在较为成熟的行业里,市场机会仍然存在。企业通过市场调查和市场细分将会发现尚未被满足的顾客群体,如果企业能够根据这一顾客群体的需求特征设计出独具特色的服务,肯定会获得成功。比如,在金融服务市场上,信用卡提供给客户的是信誉、便利和声望。美国运通公司就瞄准了旅游和休闲市场,向商业人士和拥有较高社会地位的人士提供价格高昂的运通卡。这种信用卡实际上与Visa卡和MasterCard卡没有什么区别,然而,更加强调信用卡使用者的声望使其拥有了更大的吸引力。

(二)有效市场细分的基本条件

企业的市场细分能否做到有效和成功,取决于如下几个条件。

1. 市场应存在着购买者需求的多样化,否则,细分市场就不可能长久。如果一家旅馆的所有顾客都对服务具有相同的要求,就没有必要对他们再进行商人和旅游者的细分。

2. 细分应该是可以确定和衡量的。这就需要有一些标准,能明确辨别谁在细分市场之内,谁在其外,以此来衡量潜在需求。在可衡量性方面,顾客具有的特征信息应易于获取和衡量,如顾客的偏好,对服务、价格、广告宣传等的反应,还有人口、地理、文化因素等。

3. 细分市场应具有适当的规模和潜力,具备一定的购买力,企业可从中获得效益。细分市场应该能够带来足够的好处,值得企业为之投入营销组合的资源。细分市场的规模要大到足以给企业带来可观的利润,这里要把实际的需求与潜在的需求加以区分,前者是已经出现的,后者则可通过购买者的意愿转变成前者。

4. 企业能够比较方便地进入细分市场,不受太多限制,例如空间上的可进入性、观念上的可接近性等。细分市场应该是通过成本合理的营销组合能够达到的,能够进行沟通的。比如,一家银行要针对某细分市场做广告,该细分市场上的购买者就应该达到一个特定的数量,以抵消其做广告所支付的费用。

5. 构成一个细分市场的潜在顾客能够在相当长的时间内保持稳定。但是,形成细分市场的很多因素是经常变化的,因此就需要营销组合也随之作出调整。

(三)市场细分的主要步骤

市场细分是一个将异质市场划分成若干个同质市场的过程(如图 3－3 所示),这个过程通常包括以下三个步骤。

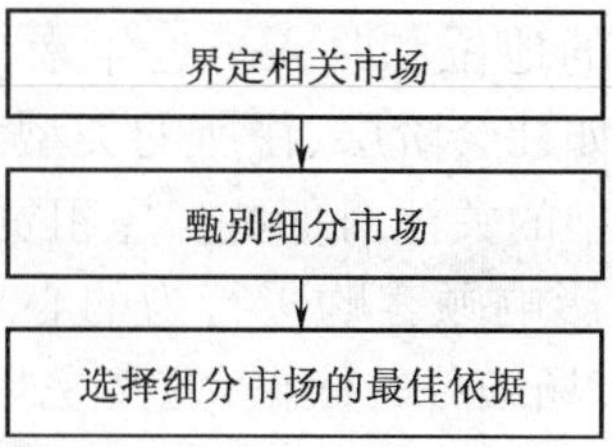

图 3－3　市场细分

1. 界定相关市场。相关市场的界定就是确定企业推广其服务所要寻找的顾客群体。比如,一家投资银行将资产超过 100 万元的人士作为自己的潜在客户,一家酒店瞄准商务人员市场。为确定企业的相关市场,服务营销者需要与消费者进行非正式的接触,并将消费者分成若干个小组,以便了解他们的动机、态度和行为,进而通过问卷调查向消费者收集相关的市场资料,如服务的知名度、服务的使用方式、对该服务所属类别的态度等。在了解这些信息的基础上,企业必须对自身的资源状况进行分析,明确自己的优势和劣势,然后在以下几个方面作出选择:服务线的宽度、顾客类型、地理范围、企业所要涉及的价值链的环节。成功的市场细分意味着企业能够在明确的细分市场上满足现有顾客和潜在顾客的需求。

2. 甄别细分市场。在确定了相关市场之后,企业必须甄别细分市场。市场细分的依据是客观存在的需求差异性,但差异性很多,究竟按哪种因素细分,没有一个绝对的标准或固定不变的模式。企业营销人员必须考虑各种细分市场的因素,找出考察市场结构的最好方法。下面简要介绍几种主要的细分市场方法。

(1)按地理环境因素细分。这是根据消费者工作和居住的地理位置进行市场细分的方法,即按不同的地理单位,比如国家、省、市区、县等进行细分。由于地理环境、自然气候、文化传统、风俗习惯和经济发展水平等因素的影响,同一地区人们的消费需求具有一定的相似性,而不同地区的人们又形成不同的消费习惯与偏好,因此地理因素得以成为市场细分的依据。由于这种方法比较简单明了,为许多服务企业所喜爱。比如,肯德基在上海首先推出了花式早餐粥以及为消费者度身定做的早餐组合套餐,而在北方城市推出了“寒稻香蘑饭”。肯德基按地区安排它的市场营销计划，使其产品更具有地方性，广告、推广和销售等工作也更适应各地区顾客的需求。

(2)按人口和社会经济因素细分。这里的人口因素包括年龄、性别、家庭人数、生命周期等。人口统计变量是区分顾客群最常用的依据，因为顾客的欲望、偏好和使用频率等经常与人口统计变量密切相关，而且人口统计变量也比其他类型的变量更容易衡量。比如，美国的一些银行根据顾客的生命周期细分市场，它们把顾客生命周期分成单身、年轻满巢(年龄在40岁以下，至少抚养一个孩子)、中年满巢(年龄超过40岁，至少抚养一个孩子)、年老空巢就业(年龄超过60岁，仍就业，但孩子独立)和年老空巢退休五个阶段。由于处于生命周期不同阶段的顾客其需求有很大差异，银行可以借此寻求目标市场，提供适合顾客需求的服务。

社会经济因素则是指收入水平、教育程度、社会阶层和宗教种族等变量。一个人的教育背景、职业与收入、社会地位等变量之间存在着直接关系。一般来说，一个人的受教育水平越高，就越可能获得较高的地位和收入。近年来，按职业进行市场细分的方法正得到一些企业的重视。另外，诸如社会阶层、住所的类型、家庭决策权等细分变量也被一些公司所采用，如顾客对住所类型的关注对那些房屋租赁公司有很大的指导意义。

(3)按消费心理因素细分。影响顾客购买行为的心理因素，如生活态度、生活方式、个性和消费习惯等都可以作为市场细分的依据，尤其是当运用人口和社会经济因素难以清楚地划分细分市场时，结合顾客的心理因素等将非常有效。比如，人们形成和追求的生活方式不同，消费倾向也不同，那么他们需要的服务也就不同。常见的心理细分会把具有共同个性、兴趣、心智特征的顾客归纳为某一个整合群体，许多服务企业已越来越倾向于采用心理因素进行市场细分。

(4)按消费行为因素细分。复杂的消费行为也是市场细分所要面对的问题，同时，它也可能成为市场细分的依据。消费行为包括购买时机、使用状况、使用频率、忠诚程度、促销反应以及态度等。

第一，购买时机。企业可以按顾客购买和使用产品的时机进行分类。例如，某些产品和项目专门适用于某个时机(如春节、中秋节、圣诞节等)，企业可以把特定时机的市场需求作为服务目标。如：旅行社可以专门为某个时机提供旅游服务；文具店可以在新学期开始前专门为学生准备学习用品等。

第二，使用状况。企业可以按使用状况进行市场细分就是根据顾客对产品的使用方式及其程度进行细分。据此顾客大体上可以被划分成从未使用者、曾经使用者、准备使用者、首次使用者、经常使用者、偶尔使用者等几个细分市场。服务企业往往关注那些经常使用者，因为他们的使用次数比偶尔使用者要多得多。所以，许多快餐店愿意为那些经常光顾的顾客提供快速服务，价格也较为低廉。银行则对各种使用者都表示关注：一方面，它们希望了解那些经常使用者的特点、行为和身份等，以不断吸引其购买服务；另一方面，又会采取一些措施来刺激那些偶尔使用者，促使其向经常使用者转变。

第三，使用频率。采用这种细分标准可以先将顾客群体划分为使用者和非使用者，然后再把使用者划分为小量使用者和大量使用者。

第四，忠诚程度。顾客的忠诚度包括对企业的忠诚和对品牌的忠诚，亦可作为细分依据,比如按品牌忠诚不同可将顾客分为单一品牌忠诚、多品牌忠诚和非品牌忠诚。

第五,促销反应。这是根据顾客对促销活动的反应进行市场细分的方法。显然,不同的顾客对于诸如广告、销售推广、室内演示和展览等促销活动的反应是各不相同的。比如,喜欢企业向其邮寄产品目录的顾客可能喜欢使用信用卡,并对其他邮寄品也有较高的反应率,由此,服务企业可采用直接邮购的方式与这类顾客沟通,并建立起较好的顾客关系。一旦顾客对某个服务企业表示忠诚,那么即使他们偶尔对企业的服务不满意,通常也不会轻易改变这种忠诚。有研究表明,在银行业,尽管顾客对企业提供的服务常常感到不满意,但仍有75%的顾客会忠诚于该企业。所以,有些银行的营销部门指出,顾客可能会改变生活伴侣,但不会改变银行。

第六,态度。顾客对产品的态度大体可分为:热爱、肯定、冷淡、拒绝和敌意。针对不同的态度,企业可采取不同的营销对策。

(5)按顾客受益因素细分。顾客之所以购买某项服务是因为他们能够从中获得某种利益。因此,可以根据顾客在购买过程中对不同利益的追寻进行市场细分。这种方法与前面几种方法不同,它侧重于顾客的反应,而不是产品的购买者本身。例如,不同的顾客希望从不同的银行那里得到不同的利益:一部分顾客希望能从声誉较好的银行那里获得全面、整体的服务;一部分顾客则希望获得低利息的优惠贷款;还有顾客希望在私人银行进行高利率储蓄。银行可以根据自身的资源状况,选择其中的一个或两个细分市场进入,提供独具特色的服务。服务的特点使得利益细分的方法几乎适用于所有的服务企业。

按顾客受益因素细分市场,首先必须了解顾客购买某种产品所寻求的主要利益是什么;其次,要调查寻求某种利益的顾客是哪些人;最后,还要了解市场上的竞争品牌各自适合哪些利益,以及哪些利益还没有得到满足。

案例链接

用利益变量细分MBA教育潜在顾客群

(1)质量追求者。渴望得到最高质量的教育。他们相信一流的教育将给他们整个经营管理工作带来收益,并最终导致工作的进步和职业生涯的改变。

(2)特长追求者。渴望通过一种特别的教育使自己在所感兴趣的领域成为专家。他们将挑选能满足这种需要的教学机构,对这种学员要提供有针对性的教学计划。

(3)事业转变者。想得到新的工作岗位或寻找新雇主,并确信MBA学位将给他们带来事业进步和工作变动的机会。他们已经工作许多年了,并直觉自己目前从事的工作没有前途。

(4)知识追求者。愿意持续学习并相信知识就是力量。他们相信通过MBA教育学到的知识将是他们以后在社会、社区、政治或管理生涯中从事一切活动的财富。

(5)地位追求者。感到毕业于MBA将会增加他们的收入和声望,并能够提高他们的社会地位。

(6)学位追求者。相信学士学位已经不够用,MBA是在当今商业环境中寻求好工作所必需的条件。他们是积极的、自我取向的、并有独立性的学位追求者。

(7)关系追求者。相信就读MBA可以帮助自己结交一批具有较高社会地位的同学,并在毕业后拓展出一个有价值的人际关系网络。

(8)业务进步者。力争爬上公司晋升的阶梯。他们想要业务进步、收入增加、工作灵活和向上晋升。他们是严肃的、面向未来型的,并且希望在公司现有组织结构中提升个人事业。

(9)逃避者。寻求MBA课程,因为相信这只要求他们付出很少的努力。他们觉得所有的学校都能给他们基本相同的教育。他们的动机是"另辟捷径",他们想选择低成本和要求低的课程。

(10)方便寻求者。选择那些离家或工作单位最近的MBA课程就读,还要求简单的入学注册程序。他们对有这些特征和低价格的任何学校都感兴趣。

(11)无须入学考试者。想参加MBA课程而不经过正式的申请程序。他们被那些无须正式申请就可开始MBA课程的学校所吸引。

(资料来源:Adrian Payne, The Essence of Services Marketing Prentice Hall Inc.)

(6)按服务要素细分。这是根据顾客对企业服务的反应进行细分。虽然从某种意义上说它可以归入利益细分,但是仍有单独论述的必要,因为通过了解顾客对企业服务中不同要素的看法及反应,将有助于企业设计更合理的服务组合。

利用服务要素进行市场细分时,通常要考虑三个问题:①是否存在拥有同种服务要求的顾客群体;②企业能否使自己的产品差异化;③是否所有的产品都需要同一水平的服务。

3. 选择细分市场的最佳依据。上面介绍的是服务企业细分市场时采用的几种方法。类似的方法还有很多,本书无法把它们全部罗列出来。事实上,企业在选择细分市场的依据时不能照搬这些方法,必须有所创造,才能建立起差异化竞争优势。因此企业必须选择最佳的细分依据。

选择最佳市场细分依据的第一步是先把各种潜在的、有用的标准(细分变量)罗列出来。比如,一家金融服务企业在选择客户时可以从以下几个方面考虑:地理位置、客户大小、行业类型、购买经验、对服务的需求等。在列出这些标准之后,要对其重要性作逐一评估,选出那些被认为是重要的标准。与此同时,还要对那些重要的标准再作进一步的详细划分。在某些情况下,这种划分可能比较直接和显而易见,如年龄、性别和地理位置等,而对于那些心理因素则要作较为深入的市场调查,以了解它们的特征和需求类型。

一般而言,一项好的细分标准应具备以下三个特征。

(1)恰当性。这是好的细分标准必须具备的第一个特征。这意味着它必须与顾客对指定产品或服务的行为与态度有着密切的联系。或者说,它所定义的所有细分市场必须在对指定产品或服务的行为和态度中显示出各自明显的区别。

(2)测量的可能性。一项合适的细分标准应当是易于测量的,或者至少是可识别的。如,细分标准中人口统计、地理等标准基本上符合这一条件,而个性和心理因素则不太容易测量。如焦虑可以作为细分人寿保险市场的标准,却很难知道在特定的人群中有多少人是焦虑的,而且也不容易从调查中获得相关的统计。

(3)实际操作价值。合适的细分标准应当具备的第三个特征是对市场营销人员有实际操作价值,以引导他们向某个或某些特定的细分市场努力;或者能使他们根据不同的细分标准确定不同的营销组合。

二、识别目标市场

(一)评估细分市场

在评估各种不同的细分市场时,企业必须考虑以下两个因素:细分市场的吸引力,企业的目标和资源。企业应当分析潜在细分市场的大小、成长性、赢利率、规模经济、风险的大小等因素是否对企业具有吸引力,同时还必须考虑细分市场与企业的经营目标和资源条件是否一致。即使某些细分市场具有较大的吸引力,如不符合企业的长远目标,就应该放弃;如果企业在某个细分市场缺乏优势竞争能力,也应放弃该细分市场。

(二)选择目标市场

目标市场是企业打算进入的细分市场,也是打算满足的具有某一需求特征的顾客群。通常情况下,企业有以下五种可供考虑的市场覆盖模式。

1. 市场集中化。这种模式是企业只选取一个细分市场,只提供一类服务,供应某一单一的顾客群,进行集中营销。企业选择这种模式一般基于以下考虑:企业具备某一专业化服务的优势和条件;资金有限,只能服务于一个细分市场;该细分市场少有竞争对手;企业将以此细分市场为基础,取得成功后向更多的细分市场扩展。

2. 有选择的专业化。这种模式是企业选择几个具有赢利潜力和结构吸引力,同时又符合企业经营目标和资源条件的细分市场作为目标市场,这样便可以有效地分散经营风险。采用此种模式的企业一般应具有较强的营销实力和丰富的资源。

3. 产品专业化。这种模式是企业向各类消费者只提供一种服务产品。这种模式能使企业专注于某一类服务产品的生产,形成和发展技术上的优势,在该领域建立自己的品牌。但在该领域被全新的服务所代替时,营业额将有大幅度下降的危险。

4. 市场专业化。这种模式是企业专门提供满足某一顾客群体需要的各类服务。市场专业化提供的服务产品类型众多,能有效地分散风险。但由于集中于某一类顾客,当这类顾客需求下降时,企业的经营便会出现危机。

5. 市场全面化。这种模式是企业提供多种服务产品去满足各类顾客群体的需要。实力雄厚的大型服务企业选择这种模式才能收到良好的效果。

(三)目标市场战略

企业在市场细分的基础上选择目标市场,如果目标市场不同,所选取的营销战略也应有差异。一般有三种目标市场营销战略可供选择,如图3-4所示。

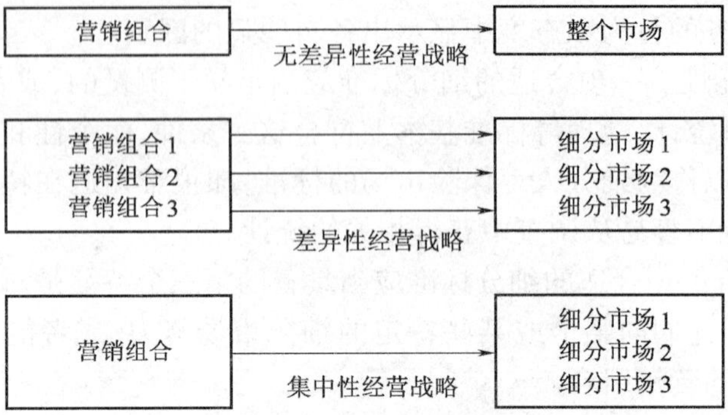

图3-4　三种可供选择的目标市场营销战略

1. 无差异性营销战略。实行无差异性营销战略的企业把整个市场看做是一个大的目标市场,不进行市场细分,用同一种产品、统一的营销组合经营整体市场。也就是说,企业只使用单一的营销策略来开拓市场,它们推出一种服务产品,采用统一的价格,通过相同的分销渠道,应用相同的营销组合。

无差异性营销战略最大的优势是成本的经济性。大批量地提供同一种服务产品,必然会降低服务成本;统一的广告宣传和促销活动能大幅度降低营销费用;不进行市场细分也相应减少了市场调研、产品开发、制定多种营销战略和战术方案等带来的成本开支。但是,这种策略仅仅适合于少数顾客需求大致相同的产品,对大多数服务产品而言,无差异性营销战略是不适宜的。因为现实生活中消费者的需求偏好十分复杂、多样,一种产品或品牌受到长时间普遍欢迎是很少见的。同时,这种战略常引起竞争的加剧,即便企业一时赢得某一市场,如果竞争者纷纷仿效,往往会造成市场的某个部分过度竞争,而市场其他部分的需求不能得到满足。另外,随着社会经济的发展,消费水平的提高,消费者的需求偏好呈现出多样化和不断发展变化的特征,采取无差异性营销战略,势必不能满足消费者的需求。

2. 差异性营销战略。这种营销战略是把整体市场划分为若干不同需求的细分市场,然后根据企业的资源条件和营销实力选择细分市场作为目标市场,并为每个目标市场制定不同的营销组合。即针对不同的细分市场,设计不同的服务产品,采取不同的价格,通过不同的分销渠道,使用不同的促销方式,分别满足不同顾客的需求。

差异性营销战略的长处在于它能有针对性地满足不同需求特征的顾客,提高企业的竞争力。它既是科技进步的结果,又是市场竞争的产物。这种策略被越来越多的企业所采用。企业通过多样化的产品满足不同消费群体的需求,在扩大企业销售量的同时,提高市场占有率。但是,产品品种、营销渠道、广告宣传等的扩大与多样化,必然使企业的生产成本、管理成本、促销费用等营销成本大幅度提高。可以说,无差异性营销战略的优势基本上是差异性营销战略的劣势。另外,还应注意到,差异性营销战略在推动销售额和成本上升时,企业的市场效益并不能保证。企业在采取此战略时,不仅要看它是否能提高销售量,还要核算它带来的收益是否大于其支出。

3. 集中性市场战略。集中性营销战略指在将整体市场划分为若干细分市场后，只选择某一个或少数几个细分市场作为目标市场，对这几个细分市场上的顾客实行专业化服务。该战略不求在较多市场上获得较小的份额，而求在较少的市场上获得较大的份额。

集中性营销战略适合资源条件薄弱的小企业。对于一个小的细分市场来说，大企业也许不会去占领。这样，小企业就可以避开大企业竞争最激烈的市场，选择一两个能够发挥自身优势的细分市场，取得成功。在这个小的市场上，企业可以深入了解顾客的不同需求，有针对性地设计营销组合，节约生产成本和营销费用，提高企业的知名度和市场占有率。但这一战略的不足之处在于经营者将承担较大的风险，假如目标市场的需求情况突然发生变化，目标消费者的偏好或兴趣发生转移，或者市场上出现了强有力的竞争对手，企业的经营就有可能陷入困境。

总之，企业在选择目标市场营销战略时，必须考虑企业的能力、服务产品的同质性、服务产品所处的生命周期阶段以及市场的类同性，同时还需考虑竞争者的战略。

案例链接

腾讯、宝洁差异化大事件营销

在新媒体时代，以互联网视频网站为代表的新大众媒体成为企业营销的新阵地，除了传统的贴片广告之外，视频营销不断发展和创造出新的形式和内容，整合平台优势，以达到更广泛、更优化的传播效果。2012 年伦敦奥运会期间，腾讯视频与宝洁合作，推出奥运原创视频节目《奥运父母汇》，为大事件差异化营销提供了一个成功的案例。

2012 年年初，宝洁(中国)作为中国奥委会荣誉合作伙伴，正式启动 2012 年伦敦奥运会“为母亲喝彩”主题活动，这是宝洁历史上规模最大的一次全球活动。作为新媒体时代背景下的奥运营销，宝洁(中国)希望参与到中国的线上社交网络中，号召亿万网友参与“为母亲们喝彩”活动，因此拥有 7.8 亿活跃社交用户的腾讯成为其战略合作伙伴。

除了用户优势外，双方在奥运营销上还有许多共同之处。首先，宝洁旗下各品牌奥运冠军代言人，如羽毛球冠军林丹、中国飞人刘翔等，同时也是腾讯的形象大使和签约运动员，并且他们都选择腾讯微博作为与粉丝互动的唯一社交平台。此外，双方的奥运营销理念和战略也高度契合，都将父母亲情作为切入点，探讨父母对子女的无私付出与牺牲，在激烈的奥运竞技中挖掘温馨感人的家庭温情。

活动第一阶段于 2012 年 3 月在腾讯平台拉开帷幕，宝洁开通“为母亲喝彩”活动官方微博，与网友进行互动。腾讯通过自己的资源优势，呼吁所有签约运动员在腾讯微博上支持“为母亲喝彩”活动，掀起第一波媒体攻势。同时，宝洁“为母亲喝彩”微电影(包括MV)在腾讯视频、QQ音乐等多个平台播放,受网友欢迎。腾讯还推出为奥运明星和他们的母亲点亮支持图标活动,在短时间内迅速进行病毒式传播。通过多点整合传播,为宝洁“为母亲喝彩”下一阶段活动开展进行了充分预热。

在网络平台聚集了足够的人气后,第二阶段,由腾讯打造、宝洁独家冠名的原创视频节目《奥运父母汇》成为宝洁奥运营销的重要平台。腾讯凭借签约运动员的优势,通过多种独家资源,把林丹、陈一冰等16位奥运明星的家庭成员邀请到腾讯在伦敦的奥运会报道大本营。通过宝洁与腾讯共同搭建的平台,让奥运明星在伦敦与家人异地团聚,在第一时间和家人分享成功的喜悦。在节目中,奥运明星向父母表达感恩之情,父母则与公众分享奥运明星背后鲜为人知的故事,不仅产生了大量奥运会独家新闻,“可怜天下父母心”的话题也引起观众广泛共鸣。《奥运父母汇》拉近了奥运明星与家人的距离,同时也拉近了宝洁与消费者的距离,增强了宝洁品牌的亲和力。

此次活动取得了双赢效果。到伦敦奥运会结束时,《奥运父母汇》相关视频总播放量达到1.6亿元,相当于同时期《中国好声音》播放量的2.4倍,《奥运父母汇》节目内容被国内100多家主流媒体报道、提及和转载超过1 000次。在BBC对腾讯伦敦奥运会总部的报道中,资深科技评论员Rory特别介绍并展示了腾讯原创视频节目录制现场,宝洁冠名的《奥运父母汇》Logo格外醒目,多次出现在报道画面中,随着BBC的节目面向全球播出。

与此同时,宝洁品牌获得的线上总曝光量超过75亿次,线下覆盖1 500万人,签名加入“为母亲喝彩”助威团的参与者数达到2 100万人次。宝洁大中华区品牌运营总裁李红表示:“腾讯和宝洁奥运团队共同打造了一个全新的运作模式,并且以出色的执行创造了极其出色的成绩,效果超出了我们的预期。”

(资料来源:和讯网)

三、目标市场定位

(一)服务市场定位的概念

企业通过市场细分只是确定了所要进入的目标市场,然而究竟如何进入该市场还需要对市场上的竞争状况作进一步的分析,以确定企业自身的市场位置。

所谓服务市场定位是指服务企业根据市场竞争状况和自身资源条件,建立和发展差异化竞争优势,以使自己的服务在顾客心目中形成区别并优越于竞争者服务的独特形象。当企业选择了目标市场并遇到竞争对手时,自然而然要作定位分析。比如,企业需要了解:在这一细分市场上顾客心目中所期望的最好服务是什么;竞争对手所能够提供服务的程度如何;本企业提供的服务是否与顾客需求相吻合;如果顾客的期望尚未或很少被满足,那么企业应该采取怎样的措施使自己的产品达到顾客期望的水平等。

从20世纪80年代开始,定位的战略意义逐渐被一些领先的服务企业所认识,因为它给不可触摸的服务提供了一个实实在在的框架。进入90年代以后,定位对于服务企业的重要意义就表现得更加明显了。由于市场竞争的加剧,顾客很容易被铺天盖地的广告信息所淹没,他们要区分不同的企业所提供的服务日益困难,此时服务企业的定位宗旨就是如何使顾客比较容易地识别本企业的服务。

定位是一种战略性营销工具。据此,企业主管能够明确企业现有的位置、希望占据的市场,这样企业可以确定自身的市场机会,并且当竞争情况发生变化时,企业能够采取相应的措施。服务定位是服务差异化的先决条件,更是服务品牌形象确立的基础。每一种服务都会因提供者和提供标准的不同而形成一系列区别于其他产品的特征,其中有的是实质性的,有的是感觉上的。市场定位就是使这些特征在顾客心目中和市场舆论中得以强化和固化的过程。

(二)服务定位的层次

本章前面提到的定位,均指服务企业提供的产品和服务的定位。事实上,定位有好几个层次,以前提到的只是其中之一,即"产品定位"层次,而作为一个系统的服务市场定位一般包括以下几个层次。

1. 服务行业定位。在考虑企业位置以及产品位置之前,服务企业必须首先考虑自己所在的行业在整个服务产业中的位置。

2. 服务企业定位。服务企业定位与它的产品定位是相辅相成的。企业定位处于定位的较高层次,服务企业必须先定位它们的产品,然后才能在公众中树立起自己良好的企业形象。而企业定位则对产品定位起着强化作用,一旦企业定位成功,获得了良好的社会声誉,则企业的产品定位也会相应得到巩固,并会为企业带来长期效益。

一般而言,企业根据其自身的资源状况和市场中的竞争状况可在如下定位中进行选择。

(1)市场领导者。即在行业中处于领导地位的企业定位。这样的企业既是市场竞争的主导者,也是其他企业挑战、效仿或回避的对象,如零售业中的沃尔玛、快餐业中的麦当劳等。

(2)市场追随者。即在市场上居于次要地位,一时不能成为行业领导者的企业定位。根据企业追随领导者的程度可以分为紧密跟随者、距离跟随者和选择性跟随者三种定位。

(3)市场挑战者。即在同行业中虽然居于次要地位,但已发起与领导者的竞争并迅速后来居上的企业定位。

(4)市场补缺者。即那些在市场中某些部分实行专业化经营,以避免与重要企业发生冲突,仅为市场提供某些有效的专业化服务的企业定位。这种定位一般适用于那些实力较弱的中小企业。

3. 服务定位。服务定位是将某个具体服务产品定位在顾客心目中,只要顾客产生了相关需求,就会自然而然地想到这种服务,从而达到先入为主的效果。服务定位是定位系统的基础,只有企业最终售出的服务在顾客心目中占据了有利的位置,企业定位才有基础。

服务可以是有形的东西,比如饭店的各种饭菜等,也可以是无形的东西,如理发、音乐会等。服务定位的目的就是让这些有形或无形的服务在顾客心目中留下深刻的印象,因此,服务产品的各个要素都要与这一定位形象相符合。

最后需要说明的是,企业并不需要在上述所有层次都进行定位。比如,出租车公司和饭店，只需在企业层次和个别服务层次定位就行，而且定位决策也相当简单。但对于一些规模大、开展多项业务的服务机构，上面三个层次的定位都是必要的。但是，有两点需要明确：一是企业定位和个别产品定位必须有清晰的相关性并有内在的逻辑关联；二是品牌既可以产生于产品组合层次，也可产生于个别产品层次。例如，图 3－5 显示了银行定位的三个层次。

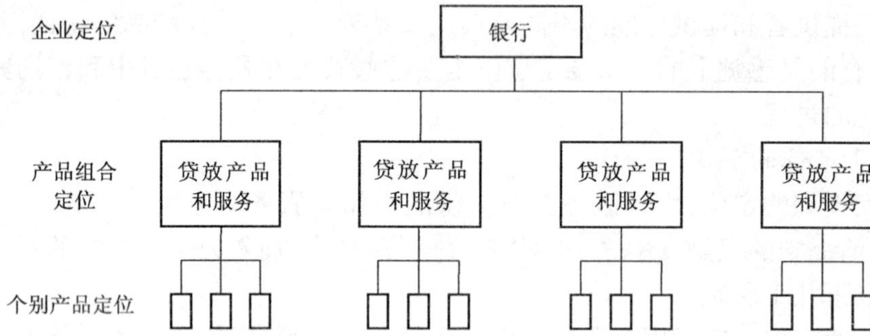

图 3－5　银行定位的三个层次

（三）服务定位的步骤

服务定位包括以下步骤：一是确立定位层次；二是针对细分市场确定关键特性；三是将关键特性置于定位图上；四是确定定位策略。

1. 确立定位层次。定位的第一步就是确立哪一层次的定位。采取哪一层次的定位一般是很明确的，但有些企业会在不同的时期强调不同的层次。例如，一些英国的结算银行目前再度重视公司定位，而非产品定位。

2. 确定关键特性。一旦定位层次加以确立，就需要针对选定的细分市场确立一些重要的专门特性，尤其应当考虑影响购买决定的那些因素。每个人在对服务作出购买决定时都会采用不同的标准，购买服务的目的也可能影响评价标准，比如人们对商业保险和人身保险的评价标准是有差异的。使用服务的时间同样会影响服务选择，比如人们会为工作日午餐和周六晚餐选择不同的餐馆。另外，决策单位也有关系，比如个人使用服务和集团使用服务时决策方式是不同的、家庭将比个人更重视旅店的友好态度。

顾客基于自身所感受到的不同服务机构之间的差异来作出选择，有时这种差异并非本行业最重要特性之间的差异。比如，乘飞机的旅客通常都把"安全性"作为首要选择标准，但事实上大多数航空公司提供的飞行安全性相差无几，旅客的选择实际上是基于舒适性、正点率以及飞机上提供的饮食等其他特性。因此，应当通过调查确认决定服务选择的显著特性是什么，这将构成定位的基础。

因此，服务企业应当确认目标细分市场要求的显著特性和专门利益。更重要的是了解顾客希望这些相关的显著特性带来什么利益，并设法让顾客感受到这种利益的存在。借助计算机的帮助有许多分析研究工具，可以用于确认显著特性，比如因果分析、多元相关和回归分析、差分方程分析等手段。

3. 将特性置于定位图上。在确定了最重要的特性之后，应将具备这些特性的服务企业的相对位置在定位图上显示出来。如果存在一系列重要特性，建议通过统计方式将之综合并简化为二维图且能代表顾客偏好的主要选择特性。

定位图可表示竞争企业依据选择出的特性所确定的市场位置，其中空白之处还暗示着企业潜在的市场机会。如果企业有多个细分市场，则可以根据顾客在不同市场上对服务和利益的不同评价做多个定位图。

定位图既可基于客观特性，也可基于主观特性。英国一家报纸在一项研究中使用的定位图就采用了平均年龄和社会阶层这两个客观变量。定位图也可将客观特性和主观特性结合起来，比如银行在进行定位研究时可分别以“最优贷款利率”和“友好服务”这两个客观和主观特性作为二维的衡量指标。图 3－6 显示了通常采用的二维定位图。

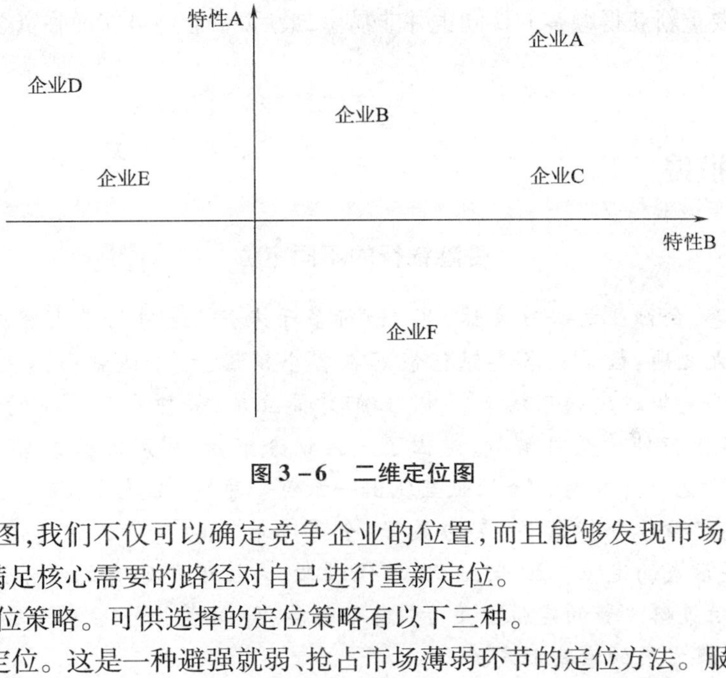

图 3－6　二维定位图

利用定位图，我们不仅可以确定竞争企业的位置，而且能够发现市场核心需要之所在，从而沿着满足核心需要的路径对自己进行重新定位。

4. 确定定位策略。可供选择的定位策略有以下三种。

(1)避强定位。这是一种避强就弱、抢占市场薄弱环节的定位方法。服务企业采用这种定位方法可以避免激烈冲突并巩固当前的位置。比如，一家出租车公司在全国排名第二，为了避免来自强手的打击，它把第二这个市场位置当做一项资产，其宣传用语是：“我们暂时屈居第二，所以我们会更加努力！”这样既宣传了自己，又激发了顾客的同情心和信任度，从而巩固了当前的市场位置。服务企业还可以采用确定空缺的市场位置以打击竞争对手弱点的定位方法。比如，联合泽西银行是新泽西州的一家小银行，它把自己定位为“一个快速行动的银行”，以便在与花旗银行等大银行竞争时，攻击其反应较慢的弱点。

(2)迎头定位。这是一种以强对强的市场定位方法。由于与强有力的竞争对手对着干，所以这种方法的风险较大，但同时也能激励企业以较高的目标要求自己，奋发向上，如麦当劳、肯德基在很多地方的竞争就是属于这种定位策略。

(3)重新定位。当企业产品出现滞销、市场反应迟钝等现象或第一次定位不准确时，就需要进行重新定位。重新定位往往基于以下三种情形。

一是原有定位不能达到营销目标。此种情形或是因为传播的困难，或是因为虽有效地向目标顾客传递了企业的定位观念,但市场占有率、利润率等经营指标不理想。比如,纽约附近的长岛有一家小银行叫长岛信托公司,面临着来自纽约的花旗银行等大银行日益激烈的竞争。市场调查表明长岛信托在六家银行中按分支行数目、服务范围、服务质量、资本金等指标衡量均排名最后。为此,长岛信托重新把自己定位为“长岛人的长岛行”后,所有指标的排名不久就有了大幅度提高。

二是发展新市场的需要。新的市场有不同的市场环境和文化,面对不同社会背景的顾客,原有定位可能变得不再合适,需重新定位。

三是竞争的需要。企业在竞争中可能会丧失原来在某些方面的明显优势,而建立在原有优势基础上的定位无法再使企业具有竞争力,就需要重新定位。

一般而言,重新定位具有一定的风险。首先,企业内部要在定位方面达成共识是比较困难的;其次,要重新获得顾客的认同也并非易事;最后,企业还可能面临资金投入的困难。

案例链接

香港银行的不同定位

在香港,金融业之兴旺发达,用“银行多于米铺”这句话来形容毫不过分。在这一弹丸之地,数千家各类银行散落在各个角落,竞争达到白热化程度。在这一狭小而竞争过度的市场空间中,如何才能立足,并把自己手中的“蛋糕”越做越大,各银行使出全身解数,走出了一条细分市场、利用定位策略、突出各自优势之路。这使得香港的金融业呈现出一派百家争鸣、百花齐放的繁荣景象。

汇丰:定位于分行最多、实力最强、全香港最大的银行。这是以自我为中心、实力展示式的定位。20世纪90年代以来,为拉近与顾客的感情距离,汇丰改变了定位策略。新的定位立足于“患难与共,伴同成长”,旨在与顾客建立同舟共济、共谋发展的亲密朋友关系。

恒生:定位于充满人情味的、服务态度最佳的银行。它通过走感情路线赢得顾客心。突出服务这一点,也使它有别于其他银行。

渣打:定位于历史悠久的、安全可靠的英资银行。这一定位树立了渣打银行可信赖的“老大哥”形象,传达了让顾客放心的信息。

中国银行:定位于有强大后盾的中资银行。它直接针对有民族情结、信赖中资的目标顾客群,同时暗示它提供更多更新的服务。

廖创兴:定位在助你创业兴家的银行。它以中小工商业者为目标对象,为他们排忧解难,赢得事业的成功。香港中小工商业者是一个很有潜力的市场。廖创兴敏锐地洞察到这一点,并切准他们的心理:想出人头地,大展宏图。据此,廖创兴将自身定位在专为这一目标顾客群服务,给予他们在其他大银行和专业银行所不能得到的支持和帮助,从而牢牢地占有了这一市场。

(资料来源:叶万春,服务营销学)

第三节　服务营销组合

一、服务营销组合的含义

企业制定营销策略的基础要素是营销组合。所谓服务营销组合,是指服务企业对可控制的各种市场营销手段的综合运用。具体地说,就是服务企业运用系统的方法,根据企业外部环境,把服务市场营销的各种因素进行最佳的组合,使它们互相协调配合,综合地发挥作用,实现服务企业的战略目标。服务企业开展营销活动,要运用企业的营销因素,以制定相应的营销战略和策略。传统的以生产性企业为中心的市场营销组合包括了产品、价格、分销渠道、促销四个因素。

进入20世纪60年代,市场营销学与企业管理理论密切结合,市场营销学作为企业经营管理的指导而得到广泛应用。70年代以来,由于能源危机和环境污染的加剧,消费者权益保护运动的高涨,贸易保护主义的抬头,以及企业片面追求满足消费需求却忽视扬长避短而导致竞争能力的削弱等因素,促使人们不断加深对市场营销策略的研究,使市场营销步入新的发展时期,出现了大市场营销、绿色营销等新理念。之后人们在市场营销组合中加上了公共关系与政治权利。在市场营销理论方面,出现了以企业为中心的"4P(Product,Price,Place,Promotion)"向以消费者为中心用的"4C(Customer,Cost,Convenience,Communication)"的研究营销策略的转变。近来,美国学者艾登伯格提出了以竞争为导向,体现关系营销思想的"4R(Relevancy,Retrenchment,Relation,Reward)"营销新理论,阐述了一个全新的营销四要素。

进入21世纪,随着信息技术的发展,网络营销出现了,这使得企业传统的营销模式发生了根本转变。追求价值和效率最大化、实现零距离互动式的直接沟通等新的营销观念产生并发展起来。这种根据生产性企业有形产品的销售建立起来的营销组合,对服务营销有一定的借鉴意义,但以无形产品营销为主的服务业有其特殊性,必须重新调整市场营销组合以适应服务营销。

表3-1　服务营销组合

要求	内　容
1. 产品	(1)领域;(2)质量;(3)水准;(4)品牌;(5)服务项目;(6)保证;(7)售后服务
2. 价格	(1)水准;(2)折扣(包括折让及佣金);(3)付款条件;(4)顾客认知价值;(5)质量/定价;(6)差异化
3. 地点或渠道	(1)所在地;(2)可及性;(3)分销渠道;(4)分销领域
4. 促销	(1)广告;(2)人员推销;(3)销售促进;(4)宣传;(5)公关
5. 人	(1)人力配备:①训练,②选用,③投入,④激励,⑤外观,⑥人际行为;(2)态度;(3)其他顾客:①行为,②参与程度,③顾客与顾客之间接触度
6. 有形展示	(1)环境:①装潢,②色彩,③陈设,④噪音水准;(2)装备实物;(3)实体性线索
7. 过程	(1)政策;(2)手续;(3)器械化;(4)员工裁量权;(5)顾客参与度;(6)顾客取向;(7)活动流程

二、服务营销组合的内容

服务营销组合包括七个要素：产品（Product）、价格（Price）、地点或渠道（Place）、促销（Promotion）、人（People）、有形展示（Physical Evidence）、过程（Process）。

（一）产品

服务产品是一种特殊的商品。服务产品应考虑服务产品的范围、服务水准、服务质量、服务品牌、服务保证（或承诺）和售后服务等，要提高服务产品的竞争能力，就需要将这些因素有机地组合。

（二）价格

价格方面要考虑的要素包括：价格水平、折扣、折让和佣金、付款方式和信用。在区别一项服务与另一项服务时，价格是一种识别方式，顾客可以从服务的价格感受到其价值的高低。价格与质量间的相互关系，是服务定价的重要因素。

（三）渠道

提供服务者的所在地以及其地缘的可达性都是服务营销效益的重要因素。地缘的可达性不仅是实物上的，还包括传导和接触的其他方式。分销渠道的类型及其涵盖的地区范围都与服务的可达性密切相关。

（四）促销

服务促销是为了提高销售，加快新服务的引入，加速人们接受新服务的沟通过程。促销包括人员促销与非人员促销两大类，而非人员促销又包括广告、销售促进、宣传、公关等营销沟通方式。

（五）人

由于服务生产过程与消费过程同时进行，服务人员或者在服务企业担任生产（或操作性）角色的人在服务产品的生产与营销过程中起着服务表现和服务销售的双重角色，因而，在顾客看来其实就是服务产品的一部分，这在那些经营“高接触度”的服务企业尤其如此。所以，服务企业必须十分重视对服务人员的甄选、训练、激励和控制。

（六）有形展示

有形展示会影响消费者和顾客对于一家服务企业的评价。有形展示包括的要素有：实体环境（装潢、颜色、陈设、声音），服务提供时所需要的装备实物（餐饮企业盛菜用的餐具，出租汽车公司所需要的汽车），以及其他实体性线索（如航空公司所使用的标志、超市包装用的方便袋）。

（七）过程

服务过程对服务企业是一个十分重要的因素。在服务营销过程中必须重视服务表现和服务递送。在服务的过程中服务人员表情愉悦、专注和关切对提高顾客的满意度或消除顾客的不满都是有好处的。因此，服务企业的经营管理者必须重视企业整个服务体系的运作政策和程序方法的采用、服务供应中器械化程度、雇佣人员裁量权、顾客参与服务操纵过程的程度、咨询与服务的流动、订约与待候制度等。

本章小结

服务营销战略是指从事服务营销的企业面对急剧变化的环境和激烈竞争的市场，为谋求其营销目标的实现，而制定的营销总体规划。服务营销战略可以分为三大类：第一类是基于市场发展或产品发展的规划，称之为发展战略；第二类是基于竞争模式的规划，称之为竞争战略；第三类是基于营销方法论的规划，称之为STP战略。

服务营销活动必须遵循的步骤：市场细分——目标市场——市场定位。即通过市场细分，选择适合本企业进入的目标市场，并在目标市场上确立一个有利于目标顾客识别和认同的、能充分发挥企业自身资源优势的位置，在有针对性的营销策略的配合下，最终树立企业独特的、良好的市场形象。

市场细分就是根据消费者不同的需求特征将整体市场划分成若干个消费者群的过程，每一个消费者群都是一个具有相同需求和欲望的细分子市场。目标市场是企业打算进入的细分市场，也是打算满足的具有某一需求特征的顾客群。服务市场定位是指服务企业根据市场竞争状况和自身资源条件，建立和发展差异化竞争优势，以使自己的服务在顾客心目中形成区别并优越于竞争者服务的独特形象。

服务营销组合，是指服务企业对可控制的各种市场营销手段的综合运用。服务营销组合包括七个要素：产品（Product）、价格（Price）、地点或渠道（Place）、促销（Promotion）、人（People）、有形展示（Physical Evidence ）、过程（Process）。

关键词

服务营销战略　发展战略　竞争战略　STP战略　市场细分　目标市场　市场定位　营销组合

思考题

1. 什么是服务营销战略？其如何分类？
2. 服务市场细分的依据有哪些？
3. 如何确定服务目标市场？目标市场可供选择的战略有哪些？
4. 服务市场定位包括哪些层次？
5. 举例说明市场定位的策略和步骤。
6. 简述服务营销组合的内容。

案例分析

印度靛蓝航空卓越的基础服务战略

印度靛蓝航空(IndiGo)在印度廉价航空细分市场上已经上升到首位,占有最大的市场份额,而且是细分市场上唯一盈利的航空公司。

然而,在成立之初,没有太多人对它抱有太大的希望。人们想,这样的服务是不是太基础了?它如何突出自己的差异化优势?毕竟,印度人之前被宠坏了,他们以合理的价格享受全套的航空服务,习惯了印度航空(Air India)、印度 Jet 航空和印度翠鸟航空(Kingfisher)的服务。但是现在,市场形势逆转了。大品牌市场处境艰难,但是靛蓝航空却脱颖而出。

(1)市场洞察力。虽然在现在看起来似乎显而易见,然而回想起来,当时靛蓝航空的定位受到大多数人质疑。靛蓝航空将商务旅客作为目标客户,并认识到真正的奢侈是对时间的奢侈。在这种认识基础上,靛蓝航空将所有的精力都聚焦于改进最基础的服务上——努力让每次航班准时到达、准时起航。针对普遍没有时间概念的印度人而言,这的确是一个大胆的举动。

(2)最基础的服务。不管市场形势好与坏,靛蓝航空始终坚守自己的低成本业务运作模式。它采用单一飞机型号、高飞机利用率、付费机舱用餐等做法,还对舱内空间进行优化利用——靛蓝航空的飞机座位为 190 个,而其他全票价航空公司的座位为 150 个。

通过缩短飞机周转时间,将飞机使用率最大化,还进一步减少了燃油消耗,而随着燃油价格大幅上涨,这给靛蓝航空带来很大的帮助。靛蓝航空雇用的员工要比同行少得多,是行业内最精简的企业。又因为不在机舱内提供热餐饭,飞机不需要携带重型设备和餐具,这就减轻了飞机重量,进一步减少了燃油消耗。

(3)独特性,而不是区别性。一开始,很多营销人嘲笑靛蓝航空立足于廉价的服务区别性。毕竟,除此之外,以及拥有时髦的新飞机,靛蓝航空没有明显的区别。然而,靛蓝航空的管理层始终将工作重点聚焦于坚持提供最好的基本服务:保证飞机准时、整洁的机舱和无忧的服务。他们坚信,这些将成为自己的独特性。而一旦兑现这些服务,这些独特性将变成自己品牌独有的优势。

(4)展现自己的独特性。靛蓝航空对时间有一种偏执的精神。它的标语是:“准时是一件美妙的事情。”在过去的 3 年里,靛蓝航空在行业内每月的守时成绩一直保持领先。在员工激励机制方面也体现了对守时的重视程度——督促乘客尽早登机以确保准时起飞,甚至在飞行过程中清理垃圾以减少飞机周转时间。

(5)聚焦性运作。靛蓝航空专注于创造一种能提升准时绩效的运作系统。譬如,它采用航空专用数据链通信系统(ACARS),以便实现飞机起飞和着陆信息自动化。靛蓝航空还创办领导力学院,侧重在两个方面训练员工:准时性服务和轻松无忧服务。

(6)由里到外的一致性。靛蓝航空意识到,品牌策略和员工策略在某些方面没有任何区别。因此,“准时”和“轻松无忧”既体现于品牌外部策略,也体现于品牌内部策略。

对于靛蓝航空而言，准时不仅仅是飞机准点，同时包括按时开会、按时工作、按时训练、按时晋升、按时发工资和奖金。同样，当它对外强调"轻松无忧"时，它也致力于让自己的工作环境"轻松无忧"。靛蓝航空已被评为印度最适宜工作的50家企业之一。

（根据中国营销传播网资料改写）

案例讨论：

1. 对靛蓝航空的成功展开讨论，它的经营策略对其他服务行业有何启示？
2. 结合案例，分析服务营销战略与营销组合的关系。

第四章　服务产品策略

学习目标
Learning Objectives

1. 了解服务产品的概念
2. 了解服务的市场生命周期概念和意义
3. 熟悉服务产品组合及其决策
4. 掌握服务品牌及其服务品牌决策

引导案例

同里古镇开创居游新时代

对很多游客来讲，都有一种旅游的期待，到了一个地方就想长期住在那里，像住在家里一样。对很多旅游目的地而言，有一种旅游的境界，就是可以做到让游客到了这里，如归家，而不是过客。对于很多原住民来说，最大的幸福不是生活在为别人而存在的景区，而是“我在这里，我和这里相融，这里属于我，也属于远道而来的客人”。在大同里时代，同里已经突破了传统古镇的观光模式，并升级了体验模式，同里不断向“最佳居游地”跨越和迈进。在同里居游新时代，游客可以在这里享受一种旅游的至高境界之一——生活在别处。

(1)区镇合一托起同里大世界。2013 年吴江开发区与同里镇区镇合一。这一合并犹如一夜东风，让同里旅游各业态“千树万树梨花开”。区镇合一后，有效推进了城市化引领城乡发展一体化的步伐，实现两者优势互补、一体化发展，强化了统一招商引资的力度和促进了转型升级。同里利用“区镇合一”的历史性机遇，立足高起点规划、高标准管理、大手笔投入、大力度招商，加快古建修复，努力实现古镇功能的“七大提升”：古镇经营业态提升、景区秩序综合提升、古镇综合承载能力提升、文化传承载体提升、对外品牌形象提升、旅游管理水平提升、景区环境面貌提升。

借助这一改革创新东风，民间资本进一步青睐同里。本土资本不断深化如何做强、做大旅游发展。与吃、住、购、娱等息息相关的外部资本更是不断涌入同里，它们带来了外部的理念和模式，又很好地融合了同里本地特色。一内一外两类资本，在同里这个平台上，不断合作、互补、融合、竞争，使同里旅游服务体系不断发展、壮大、升级。资本的竞合，已经在同里旅游的创新业态上得到淋漓尽致的发挥，同里的“后半天经济”、“月光经济”、“居游经济”离不开这些资本的努力。

改革的春风为同里古镇这一世界级“文化品牌”注入了新的活力，使同里古镇走进了更为广阔的“大同里”时代。“世界的同里”内涵的深厚和外延的广阔相得益彰，区镇合一后的新平台托起了同里更大的世界。

(2)影视基地擦亮同里新名片。作为具有1 000 多年历史文化渊源的古镇，同里历史上涌现出了很多名人雅士，如计成、叶茵、陈王道、朱鹤龄等。但今天在文化上，同里已经不再单纯依靠“历史文化名人”这一线条化的文化品牌构建模式，而是以一种更加包容与接纳的姿态，融入自我创新和时代发展，不断突出自身优越性，与新时代下的影视文化产业接轨，强化特色，共谋发展。同里正在以一种积极的姿态从古镇里走出来，走进影视，走向一个更广阔的发展平台，那就是联姻影视，把同里建设成天造地设的自然风光与历史人文相结合的特色影视基地。

至今，已有《红楼梦》《天之骄女》《戏说乾隆》等 150 多部影视作品在同里取景拍摄。2013 年，同里又与央视电影频道节目中心、中国 From EMKT. com. cn 电影导演协会联合举办“电影类型短片创投季”，向全社会征集优秀类型电影创意和剧本，成功打造了同里影视文化的又一张靓丽名片。著名导演李少红的作品《茧镇奇缘》中小镇古宅的取景选到了同里。

作为一个向世界开放的古镇，同里以开放的心态和包容的情怀，把自己的自然美展现给世人。同里古镇历史上的生活，通过一部部影视剧得以再现；让世人再次得以体验往日的古镇生活。而亲自游览古镇的时候，又可以处处看到影视剧里似曾相识的角角落落。

(3)联合布局开启同里“居游新时代”。在旅游产业整体布局上，同里打破了以往的观念，古镇不再是以观光为重，而是迅速向深度体验游、深度居游转型。

首先是完善整个大同里旅游产业链，在吃、住、行、游、购、娱方面全面完善和提升。“正福草堂”“楼家”“园冶新解”“缥缈音乐之旅”“小时光咖啡”“路人酒吧”等一批特色经营业态的先后崛起，使同里古镇的旅游形态不仅越发丰满，更重要的是，游客留下来的热情也越发高涨。目前，游客在同里逗留的时间在慢慢变长。白天，同里有明媚的阳光和潺潺的流水；夜晚，同里有月光下的浪漫和充满浓郁本土特色的民居客栈，在同里枕水而眠，堪称是诗意的栖居。

其次是新业态从业者队伍不断壮大。基于区镇合一的改革和同里的吸引力，很多同里本地的旅游业者看准机会和趋势，加大了对从事业态的投资；还有很多国内的旅游业者，被同里吸引，在同里定居、从业，引进外部特色理念，融入同里的本土文化。这内外的融合和互促，使同里的吃、住、购、娱充满本土的文化气息，又不失国际化的时尚和品味。

正如同里向外界宣传的那样“爱同里，更爱水墨同里。恋同里，更恋这里的寸寸光阴。居游同里，享受一段浪漫的人生时光吧。”

（根据中国营销传播网资料改写）

第一节　整体服务产品

服务产品是服务营销组合中的首要因素，是具有以提供某种形式的服务为核心利益的整体产品。服务产品具有多个层次，因此服务营销的起点在于如何从整体服务产品的五个层次中来满足顾客的需求，因而对服务产品的研究就非常重要。

一、整体服务产品概念

服务产品是服务经营者以一定的资源和设施，向消费者提供的满足其需求的服务。服务产品的概念不同于一般意义上的产品概念。服务产品大都是无形的、不可感知的和易腐的，并且消费于正在生产的过程之中。同时服务产品在提供时也往往伴随一定的有形展示和有形辅助物，因此，"服务"与"产品"很难完全分离。

为了理解整体服务产品的概念，服务营销者应当理解服务产品的五个层次（见图4－1），并能对其进行应用。

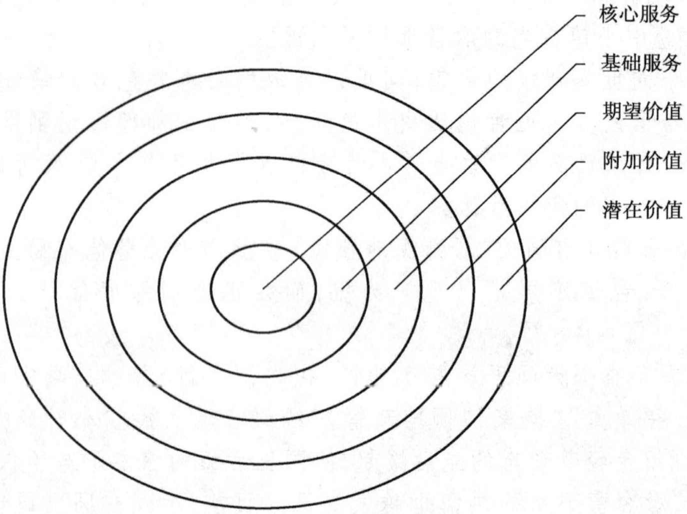

图4－1　服务产品的五个层次

对服务产品五个层次的理解应由内层到外层依次进行，越内层的越基本、越具有一般性，越外层的越能体现产品的特色。

因此，第一层次是最基本的层次，是无差别的顾客真正购买的服务和利益，实际上就是企业对顾客真正需求的基本满足，也就是说，服务产品是以客户需求为中心的。因此衡量一项服务产品的价值是由客户决定的，而不是由该产品本身或服务提供者决定的。比如，对酒店客房服务的顾客而言，其真正购买的是"休息与睡眠"。

第二层次是基础服务，抽象的核心利益转化为提供这个真正服务所需要的基础产品，即产品的基本形式。比如，酒店的客房应配备床、衣橱、桌子、椅子、毛巾、浴室等。

第三层次需要考虑的便是期望价值，期望在统计上指一种平均值，这里的期望价值是顾客购买产品时希望并默示可得的与该产品匹配的条件与属性。在一个四星级酒店，旅客期望享受松软的床、雪白的床单、干净的毛巾和工作台灯，并且一般都能得到满足。

第四层次是附加价值，指增加的服务和利益。这个层次是形成产品与竞争者产品的异化的关键，“未来竞争的关键，不在于工厂能生产什么产品，而在于其产品所提供的附加价值。”例如，针对住店客人的大堂免费自助咖啡、快速离店手续、赠送免费服务项目和温馨友好的服务等。

第五层次是潜在价值，指服务产品的用途转变，由所有可能吸引和留住顾客的因素组成。租用酒店套房的顾客可能不仅是为了休息，还会把房间当做会见商务客人的场所。

通过以上分析，可以认为服务产品是提供以某种形式的服务为核心利益的整体产品。该定义看似简单，但理解起来需要把握三点：第一，服务产品往往依附于有形的物品，而有形商品也包含有服务的成分，但是服务在服务产品里处于绝对的核心地位，一切围绕着这个中心来设计、配置、扩展，不容半点偏离；第二，把服务产品作为整体产品的理解必须建立在深刻学习其五个层次的基础之上；第三，服务产品狭义上包括服务业的服务项目，广义上还包括对于客户导向下实物产品市场营销活动中的服务。

案例链接

忙碌的毕业季

每年六七月，大学校园里总是弥漫着离愁别绪。一批批即将走出象牙塔、进入社会的毕业生们，选择用各种独特的方式“致青春”，带起了“毕业消费热”。据中国高校传媒联盟面向应届毕业生的调查显示，68%的毕业生毕业季花费超过4 000元，甚至有2%的人毕业消费超过1万元，仅10%的大学生毕业季消费在2 000元以内。

然而，伴随着“消费热”，校园里也兴起了一股“毕业赚钱热”，一些尚未离校的非毕业生们，在毕业季里发掘出无限商机。

即将要告别大学生活，很多毕业生都会考虑拍摄“个性毕业照”作为纪念，但校外摄影机构却要价不菲。随着照相需求越来越多，不少在校大学生打起了自己的小算盘，开始组建工作室，为师兄师姐拍个性毕业照。

刘伟是中国人民大学的一名在校生，去年4月和另外两个小伙伴合作成立的摄影工作室正式开张，专拍毕业照。“我们仨都喜欢摄影，一拍即合。”刘伟说，他们最开始只负责摄影和出片，服装由毕业生自己提供，所有工作在宿舍就可以完成，初期投资也不过只有几千元。

刘伟为工作室的发展作了详细的规划，第一步就是宣传，他说：“我们和校外摄影机构相比，主要竞争优势就是报价低，平均每个毕业生只要500元左右就能拍一组照片。但我们必须要保证质量，才能站稳脚跟，赢得好口碑。”于是，刘伟找到了认识的大四学姐和学长，提出免费拍毕业照，只要他们在朋友圈和所在的毕业生微信群里宣传自己的工作室就行。

就这样，刚成立不久，刘伟他们就接到了不少订单，刘伟说："最多的时候，一天帮3名毕业生拍毕业照。一个毕业季下来，我们仨也攒下了自己的毕业旅行费用。"

不仅如此，刘伟表示，看到学长、学姐在自己的镜头下实现"致青春"的愿望，他也收获了满满的感动和成就感，"在拍摄过程中，能看到毕业生灿烂的笑容，也能感受到他们和朋友分别的伤感、不舍。每拍一组照片，其实都是在拍一个故事。"

（资料来源：云浮时刻网）

二、基本服务组合

（一）服务观念

服务观念是服务企业基于顾客需求角度而构建企业产品概念并实施这一概念的过程。服务观念帮助服务企业思考这样两个问题：一是从事什么样的业务？二是将满足的需要和欲望是什么？

服务营销者在了解服务观念之后，必须将服务观念解释为某一服务项目以及传递体系的设计。因此可以说服务观念是服务产品的核心。服务观念可以分成两个层次：一是一般性的服务观念，它是指提供的基础性服务产品，如汽车租赁公司提供暂时性解决交通问题的方案；二是特定性服务观念，这是指特殊性服务业的核心，如餐厅提供的情人节晚餐或满汉全席等特殊性服务。

（二）基本服务组合

基本服务组合也称为服务出售物，是指能够满足顾客或目标市场需求的一系列服务，它由一系列无形和有形的服务要素组成。由于基本服务组合是服务概念的具体体现，因此它决定了顾客究竟能够从企业那里得到什么东西。

基本服务组合的内容包括：基本服务组合的管理、服务质量和服务数量。以下将分别介绍。

1.基本服务组合的管理。尽管服务可能由很多要素构成，但从管理角度而言，基本服务组合要素包括三个：核心服务、便利服务、辅助服务。核心服务是该服务项目满足市场的需要之处，如修理厂提供维修服务、酒店提供住宿等。便利服务是为方便核心服务而开发提供的服务项目，如航空公司提供的网络和电话订票服务，酒店提供的接送服务等。辅助服务是为了增加服务的价值或是为了使本企业的服务和竞争者区别开来而提供的服务项目，因此辅助服务也常常被作为差异化战略要素加以考虑，如酒店全天开放游泳馆供入住的客人使用等。应当注意便利服务和辅助服务在某些情况下是可以相互转化的，也可能在一个场合是便利服务的项目，到了另一场合会成为辅助服务。

由于在基本服务组合中不同的服务要素以不同形态提供给市场，因此出现了针对不同服务要素的定价，并形成了不同的服务形态。对各种服务要素形态的决定要考虑市场需求状况、竞争状况、本企业现状等因素，应尽量降低服务产品的复杂程度，因为服务产品越复杂，服务质量就越难控制，消费者了解的困难程度也就越大。

2. 服务质量。服务质量是判断一个服务企业好坏的重要依据，但是服务质量本身却存在着难以界定、难以检验和不同检验主题的检验标准差异较大的问题。服务营销者应当理解服务质量模式，即一项服务的综合质量由三部分构成：企业形象、技术性质量、功能性质量。同时服务营销者应在实际营销中对此三部分进行提高，也就是说努力塑造公司形象，提供适当的具备技术属性的服务项目，设计恰当的服务提供流程等。

3. 服务数量。服务数量是服务提供商提供给顾客某项服务的数量和顾客的服务额度。服务数量也是不容易设定和管理的因素。服务数量可以分解为服务递送过程中的总量、时效性和服务流量。

第二节　服务的生命周期

和其他产品一样，服务产品也有生命周期。在服务产品生命周期的不同阶段，服务企业需要制定和不断修订营销策略，延长服务的生命周期、扩大利润，应对竞争和环境的不断变化。

一、服务市场生命周期的概念

服务的生命周期是指某一种服务从进入市场、稳步增长到逐步衰退被市场淘汰的过程。服务的生命周期也称为服务产品的生命周期或者服务的市场生命周期。

需要注意的是服务的生命周期与其使用周期是不同的。服务的生命周期强调服务市场营销活动的周期，服务的市场生命周期结束了，并不代表该服务没有需求或者不会被使用了，如公用电话曾经风靡一时，但是随着手机的普及，这一服务已经逐步衰退，尽管如此，对公用电话的需求仍然存在，也就是说虽然服务企业不再对公用电话进行营销活动了，但是公用电话还是会被使用的。

一般来说，可以将服务的生命周期分为四个阶段：投入期、成长期、成熟期和衰退期。以时间为横轴，以金额（销售额和企业利润额）为纵轴，可以做出典型的服务生命周期图，见图 4－2。

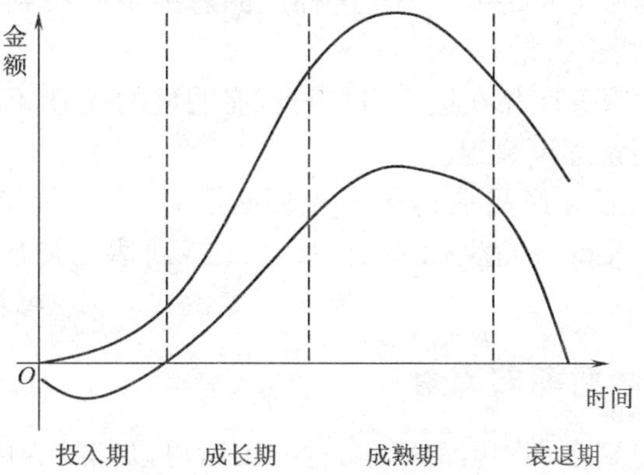

图 4－2　典型的服务生命周期图

由图 4－2 可知，在服务生命周期的投入期，销量和利润增长缓慢，利润多为负数；进入成长期，服务产品的销量迅速增长，利润由负变正并快速上升；一旦销售增长缓慢，利润增长处于停滞，则进入成熟期；当销量缓慢减少一段时间后，销量快速递减，利润快速下降，则服务产品进入了市场衰退期。服务生命周期的各阶段具有不同的市场特征，服务企业也应针对这些不同的市场特征制定相应的营销策略。

除图 4－2 典型的服务生命周期之外，营销学者还研究得出了其他五种不同的生命周期变化形式，如图 4－3 所示的几种服务生命周期的变形图。

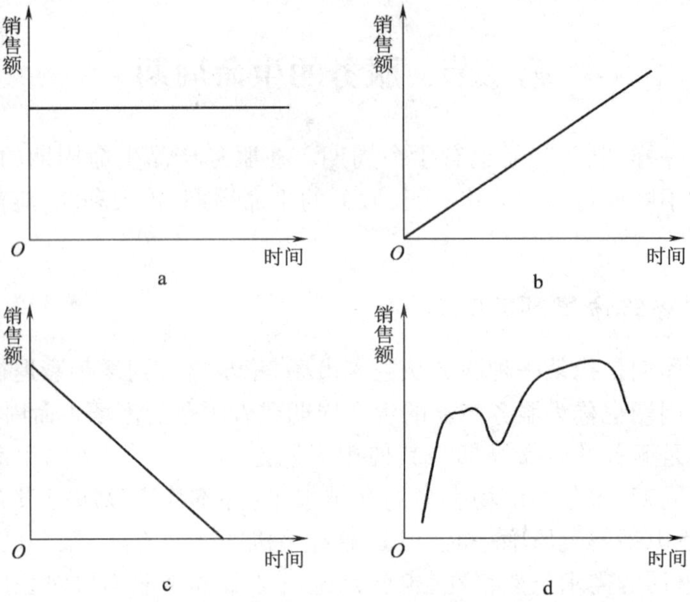

图 4－3　服务生命周期的变形

图 4－3(a)所示的服务产品，从进入市场就建立了比较稳定的销售水平，并且这种销售水平还在维持并将继续下去。

图 4－3(b)所示的服务产品特征是，这种产品总能不断找到新顾客，并且维持老顾客的消费，这样就能不断获得销售的增长。

图 4－3(c)所示的服务产品在进入市场时就有明显的优势，但随着时间的推移，却因为竞争原因或者其他因素逐渐衰退。

图 4－3(d)所示的服务产品在初次进入衰退期时，由于促销或者服务创新措施得当，使该服务产品又进入新一轮生命周期，甚至能够到达比初次生命周期更高的销售水平。

二、影响服务生命周期的因素

服务的生命周期受到多种因素的影响，这些因素可以归结为内部因素和外部因素两大类。这些因素可能导致服务生命周期的终结或开始，也可能延长或缩短生命周期的某一阶段，或者改变其生命周期轨迹。

(一)外部因素

影响服务产品生命周期的外部因素是指服务产品所处的市场外部环境中的各种因素,如政治、经济、社会、竞争等因素。

1. 政治因素。服务产品所在国家或地区的政策及其变化,以及国家和地区之间的关系变动都会对服务产品的生命周期产生影响。如,劳务输入国政府限制本地居民外出,则相应的中介服务就会受到冲击,可能导致这一服务业绩和利润的大幅度下滑。

2. 经济因素。经济发展促使人们生活水平不断提高,相应的人们需求也不断增加,如家政服务、培训服务、教育咨询、旅游度假等服务。相反,如果经济发展不景气,遇到经济危机或者经济衰退时期,消费者则会减少服务的需求和购买。因此,经济发展状况和发展水平会影响服务生命周期。

3. 社会因素。社会发展水平影响居民的价值观念、教育水平和消费结构,而这些又会间接对服务需求产生影响,并进一步影响服务产品的生命周期。同时,社会环境、工业污染等也会影响人们对诸如医疗保险、清洁服务等方面的需求。社会文化和流行时尚会影响居民在某些领域的专业服务需求,如个性化服饰带来对服装定制和专业服饰店等需求的大量增加。

4. 竞争因素。毫无疑问竞争会影响服务的生命周期,替代品的出现会加速服务产品的衰退过程,严重时候竞争者推出的同类服务项目可能直接导致企业在某一区域所经营的缺乏竞争力的服务直接退出市场。如,餐饮企业或保险公司可能由于竞争对手推出的更新、更具有竞争力的产品而被迫收缩本企业的服务产品。

5. 偶然因素。某些偶然因素也可能影响服务的生命周期,如自然灾害、战争等因素等。在发生地震、火灾、水灾等突发事件后,可能带给保险公司、医疗机构更多的市场机会,同样,这些突发事件也可能导致旅游度假、餐饮服务等产品需求的迅速下降。因此可见,偶然因素也会对服务产品的生命周期产生影响。

(二)内部因素

1. 服务质量。服务质量水平低下会阻碍服务产品在市场的顺利推广,甚至缩短服务产品的生命周期。服务产品质量的高低在极大程度上影响着顾客对服务的评价,从而影响服务产品的销售及其在市场中的地位。如,餐饮企业的饭菜卫生差、服务人员态度差等,可能导致一家餐饮企业的倒闭或破产。

需要说明的是,这里的服务质量指的是整体服务产品的质量,包括了核心服务、基本产品形式、期望价值、附加价值和潜在价值。以一家酒店为例,整体服务产品质量应当包括酒店提供的“休息与睡眠”、毛巾和床单、自助结账、免费赠送项目等。如果单一的核心服务质量高但便利服务或辅助服务质量不足,如旅游景区虽然景区内景色优美,但交通不便或者配套酒店服务质量差,同样会导致景区销售增长率低,产品迟迟不能进入成长期。

2. 管理因素。服务产品及其企业的管理因素也会影响服务生命周期。这是指服务产品本身并没有问题,市场需求也确实存在,但由于在营销活动中管理不善,造成服务产品无法顺利到达消费者手中,并因此引发服务产品无法顺利进入正常的生命周期。如:新开业的酒店,在地理位置和服务项目都比较理想的情况下,仍然可能因为管理混乱给顾客造成服务延迟、服务差错、乱收费等印象，影响服务销量的提升。保险公司可能开发了符合市场需求的险种，但是由于内部管理混乱、缺乏优秀的营销队伍等导致新险种无法顺利进入市场。对于此类管理因素，服务企业应当重点强化管理，提升企业执行力，努力延长服务的生命周期。

三、服务产品生命周期各阶段的特点和营销策略

（一）服务产品的投入期

1. 特点。服务的投入期以服务正式面向市场销售开始，具体表现为新服务设施的落成、新服务项目的推出。这一阶段的特点是：产品尚未被市场了解和接受，销量增长速度缓慢；由于销售量较小，导致服务成本居高不下，服务的价格也因此较高；同时，为了促使市场尽快接受该服务，企业需要大量开展广告和其他促销活动，销售费用较高。因此，在服务的投入期，企业往往是没有盈利甚至是亏损的。需要说明的是，由于服务初次投入市场，因此，一般还没有竞争对手出现。

2. 营销策略。通过对服务产品投入期特点的分析，可以得出该阶段的营销策略是尽量缩短投入期的时间。服务投入期的时间长短取决于顾客认识新服务并消除购买风险的时间。服务企业应从以下几方面入手开展投入期的营销：一是首先应注重服务产品的质量；二是由于产品还没有被消费者广泛接受，因此服务企业需要进行大量的广告宣传和促销活动，综合运用各种促销手段帮助服务产品迅速开拓市场；三是由于这时服务企业无法确定何种分销为企业分销的最佳选择，因此服务投入期一般推荐选择多种分销模式综合采用；四是多数服务产品在投入期都采用高价策略，以弥补成本和促销费用，但是高价也会吸引竞争者的加入并导致竞争加剧。

从定价和促销的角度来看，服务产品在投入期可以采用的策略有四种，如图 4－4 所示。

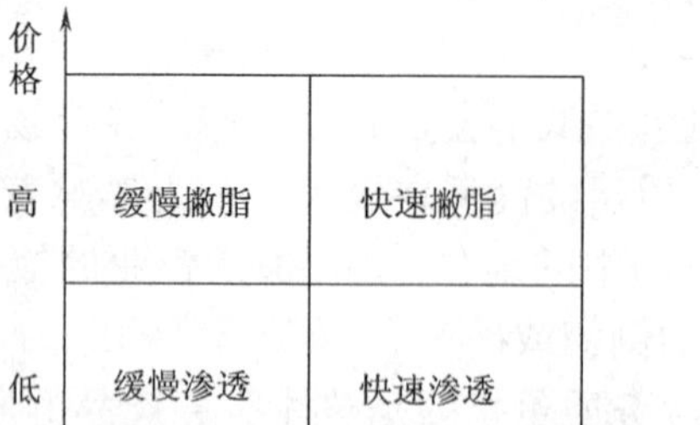

图 4－4 服务投入期策略

（1）缓慢撇脂策略。缓慢撇脂策略是以较高的价格和较低的促销费用在某一市场提供服务产品，目的是在降低促销费用的前提下，以较高价格获取高利润。这种策略适合那些具有高度差异化或垄断性的服务产品，如旅游产品等。

（2）快速撇脂策略。这是一种企业以高价和高促销费用向市场销售某种服务的策略，服务企业这样做一方面可以迅速收回成本，并给潜在顾客一种“高质”的感觉；另一方

面,较高的促销费用可以使市场更快了解服务产品,并形成先入为主的局面。

(3)缓慢渗透策略。缓慢渗透策略是服务企业以低价和低促销费用进入市场。选择这种策略是因为目标市场对产品有相当程度的了解,并且市场容量较大,消费者对价格又非常敏感。

(4)快速渗透策略。当一种服务以低价、高促销费用进入市场时称之为快速渗透策略。这样做的好处是可以以低价和高促销的双重优势迅速占领市场;但同时也存在亏损的巨大风险。

(二)服务产品的成长期

1. 特点。成长期的服务产品基本成型,并且消费者也已逐渐了解和接受该服务,因此服务的销量迅速上升。也因此企业可以适当减少广告费用,销售成本大幅下降,利润迅速上升。这时,其他潜在加入者或者同行也已开始推出同类竞争产品。

2. 营销策略。这一阶段服务企业应采用的营销策略是尽可能扩大服务的网点数量,使顾客更容易接触到服务;同时可以考虑增加服务种类,改善服务质量和促销手段来创造竞争优势,吸引更多的顾客。服务产品成长期的策略目标在于扩大市场份额,争取企业稳定的市场地位。

(三)服务产品的成熟期

1. 特点。在服务的成熟期,由于顾客购买量迅速增加,服务的市场需求量已经达到或接近饱和,销售量也将达到最高;在成熟期的后期,销售增长趋于零甚至会出现负增长,利润也在达到最高点之后出现下降趋势,市场上的同类服务已经进入市场,竞争空前激烈。

2. 营销策略。这一阶段的服务营销策略应当放在保护市场份额和开拓新市场上,同时以服务产品和价格的差异化来吸引顾客。在服务产品方面,服务企业应努力提高服务水平,以品牌吸引顾客,或者增加服务项目或服务项目组合,引进现代化服务设施等;在价格方面,服务企业应制定灵活的价格策略,引进价格折扣,采用多种定价技巧,以保持原有市场和吸引新的细分市场。

这一阶段服务企业在促销上可以降低促销力度,但是可以扩大广告和人员推销的力度;在分销上,企业要认真评价中间商,及时对中间商进行检查和更换,同时可以以分销奖励激励中间商,另外可以考虑增加直销的比例。

(四)服务产品的衰退期

1. 特点。当一项服务处于衰退阶段时,新的服务项目已经开始进入市场并逐渐替代老服务产品。原有服务中除个别名牌外,市场销量日益下降,市场竞争集中表现为价格竞争,价格迅速下降并导致利润下跌,甚至出现亏损。

2. 营销策略。在服务的衰退期,企业可以适当保留那些仍有利可图的服务项目,积极进行服务的更新换代。对于已经无利可图的服务项目,企业应果断地收缩该产品,这时服务企业可以应用价格作为竞争手段,也可以运用营业推广、广告等促销方式提醒老顾客的购买。在分销渠道中,可以减少中间环节,剔除利润低和无利润的分销渠道。

第三节　服务产品组合

一、服务产品组合的定义

服务产品组合是一个服务企业向市场提供的产品品目和产品线的组合。服务产品组合具有宽度、长度、深度和相关度。

服务产品线是一组相关联的服务产品，这些服务出自同一生产过程，或针对同一目标市场，或在同一销售渠道中销售，或者属于同一服务档次。如：酒店提供在同一渠道中销售的不同类型的客房；航空公司提供服务过程完全相同的头等舱和经济舱服务。下面以表4－1为例说明服务产品组合的相关概念。

表4－1　某酒店产品组合

	服务产品组合的宽度		
产品线的长度	客房产品线	餐饮服务产品线	娱乐健身产品线
	单人间	中餐	健身房
	标准间	西餐	游泳馆
	家庭套房	印度餐	桑拿浴室
	行政套间	风味食品	足浴中心
	豪华套间	酒吧	儿童乐园
	总统套房	咖啡厅	桌球室

服务产品组合的宽度是指企业具有的产品线数目，表4－1中该酒店共有三条产品线，因此该企业服务产品组合的宽度是3。

服务产品组合的长度是产品品目的总数，表4－1中的服务产品组合的长度是18。

服务产品组合的深度是指服务产品线中每一产品的品种数目，如果表4－1中客房产品线中的标准间这一产品品目包括两种产品：豪华标准间和经济标准间，那么标准间这一产品品目的深度就是2。

服务产品组合的相关度是各条服务产品线在效用、生产条件、分销渠道和其他方面相互关联的程度。

二、服务产品线决策

服务产品线决策的主要内容是产品线的长度决策，也就是对产品线中服务产品项目的数目进行决策。服务企业可以延伸服务产品线或者缩减服务产品线。

（一）服务产品线延伸策略

1. 向下延伸策略。这种策略是把企业原来定位于高档市场的服务产品线向下延伸，在高档服务产品线中加入中低档服务产品。采取此策略可给企业带来三点好处：一是企业可以获得更大的市场占有率；二是企业从高档产品市场进入中低档产品市场的成本较低;三是可在短时期内获得较明显的经济效益。

2. 向上延伸策略。这种策略是指原先定位于低档服务产品市场的企业,在原服务产品线内增加高档项目,使企业进入高档服务产品市场。运用这一策略的条件是高档产品的市场销售形势很好而竞争力度不强。但是,此策略也会给企业带来风险。因为,顾客对其产品已有固定的看法,要想把产品的品牌形象提高到高档水平非常困难。

3. 双向延伸策略。经营中档服务产品的企业在取得竞争优势后,在原有的产品线中,同时增加高档和低档产品项目。这种策略在一定条件下有助于加强企业的市场地位,特别适合新兴行业中的企业采用。

(二)服务产品线缩减策略

服务产品线缩减策略是削减产品线或产品项目,实行更少品类、更专业化的经营,以利于服务企业采取先进的生产技术和营销方法,从而提高效率,降低成本和费用,提高服务质量和服务水平。缩减服务产品线的主要方式有以下两种。

1. 减少服务产品线的数目,实行专业化生产经营。

2. 削减服务产品线中的服务项目。

三、服务产品组合策略

服务产品组合策略指企业根据市场状况、自身资源条件和竞争状况对服务产品组合的宽度、深度和关联度进行不同的组合。服务产品组合策略一般有以下几种类型。

(一)全面全线型

全面全线型服务组合策略是指服务企业经营推向不同市场的多条产品线,如旅行社经营度假游、观光游、购物旅游、会议旅游等服务项目,并且这些产品同时面向东南亚市场、欧美市场等多个目标市场。采用这种服务产品策略可以满足不同的市场需要,有利于扩大市场份额,但同时该策略要求服务企业扩展产品组合的深度和宽度,因此经营成本较高,需要企业有较强的实力。

(二)市场专业型

市场专业型服务策略是针对某一特定的市场提供其所需的产品,如旅行社针对青年市场提供探险旅游、进修旅游、新婚蜜月旅游、购物旅游等服务项目。这样的服务策略有利于集中企业力量满足一个目标市场的需要,因此可以在该市场上形成竞争优势,获得较高的市场占有率。但由于目标市场的过分单一,因此无法应对由于外界因素引发的目标市场需求突变。

(三)产品线专业型

产品线专业型服务策略是指服务企业只提供一种类型的服务产品来满足多个市场的同一类需求,如旅行社针对中老年市场、青年市场和儿童市场同时只提供一种观光旅游。这种类型的服务产品策略由于产品线单一,可以集中企业资源不断开发和完善这种产品,树立企业形象。但这种策略由于产品线单一,加大了企业经营的风险。

(四)特殊服务专业型

特殊服务专业型策略是指服务企业针对不同目标市场的特殊需求而提供特殊的服务产品。如,旅行社针对青年市场提供探险游、针对女性市场提供购物旅游等。这种策略提供的服务产品适销对路，有利于中小型服务企业占领市场、扩大销售。但是这种策略一般难以扩大经营规模。

案例链接

你了解如家酒店集团的品牌吗？

如家酒店对大多数人来说并不陌生，但你了解如家下属的酒店品牌吗？

如家酒店集团旗下现有如下住宿品牌：

和颐至尊酒店（Yitel Premium）：中高端全感官精致人文商旅连锁酒店品牌。

和颐酒店（Yitel）：中高端全感官人文商旅连锁酒店品牌。

如家精选酒店（Homeinn Plus）：中端全感官创意商旅连锁酒店品牌。

素柏·云酒店（Superior Hotel）：拥有情怀与故事的商旅连锁酒店品牌。

驿居酒店（Ease Hotel）不一样的商旅连锁酒店品牌。

如家商旅酒店（Homeinn Selected）：品质升级的商旅连锁酒店品牌。

睿柏·云酒店（Ripple Hotel）：品质升级的个性商旅连锁酒店品牌。

如家酒店（Homeinn）：温馨舒适的商旅型连锁酒店品牌。

莫泰酒店（Motel）：时尚简约的商旅型连锁酒店品牌。

派柏·云酒店（Pebble Motel）：自由多彩的商旅连锁酒店品牌。

云上四季酒店（Fairyland）：地域风情的商务连锁酒店品牌。

云上四季民宿（Fairyland B&B）：休闲度假民宿平台。

截至2015年底，如家在中国355个城市共有近3 000家酒店投入运营，形成了行业领先的国内连锁酒店网络体系。

第四节　服务产品的品牌

一、服务产品的品牌含义

服务产品的品牌是服务企业以名字、名词、符号、设计或上述总和来作为本企业所提供服务产品的标志，目的是使本企业的服务与其他竞争者相区别。

服务品牌包括品牌名称和品牌标志两部分，品牌名称是品牌中可以用语言称呼和表示的部分，品牌标志是品牌中的符号、设计等内容。

由于服务的无形性特征，使得营销者无法给服务贴上商标或包装，因此在服务营销领域，服务品牌就尤为重要。一般来说，服务企业会通过设备标记、印刷、电视、网络和平面广告、运输工具或者员工制服等将公司的服务品牌展示给消费者和其他公众。必须说明的是尽管服务品牌是一种展示企业服务的工具，但是它并不能弥补恶劣的服务质量带来的损失。

二、服务产品品牌的作用

服务产品品牌的基本作用是使本企业的服务同其他企业相区别，通过服务品牌，顾客可以识别特定企业的服务产品。在服务营销中，品牌还有下面几个作用。

（一）服务产品品牌可以保护服务企业的利益

经注册之后的服务品牌，成为服务企业的一种特有的资源，受到法律保护，其他企业不得仿冒和使用。若发现冒牌可依法追究并索赔。如果服务企业的品牌未经注册，就不受法律保护，这会给企业带来风险。

（二）服务产品品牌是有效的推销手段

服务品牌在产品宣传中发挥着重要作用，有了服务品牌，企业可以有重点地进行宣传，简单而集中，效果迅速，印象深刻，有利于在服务销售中，使消费者熟悉产品，激发购买欲望。

（三）服务品牌可以帮助消费者识别和选择服务产品

在实际购买中，消费者购买服务不可能都经过试用后再购买，购买会在很大程度上受到品牌效应的影响。一个服务品牌如果知名度高，如联邦快递，即便消费者未经使用，也会因品牌效应而购买其服务。

（四）服务品牌是企业树立形象的有效途径

服务品牌是企业服务质量、特征、等级的概括，凝聚了企业的文化、精神和信誉。消费者一经接触那些优秀品牌，便迅速在头脑中反映出来这些品牌和企业的内涵特征，从这一意义上来讲，品牌还代表了企业形象。

三、服务产品品牌决策

服务产品的品牌决策主要涉及的问题有：使用服务企业自己的品牌还是使用别人的品牌？如果确定了使用自己的品牌，如何对品牌策略进行决策？

（一）品牌归属策略

服务企业可以使用自己的品牌，也可以使用中间商的品牌，这就是品牌归属问题。如一家新成立的家电维修安装公司，可以建立自己的品牌，也可以承担某些家电企业或者家电卖场的安装维修工作。如果服务企业建立并使用企业自己的品牌，就称做自有品牌策略。企业也可以部分采用自有品牌，另外部分采用中间商品牌策略。

（二）自有品牌策略

在企业决定了采用自有品牌后，就要考虑建立什么样的品牌、这些品牌之间的相关性如何等问题。

一般来说，企业自有品牌策略有如下几种。

1. 个别品牌名称策略。企业决定其各种不同的产品分别使用不同的品牌名称。服务企业采取个别品牌名称决策的主要好处是：企业的整个声誉不至于受其中某个产品的声誉影响，例如如果服务企业的某种服务产品失败了，也不会影响这家企业的其他品牌的声誉。

2. 统一品牌名称策略。即企业决定其所有的产品统一使用一个品牌名称。采取统一品牌名称决策的主要好处是服务企业宣传介绍新服务的费用开支较低，另外，在新服务推出时，可以借助老的服务产品的声誉，达到“一荣俱荣”的效果，当然同一品牌策略也同时存在着“一损俱损”的风险。

3. 企业名称与个别品牌名称并用策略。即企业决定其各种不同产品分别使用不同的品牌名称，而且，各种产品的品牌名称前面还冠以企业名称。企业采取这种决策的主要好处是在各种不同新服务的品牌名称前冠以企业名称，能够享受企业的信誉，而各种不同的新服务分别使用不同的品牌名称，又可以使不同的新服务有不同的特色。

4. 品牌扩展策略。品牌扩展策略是指服务企业利用其成功品牌名称的声誉来推出改良服务项目或新服务等。企业采用这种决策，可以节省宣传介绍新服务产品的费用，使新服务产品能迅速、顺利地打入市场。

使用自有品牌有可能吸引更多品牌忠诚者，此外还有助于服务企业细分市场，树立良好的企业形象。但是，服务品牌化也使企业增加了成本和费用，企业必须在经过权衡之后做出正确的品牌决策。

四、服务品牌建设

要建立和建设一个成功的服务品牌，必须经过以下三个阶段。

(一)服务品牌规划阶段

一个好的品牌规划，可以成就一半的品牌建设；相反一个差的品牌规划，可能毁掉一个服务企业。做服务品牌规划时要根据品牌的核心要素提出很明确的目标，然后制定实现目标的措施。对于一个已经发展很多年的服务企业，还要先对这个企业的品牌进行诊断，找出品牌建设中的问题，总结出优势和缺陷。这是品牌建设的前期阶段，也是品牌建设的第一步。

(二)服务品牌的全面建设阶段

这一阶段最重要的一点就是确立品牌的价值观。服务品牌的价值观决定企业能够走多远。服务企业应当确定明确、清晰而又积极的品牌价值观取向，切忌在品牌价值观取向上急功近利、唯利是图，抛弃企业对人类的关怀和对社会的责任。在服务品牌的全面建设阶段应当不断检讨这样两个问题：首先为消费者创造价值，其次为股东创造利益，并且这两个问题的顺序不能互换。

(三)服务品牌的形成阶段

服务企业要根据市场和企业自身发展的变化，对品牌进行不断地自我维护和提升，使之达到一个新的高度，从而产生品牌影响力。直到能够进行服务品牌授权，真正形成一种资产。

企业应当明白服务品牌的建设不是一个简单的过程，也不是短期就能取得收益的，但是，在目前的市场环境下，品牌建设已经越来越成为服务业面临的一项任务，因此，服务企业要正确理解服务品牌，重视服务品牌建设。

本章小结

服务产品策略是服务营销中的重要内容。服务产品是服务经营者以一定的资源和设施，向消费者提供的满足其需求的服务。整体服务产品包括核心服务、基础服务、期望价值、附加价值和潜在价值五个层次。基本服务组合包括基本服务组合的管理、服务质量和服务数量。

服务的生命周期是指某一种服务从进入市场开始到退出市场为止所经历的时间过程。服务的生命周期可以划分为投入期、成长期、成熟期和衰退期，这四个阶段的市场特点各不相同，服务企业也应该在不同阶段采取不同的营销策略。

服务产品组合是一个服务企业向市场提供的产品品目和产品线的组合。服务产品组合具有宽度、长度、深度和相关度。服务产品决策包括产品线决策和产品组合决策。

服务产品的品牌是服务企业以名字、名词、符号、设计或上述总和来作为本企业所提供服务产品的标志。服务产品品牌的首要目的是使本企业的服务与其他竞争者相区别。服务品牌决策首先要确定服务企业是否要建立自己的品牌，如果要建立，就要选择建立同一品牌还是个别品牌，也可以是企业名称与个别品牌并用。企业可以根据需要采用品牌策略。

关键词

整体服务产品概念　服务的生命周期　服务产品组合　服务产品的品牌

思考题

1. 整体服务的概念是什么？它分为哪几个层次？分别说明。
2. 服务产品生命周期各阶段分别有哪些特点？对此应采取哪些营销策略？
3. 举例说明服务产品组合的宽度、长度、深度、相关度。
4. 服务品牌有哪些作用？企业为什么要建立服务品牌？

案例分析

北京中日友好医院的品牌建设

一、中日友好医院背景分析

中日友好医院是由日本国政府提供无偿帮助，中日两国政府合作建设的大型现代化、综合性的国家级医院，直属于中华人民共和国卫生部，在中国医疗界占有重要地位，在海内外享有极高盛誉。中日友好医院被日本政府评定为对外援建最成功的项目之一，曾荣获“第一届国际协力特别奖”。

作为国家级医疗中心，中日友好医院以树立中国医疗服务业的窗口形象为出发点，在改善医疗服务品质的同时，全面系统地进行了医院的视觉识别、环境识别与传播识别等方面的品牌建设。

二、中日友好医院服务形象定位

“国际化、人性化、亲情化”的现代医院形象是中日友好医院的服务形象定位。当今社会，服务行业已向品牌化延伸，公众品牌意识加强，因此，塑造医疗服务行业的品牌，进一步发展中国健康产业，更好地为患者服务，是中日友好医院形象建设的初衷。一切以病人为中心，改善医患关系，通过亲情化、人性化的视觉形象设计，强化中日友好医院的服务品牌概念，这利于应对加入 WTO 后的中国医疗服务市场竞争日益激烈的状况，有助于树立医院良好的公益形象，提高医院服务竞争能力，完成与国际医疗服务水平接轨。视觉形象以美好、清新、具有亲和力的特征为视觉传达风格，通过“让病人自主选择医生”的服务模式进一步提高医院服务品质，以体现人性化、亲切化的服务精神。

按照中日友好医院何惠宇院长的要求，中日友好医院不仅仅是家“大”医院，更应该是一家“强”医院，在抓人才建设，练内功、提高服务品质的同时，搞好形象建设是实现“惠民强院”的基础工作，以最终致力于中国健康产业的开发和进步。“走向世界，始于足下”，要想与国际医疗服务水准看齐，就必须从服务形象手抓。2008 年中日友好医院被指定为奥运会定点医院，并得到了国际奥委会评估团的高度评价，从而证明了形象建设所取得的初步成果。

三、中日友好医院服务品牌标志形象

按照“总体规划设计，分步实施推广”的原则，将中日友好医院视觉形象识别系统分为基本要素系统和应用设计系统。应用设计系统中又分为管理事务系统、医疗服务管理系统、环境识别系统、形象传播推广系统及国际医疗部视觉形象识别系统五大部分。在整体策划设计过程中，配合不同服务措施和宣传主题开展相应的传播推广活动，以求达成有效的实施。

首先，确定中日友好医院服务品牌标志形象，其标志形象来自“中日友好，一衣带水”的主题理念，以象征中国的长城和象征日本的富士山构成“一衣带水”的稳定图形结构，装饰化的海浪具有中国传统山水画和日本浮士绘中的浪花表现风格。标志形象的整体造型以红十字形框架加以柔化处理，形成樱花般的美好形象（见图 4－5）。

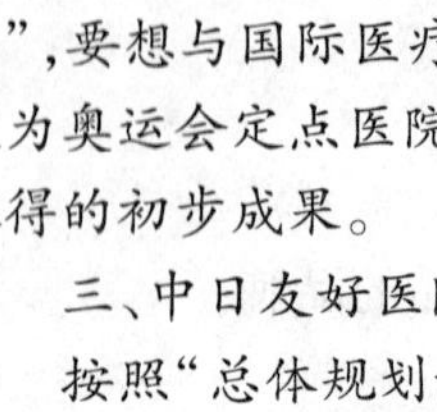

图 4－5

标志形象以雅蓝色为主色，具有清晰雅致、温馨轻松的感觉。而标志图形视觉中心为国家医院标志图形、红色花瓣衬托出反白的红十字造型，使整体标志形象更为突出醒目、和谐完美，形成视觉传达明确、造型结构完整、充满生机活力和优雅形态的形象风格。

在标志形象确定的同时，设定医院名称中英文标准字体、标准主色和辅助色系、象征图式、装饰图形等基本要素内容。在视觉形象基础方面打下坚实的基础，对于统一规范中日友好医院形象起着重要的作用。

四、中日友好医院环境识别系统的形象规范

按照“病人自主选择医生”的服务模式要求，环境识别系统的形象规范分为门诊区、急诊区、住院部和国际医疗部四大环境区域，进行“医师介绍牌”、“科室特色介绍牌”和“医院服务项目介绍牌”三种系列展示形式的设置，通过规范标准的标志牌，构成美好的医院环境识别效果，并采用透明有机板彩色喷绘画面和金属装饰铆扣形式，设置于各区域环境中，起到统一识别的作用，具有方便快捷、明晰准确的指示、导向功能。由于医院规模大、科室多，建筑与室内空间错综复杂，就诊者往往入其内而不知所往，如果指示导向系统不明确，经常走弯路，无形中增加看病难的因素。中日医院通过全方位的环境批示导向符号系统的规范，极大地改善了这种状态，赢得就诊者的好评。这种环境识别系统的建立，本身体现了“为病人服务”的理念，这是人性化的设计，符合病人的实际要求。因此，室内外的科室名称标志牌、导向牌、指示牌设计，做到从急诊、门诊到各科室的全方位系统化的整体规划设计，充分体现方便患者就诊这一重要的导诊功能，使患者能在较短时间内就医问病，避免因走错路延误时间而带来的不良后果，从而提高查询效率、方便病患者。在环境识别系统的指示导向符号功能方面，还采取多空间、多角度的设置方式。高空间部分以悬挂式走廊导向指示牌为主；中空间部分则以立墙式和贴墙式指示牌、电梯口立地式指示牌、就诊窗口指示牌和夜间灯箱指示、软管串灯引导指示等形式为主；而低空间部分则采用走廊地面引导式导向地贴形式，利用不同色彩识别方式指示引导患者沿着彩色地贴线走到所去的科室。

色彩识别在环境识别中也起着十分重要的作用，不同的科室采用独特的色彩体现其个性征，如儿科病房以七彩图案来装饰布置环境，产科和妇科病房则以淡雅温馨的粉红色调来识别，其他科室以干净明快的蓝白色为基调，而国际医疗部则以生机盎然的绿色为基调。

科室护士站统一设置“科室介绍”及“医疗组”、“护士组”等介绍标牌，护士服也根据不同护理人员分为淡蓝和粉红色等色彩，不再是“白一色”的白色大褂，给人一种温情、雅致的形象，而不是冷冰冰的印象。

从护士站到病房环境，从护士服到病人服装都做了既统一又具变化的丰富性规范，这一切都属于医院的环境识别范畴。另外，还利用古今中外的医学家头像作为装饰画悬挂在医院走廊的墙面，并设置中国古代著名医学家半身青铜雕像，在中药房大厅进行中医药文化的展示宣传，设置玻璃展柜，陈列中医药的药材、用具等，从中国传统中医药文化方面营造具有文化感的环境氛围。

在病区的室内中庭花园和护士站休息区等处采用绿色植物如翠竹、小草坪作为医院室内环境的装饰布置，达到人性化、亲情化、温馨感的环境设计效果。室外环境中则采用江南水乡风格的园林式环境作为休闲区域的特征。设置“鉴真和尚”和“南丁格尔”青铜雕塑及装饰性雕塑小品在大面积的绿色草坪映衬下，显示出美好的生活景象和充满人文气息的医院环境识别特征。

建筑楼体外观色彩统一为浅灰色，楼顶和医院大门两侧的大型灯箱标志牌则采用白地彩色标志的形式，形成现代简洁、明快醒目的识别效果。功能明确、装饰人文化、识别人性化的医院环境识别系统设计是达到国际化医院管理规范的基本要求。

五、中日友好医院医疗服务管理形象

《中日友好医院服务形象管理手册》中还明确制定了医院的行政管理事务系统和医疗服务管理系统。其中行政管理事务系统对行政管理部门的各类办公用品和科室门诊办公用品以及一些日常性的各类医疗办公用品进行规范化设计制作,使整个医院的办公用品规范化,有效地传达出现代型医院管理形象。

对于医疗管理形象,最重要的内容还是医疗服务管理系统,这是直接服务于患者,体现人性化、亲情化服务的重要方面。医疗服务管理系统包括与医疗相关的各类服务管理用品,从急诊、门诊、儿童门诊、各科室、国际医疗部的各类医疗服务用品均采用统一的形象设计形式。

通过服装识别、胸牌识别将医师、护士、医工等不同科室人员按其工作性质、工作环境加以区别化,便于患者识别。医师胸牌上除姓名、职称、职务外,还标注有语种、医疗专长等内容,信息明确的识别胸牌看似虽小,却体现人性化的感受。与患者生命相关的急救车辆也采用统一的车体识别形式,对外传播着“治病救人”的医疗服务精神。另外,从候诊中央大厅的“专家门诊一览表”标志牌和病人就诊流程指南,到病例档案、门诊病案卡、医患联系箱、医师介绍卡、服务满意卡、病房用品等医疗服务用品均从细微处体现着“一切为病人服务”的理念。

六、中日友好医院的品牌传播

针对目前我国医疗服务市场的变化,中日友好医院满足广大病患者基本医疗保障的同时,还积极开拓高消费层的医疗市场,将国际医疗部的服务定位于外国驻华使馆的外交官、外国商社企业人员及部分高收入人群,逐步提高涉外人员及高收入人群的门诊量,使国际医疗部成为我国涉外医疗服务的国际医疗中心。

北京作为中国的首都,聚集着上百个驻华使领馆,近万个外国驻京商社机构,构成了能够享受高级医疗服务的消费人群。因此,中日友好医院医疗部针对这一医疗消费定位,加强了自身的形象传播。以往名牌医院几乎很少在公众媒体上做广告,名牌医院及其名家基本上依靠口碑传播,但是口碑传播的速率较低、影响面窄。因此,有效利用公众的传播媒体宣传医院及医疗服务特色,是现代医疗机构开拓医疗市场的重要途径。同时,充分利用医院拥有的自身宣传媒体进行公众传播,可以深度介绍宣传医院的服务理念和服务品牌形象,例如设计印刷医院医疗服务介绍画册、科室介绍宣传册、医师介绍画册等系列画册,并根据不同宣传主题推出系列医疗服务形象主题海报,举办社会义诊宣传活动,广泛散发宣传品。这样既能够体现医院关心患者、贴近社会的服务意识,也同时提高了医院服务品牌的社会知名度和美誉度。

在户外媒体传播方面,中日友好医院以关爱健康为主题,利用大型擎天柱广告和重要区域的楼顶广告牌等形式,与药业企业联合发布公益主题户外广告;在报纸杂志等媒体方面发布系列性医疗服务项目及特色的宣传广告,主动宣传医院不断改善的医疗服务措施,让社会不断关注和了解中日友好医院的医疗服务品质和服务项目,进而促进医院医疗服务质量的提高,更好地为患者服务。

医院形象的传播识别系统有其独特的传播特征,公益主题性是其首要特征。医疗服务传播不同于纯商业传播，是以人类的健康作为服务的对象，自然具有较强的科学态度和人性化观念，其传播主题和形式应围绕“关爱人类健康，一切为病人服务”为传播核心概念，才能更好地体现医疗服务品牌的良好形象。

应该说，中日友好医院医疗服务品牌形象的策划设计、推广传播，为推动中国医疗服务机构提升自身形象，加强服务意识，建立国际化、人性化、亲情化的现代医院形象起到一定的示范促进作用，这也是中国健康产业成熟发展的要求。

（资料来源：曾辉，中国广告人网）

案例讨论：

1. 中日友好医院为什么要进行品牌建设？其品牌建设是从哪些方面入手的？
2. 选择一家你熟悉的医院，比较其与中日友好医院的服务品牌差异。

第五章 服务定价策略

学习目标 Learning Objectives

1. 了解影响服务定价的因素
2. 熟悉服务定价的方法
3. 掌握服务定价的几种策略
4. 掌握服务价格调整方法

引导案例

旅行服务的定价与报价

很多游客都知道这样一个观点:旅行社有时候能够拿到很低的折扣,比如机票、酒店,或者景点门票。而为何能够拿到这么低的折扣呢?主要就是因为人数多,在行业内有一个术语叫做“团队价”,一般是指10人以上的团体价格,或者可以理解为航空公司、酒店或者景区给予旅行社的批发价。这个“团队价”有时候和客人自己去拿的“门前价”相差很大,于是,经常碰到游客问旅行社工作人员:旅行社拿到的机票不是都二折吗?

是曾经拿过二折,但绝对不是“都”。在某些时段,比如国庆,旅游团有些机票还是全票价。一般旅游团的机票一般会在四折到七折之间,但航空公司有时候会根据市场需求调整折扣,所以偶尔会出现二折或者全价的团队票。而酒店团队价相对比较稳定,但黄金周或者特殊情况,比如交易会,也会造成旅游团队价飞涨的情况。不要指望旅行社能够永远拿到二折的机票,旅行社做不到,航空公司也不会那么傻。

在某旅行社的前台,一位客户和业务人员在洽谈一个团队。客户所在单位17人要去厦门旅游,独立包团。旅行社的业务人员核算出来的价格令他大吃一惊。因为当时旅行社经营的厦门线路的价格是259元,而他们17人,业务员却报价338元。同样的线路、同样的标准,客户当然认为,一个人在前台报名需要259元,那么总人数17人,肯定还能砍下几十元优惠下来。这种想法好像没有错,量大优惠,旅行社基于薄利多销的思路,那是对的。但问题在于旅行社前台接待的散客团,都是按照一部45座的大巴核价的,每人的交通成本远远低于他们17人按照一部19座的中巴来核价。最后,业务员给了客户两个选择:17人全部参加散客团,每人给予10元优惠,即249元,如果坚持独立包团,还是得338元。

另外一个单位42人出游,由于是老客户,旅行社按照380元的优惠价格提供给对方。在签订好合同之后，出团的前二天，客户联系人突然很开心地告诉旅行社，人数增加了，现在是54人，能否再给优惠一点。旅行社接待人员一听就晕倒了，因为42人可以安排一部45座的汽车出游，每人平均车费大约180元，如果54人，意味着需要一部45座再加上一部14座，每人平均车费马上得升到230元了，还有，原来的二个工作人员（一个司机一个导游）增加到四个工作人员了，总体费用肯定上涨。

目前各地的旅行社数量相对稳定了，旅游市场也相对比较稳定，基本上极少出现旅行社暴利或者胡乱报价的情况，但是，如何消除游客对于价格的顾虑，更多还是需要旅行社的工作人员耐心和游客解释，如何教客人核算价格、让客人明白消费才是双赢之道。

（来源：中国营销传播网）

各种有形产品定价的概念、原理、模式和技巧均适用于服务产品定价；但是，由于服务产品受其自身产品特征的影响，并且企业与顾客之间的关系通常比较复杂，企业定价不单单是给产品挂一个价格标签那么简单，服务定价战略也有其不同的特点。因此，必须研究服务产品定价的特殊性，重视定价在服务营销中的作用。本章主要研究服务产品所适用的定价导向和定价方法，同时还要对服务价格的调整，以及传统定价方法在服务市场营销中的应用给予一定的重视。

第一节　影响服务定价的因素

由于服务产品的特殊性，使得服务定价受到成本特殊性、需求特殊性、消费者特殊性、竞争特殊性等诸多因素的影响，同时定价目标也是影响服务定价的一个重要因素。

一、定价目标

定价目标取决于企业的总体目标。服务行业的不同企业，以及同一服务企业在不同的时期、不同的市场条件下，都可能有不同的定价目标。

（一）以获取利润为目标

获取利润是企业从事生产经营活动的最终目标，具体可通过产品定价来实现。企业可能以获取合理利润为定价目标，为了避免不必要的价格竞争，企业会制定适中、稳定的价格。这样做的企业往往可以减少风险，保护自己。企业也可能以获取最大利润为定价目标。

（二）以提高市场占有率为目标

市场占有率目标也称市场份额目标，即把保持和提高企业的市场占有率（或市场份额）作为一定时期的定价目标。较高的市场占有率，可以保证企业产品的销路，巩固企业的市场地位，从而使企业的利润稳步增长。

（三）以应付和防止竞争为目标

企业对竞争者的行为都十分敏感，尤其是对价格的变动状况。在市场竞争日趋激烈的形势下，企业在实际定价前，都要广泛收集资料，仔细研究竞争对手产品的价格情况，通过自己的定价去对付竞争对手。

二、服务定价成本的特殊性

（一）服务定价成本难以预估

由于许多服务的专业化和高度定制化，使消费者在消费结束之前并不清楚他们将要偿付的实际价格。这一点很容易通过实例来解释。如，一位私家车主在送自己的汽车去维修之前，也许他了解汽车4S店某些项目甚至全部项目的收费，但他并不清楚自己的汽车到底要花多少费用才能修好；换句话说，他实际上不清楚自己的汽车到底哪里出了问题，要付哪些项目的费用，这个问题，汽车维修技师在检修之前同样也无法回答。这个例子和委托律师办理索赔案是相同的，客户可以事先了解律师每小时的收费情况，但是无法预估索赔需要花费的时间，因此也就无法预估索赔案需要的律师费用。

服务成本难以预估还体现在不同的服务人员完成相同的服务项目，所需要花费的时间可能不相同甚至差异非常大，尽管这些服务人员的服务单价可能也不同，但这些差异还是会直接影响服务成本的变化；另外，由于服务生产和消费的同步性，服务产品的生产和提供会受到消费者自身的影响，也就是说，作为买方的消费者也是影响服务成本的因素之一。

这些因素综合起来服务成本无法预估，是服务成本特殊性的表现之一。

（二）服务的即时现场交易难以形成规模经济

众所周知，服务的生产与消费不可分离，同时服务具有易消失性，因而服务的生产和消费是不能被时间和空间分离的，也就不能使用库存来缓冲需求，所以服务通常需要消费者和服务提供者现场即时交易。

例如，一位欲从北京飞往上海的顾客，一定是要求航空公司按照其选定的航班将自己准时安全地送往目的地，既不能提前也不希望延迟，并且，这位乘客还必须亲自参与这项服务。可见，作为服务提供方的航空公司是不能提前服务的。

服务的提供数量与需求数量高度相关，并同时受到企业能力的制约，所以服务提供商很难借助规模效益形成成本优势。

（三）服务定价中的成本构成

服务成本决定着服务价格的底线。服务产品的成本等于固定成本、变动成本与准变动成本之和。

1. 固定成本。固定成本是企业不提供服务也必须支付的成本。固定成本一般包括：办公室租金、折旧、公共事业费、税收、保险费、管理人员的工资等，显而易见这些成本并不会随提供服务数量的变化而变化。在许多服务行业，固定成本占总成本的比重较高，如金融业和航空业，固定成本占总成本的60%以上甚至更高。

2. 变动成本。变动成本是随服务产出变化而变化的成本，如飞机或火车上的一个座位、酒店的一个客房或保险公司增加的一张保单。实际上在很多服务业这样的成本非常低甚至可以忽略不计，如电影院在满座之前多售出的每一张电影票就不增加变动成本。

3. 准变动成本。准变动成本是介于固定成本和变动成本之间的那部分费用。准变动成本与顾客数量和服务产出数量密切相关,准变动成本取决于服务的种类、顾客的数量和服务活动对额外设施的需求程度。因此,不同服务产品的差异性很大,其变动涉及的范围也很不一致,如服务场所的清洁费用、员工加班费、飞机满员之后增加乘客而产生的准变动成本等。

三、服务定价需求的特殊性

需求影响顾客对产品价值的认识,进而决定着服务产品的价格上限。

(一)不同的服务产品具有不同的需求弹性

服务产品的需求弹性是影响服务定价的重要因素之一。需求弹性是需求随价格变化而变化的比率,反映了需求变动对价格变动的敏感程度。

和产品市场类似的是服务产品的需求弹性也有大有小,在旅游、娱乐和公共交通服务行业,需求弹性很大,即提高价格则需求大幅降低,反之则相反。另外一些产品,如医疗、有线电视、拖车救援等则需求弹性较小,即需求量并不随着价格的变化而显著变化。

服务企业在制定价格时,必须考虑需求的价格弹性,应当在对需求价格弹性进行分析的基础上确定价格策略。

(二)服务价格歧视是可行的

服务价格歧视是指相同的服务以不同的价格销售,也称为差别定价。由于服务产品的易消失性、生产与消费的同时性,从而使价格歧视在服务行业是可行的,并且已经被广泛运用。在某些服务行业,价格歧视的可行性表现非常突出,如演唱会门票、剧院演出门票、航空机票、房屋出租或者某些公共服务,消费者愿意并能够接受相同的服务收取不同的价格,并且服务提供商也愿意以较低的价格提供一部分服务以弥补固定成本的支出。

一般来说服务的重要程度越高实施价格歧视的程度就可以越高;定制化程度高的服务业价格歧视的实施程度也可以越高,企业应当根据具体的服务产品来确定是否实施价格歧视,何时、何地使用价格歧视,以及如何根据不同环境设定不同的价格。价格歧视也可以作为服务行业应对需求波动的一种工具。

(三)存在消费者感知风险和价值

1. 消费者感知风险。感知风险理论认为消费者对其任何购买行为,都可能无法预知其未来的风险,也就是消费者购买决策中隐含着对结果的不确定性,而这种不确定性,也就是消费者购买的风险。

一般来说,消费者可以感知到的风险有时间风险、功能风险、身体风险、财务风险、社会风险和心理风险。在服务产品中同样存在上述风险,如一位女士在决定烫发或者染发之前,除了要了解理发服务的价格之外,还要清楚需要花多少时间,染发剂或烫发剂会不会对其人身造成伤害等问题。对这些问题的询问,其实就是消费者对风险的了解和分析。

2. 消费者感知价值。消费者感知价值是指顾客对企业提供的产品或服务所具有价值的主观认知。在服务领域研究消费者感知价值具有极为重要的意义,因为服务质量的好坏不仅与服务提供方密切相关,也和接受服务的顾客或消费者有重大关系。另外运用消费者感知价值理论研究服务产品,可以发现服务质量不仅是“服务质量是怎样的”,更重要的是消费者感知到的服务质量和价值是怎样的,这种感知价值关系到消费者愿意为服务支付多少价格的问题,因此感知价值成为服务企业定价需要关注的问题之一。

四、服务定价竞争的特殊性

市场竞争状况调节着价格在上限和下限之间不断波动,并最终确定产品的市场价格。

(一)服务的价格差异难以比较

服务的实际价格信息要比产品的实际价格信息更难得到。而且,当消费者得到服务价格信息的时候,仍然很难在类似的服务之间进行有效的价格对比。比如,虽然有时候基本的服务价位事先可以了解,但是相互竞争的服务之间不会像超市的商品那样摆在一起出售。如果客户希望比较价格,可以分别去探访那些地理位置不相邻的服务提供商或者打咨询电话来对比价格。但是消费者对服务消费进行比较是需要相当多的时间和精力的。

服务消费者的参考价格必须具备一定的价格可见度——价格不能是隐藏的。许多服务,尤其是金融服务,大多数消费者只知道回报率,而不知道以基金和保险费形式支付的成本。例如,一家金融服务公司在得知顾客抱怨某种金融产品定价过高之后,该公司作了一项调研,以了解消费者对金融服务支付的费用有多少了解,以及在消费者价值评估中有多少价格影响因素。调查结果令公司大吃一惊:消费者对服务收费的了解比公司预期的还少。他们不仅不知道支付哪些服务费用,并且几乎没有消费者了解他们一般是如何支付金融服务费用的,仅仅对标明价格的金融产品——诸如有价证券及人寿保险,才知道其存在费用。

(二)服务行业的特殊性

服务行业的顾客往往可以推迟或暂缓消费某些服务,甚至可以自己来实现某些服务的内容,这种需求特殊性会导致服务业卖主之间激烈的竞争。如果服务是同质性的,那么价格竞争就可能很激烈。需要指出的是,同业协会或政府主管部门,往往规定收费标准以防止服务企业不正当降价。

第二节　服务定价方法

在服务行业,由于其产品及营销的特殊性,使得服务价格成为企业竞争的一种特殊手段。然而顾客和企业看待服务价格的角度是不同的,因此企业对服务产品的定价不仅仅是给产品贴上一个价格标签,更重要的是要研究定价中的各种问题并选择适合的定价方法,最后制定合理的价格。

总体来说,服务定价的基本方法有三种:成本导向定价法、需求导向定价法和竞争导向定价法。

一、成本导向定价法

成本导向定价法是企业根据提供服务的成本来确定服务的价格。

(一)成本定价的构成

企业向顾客提供服务产品的成本可能包括原材料和劳动力成本,另外还包括一些间

接成本,而定价则需要在成本的基础上加上利润。成本导向定价法的公式如下:

服务价格 = 直接成本 + 间接成本 + (边际)利润

其中,直接成本是指与服务有关的原材料、劳动力的成本;间接成本是企业固定成本的一部分,如企业为顾客提供服务的办公环境租金、设备折旧等。成本导向定价法中的边际利润,往往是包含了直接成本与间接成本的总成本的一个百分比,因此服务价格的公式如下:

$$服务价格 = (直接成本 + 间接成本) \times (1 + r)$$

其中,r——利润率。

案例链接

利群旅馆的定价

利群旅馆是一家只有20间客房的旅馆。假设该旅馆所有设施的还贷费用为每月30 000元,那么一个房间每日的单位固定成本为50元。该旅馆有一个前台服务人员、两个客房服务员和一个清洁工,所有员工的月薪酬为6 000元,如此算来,旅馆每天分担的共享成本为200元,而每个房间每天负担的单位共享成本为10元。旅馆在购买洗涤剂等供应品方面的单位变动成本为每日估计10元。那么,房间单位总成本就等于单位固定成本(50元)、单位共享成本(10元)、单位变动成本(10元)相加之和,即等于70元。

如该旅馆将每个房间的边际利润设定为20元每天,则利群旅馆的每间客房每晚的房价将为:单位总成本70元加上单位边际利润20元,得出为90元。

(资料来源:http://big5.elong.com/gate/big5/hotel.elong.com/)

(二)成本导向定价法的特点

1. 成本导向定价法的优点。成本导向定价法的优点有两方面:一是简单明了,容易操作;二是这样的定价方法在考虑生产者合理利润的前提下,随着顾客购买量的增加,可以使企业利润维持在一个适当的水平,并且能够降低顾客的购买费用。

2. 成本导向定价法的缺点。成本导向定价法有其优势,同时也面临以下几个问题。

(1)服务成本难以计算和衡量。由于服务的成本包括直接成本和间接成本,因此服务定价首先要界定一项服务运用了哪些原材料、劳动力及其间接成本确切有多少,然而这些成本却非常难以确定。例如,保险员花在推销保单、签订保单、保单审核或理赔方面的时间以及应该为此确定的服务费用,是不容易确定和衡量的。

(2)采用成本导向定价时,难以界定服务产品的单位。有形产品的成本导向定价往往在确定单位产品成本的基础上进行定价,但是服务产品每单位的成本却不容易确定,原因在于服务产品的单位很难确定。目前,许多服务行业在定价时,由于无法确定服务产品的计量单位,因此往往是根据工时来定价的,如心理辅导、建筑、咨询、技术指导等服务产品,往往是以小时为单位来标明价格的。

(3)服务成本中最核心的劳动力成本是难以估量和计算的。由于影响服务成本的最主要因素是劳动力成本而非材料成本,因此服务定价中应精确地确定劳动力的价格。然而事实情况是计算服务中的原材料成本是比较容易的,但是衡量服务中的劳动力成本则相对困难。例如,医生在为病人治疗中运用了哪些仪器设备和药物,这些药物的成本和仪器的折旧是可以计算的,但是医生花费在确诊病情、拟定治疗方案和实施治疗中所花费的时间以及收取多少服务费用,就是难以精确衡量和计算的。

(4)服务的真实成本可能与顾客感知价值不一致。这二者的不一致可能带来顾客对服务价格的不满意,也可能导致企业浪费部分机会成本。例如,洗衣店清洗一件价值3 000元的高档羊绒大衣和一件价值300元的羊毛大衣的成本是相同的,假定其洗衣服务定价为20元/件,并且这样的定价是300元羊毛大衣的主人乐于接受的。那么显然洗衣店浪费了一部分机会成本,因为对于拥有价值3 000元的高档羊绒大衣的顾客来说,也许每件50元的洗衣价格也是容易接受的。反之,如果将价格定位50元/件,显然,300元羊毛大衣的主人会感觉价格太高。

二、需求导向定价法

需求导向定价法以消费者愿意为服务支付的货币量为定价依据,强调定价与消费者感知价值相一致。

(一)需求导向定价法的依据

需求导向定价法关注消费者的态度和行为,努力探究消费者愿意为服务支付的货币量,也就是消费者感知价值,并据此定价。而服务的质量和成本则作为定价的辅助和参考因素。

顾客感知价值是顾客所能感知到的利益与其在获取产品或服务时所付出的成本进行权衡后对产品或服务效用的总体评价,这种评价体现的是顾客对企业提供的服务产品所具有价值的主观认知,尽管这种认知并不等同于服务产品的客观质量和价值,但是顾客却往往是根据心目中的"价格—价值"关系来做出购买决定的。因此,需求导向定价首先要研究顾客感受价值,如相同的鲜花快递服务,在平常日子,顾客认可和接受的价格可能是28元,但到了情人节等节假日,顾客却愿意花128元甚至更高的价格去购买该服务。

顾客的感知价值可以用下面的公式来表示:

顾客感知价值 = 顾客感知利益 - 顾客感知成本

研究这一公式可以得出两个结论:第一,顾客感知价值是个性化的,也就是说顾客感知价值因人而异,接受了完全相同服务的两个顾客,可能对于服务的评价完全不同,这其中除了期望理论在起作用外,还有顾客感知方面的差异。第二,顾客感知价值是感知利益与感知成本综合作用的结果,也就是说感知价值不是单纯取决于单个因素的影响。

(二)需求导向定价法的应用

1. 服务的外部性影响服务价格。运用需求导向定价法对服务产品进行定价,不仅要清楚顾客感知价值是顾客的主观评价,同时要理解服务质量往往要通过产品的外部特性(也就是服务的有形展示、服务中人员因素等)来体现。因此要想提高顾客感知到的价值,可以考虑增强服务的外部性,如美容院在为顾客提供服务时,展示和明确告知顾客使用到的有形产品仪器和器材，这些都可以强化顾客的感知价值。

2. 顾客感知成本影响服务价格。顾客感知成本包括货币成本和非货币成本。非货币成本包括时间成本、搜寻成本、便利成本、心理成本等。对于价格感知程度高的顾客而言，货币方面的付出是关键性的因素，减少货币上的支出就可以增加感知价值；对于那些价格感知程度低的顾客而言，减少时间、精力方面支出更能增加感知价值。

在需求导向定价中，对价格感知敏感的顾客可以采用适当降低收费的方法，而对价格感知程度低的顾客，则可以通过突出节约时间或者便利等，并收取额外费用。

3. 服务定价要考虑顾客估价时的参照系统。顾客感知价值是动态的，即依赖于顾客进行估价的背景。例如，在不同的购买地点、购买时间，由于顾客需求强度不同，对价值的感知就不一样，同一旅行社提供的相同旅行服务，其服务成本可能完全相同，然而由于旅行时间不同，其价格差异可能非常大。

三、竞争导向定价法

当服务行业的竞争日益激烈并且服务成本难以评估时，企业可以考虑采用竞争导向定价法。

(一)竞争导向定价法的适用范围

竞争导向定价法是企业以竞争为定价目标，根据与竞争对手的实力对比和竞争对手的价格作为定价的主要依据进行定价。在这样的定价方法下，企业常常将自己的服务价格定在竞争对手的平均价格水平，这种定价也被称为“模仿定价”或“现有价格”。在这样的价格水平下，服务行业的企业可以保持和平共处的局面，并且遵循该价格可以为公司带来比较公平的利润回报。另外，采用该方法定价的公司相信，由于服务成本难以评估，这样的价格是行业集体智慧的结晶。应当注意的是企业采用竞争导向定价法并不等于确定与其他企业相同的服务价格，只是将其他竞争者的价格作为依据。

竞争导向定价适用于两种情况：一是服务企业所提供的服务是标准化的，且信息是对称的，也就是顾客可以了解到不同服务企业的价格差异并对此差异做出反应，如理发店、干洗店等；第二种情况是寡头垄断的服务行业，也就是只有少数的服务提供商，如航空业、电信业或者汽车租赁业等可以采用竞争导向的服务定价法。

(二)竞争导向定价法的应用

1. 竞争导向定价应同时考虑服务质量。在竞争导向定价法下，企业制定服务产品的价格时考虑的主要问题是竞争对手的价格，可能因此忽略企业本身的服务成本和顾客需求。如果企业的服务成本高于竞争对手，却在价格上和竞争对手持平，就会导致企业无法获取正常利润以保持持续发展甚至无法生存；这种情况下，企业也可能会通过降低服务质量来降低服务成本和维持正常利润，显然这样的做法也是行不通的。因此，企业采用竞争导向定价法，并不能忽视服务质量对价格的影响。

2. 竞争导向定价应兼顾服务成本和市场需求。服务价格是一把双刃剑，太高会降低需求，太低则影响利润。服务价格的底线是服务成本，上限是消费者愿意支付的价格，二者之间的空间就是企业可以考虑的竞争导向定价范围。比如，在服务竞标定价中，企业既想以低价获得合同赢得竞争，又必须考虑服务成本的因素。

3. 竞争定价可以作为服务业竞争的有力武器。由于某些服务行业确定服务成本非常困难，并且识别顾客、选购服务或者转换购买的成本太高，竞争定价就可能成为这些服务企业竞争的利器。比如，银行对开办信用卡、销卡和更改信用卡密码等服务，就很难精确地计算其服务成本，因此各家银行往往对此收费差异很大，另外，很多银行也通过免费办卡等竞争办法吸引和锁定新客户。

第三节 服务定价策略

随着经济的发展、消费者收入水平的提高以及生产专业化程度的提高，人们对服务产品的需求在不断发展变化。因此，各种类型的服务企业应针对自身具体情况，选择恰当的定价策略，以带动需求并使之与供给相平衡。服务企业可采取的定价策略主要有撇脂定价策略、低价位定价策略和基于顾客感知价值的定价策略。

一、撇脂定价策略

（一）撇脂定价的含义

撇脂定价策略也称为高价策略，这种策略是在新的服务产品推出的初期，以远远高于成本的价格向市场销售，以求在短期获得丰厚利润，尽快收回前期投资。

服务营销领域中消费者对服务产品的心理感知价值是高价策略得以实施的前提之一。撇脂定价的目标顾客是那些收入水平较高的先锋顾客，他们领导消费潮流，勇于尝试新鲜事物，并且有足够的支付能力。

（二）撇脂定价的特点

服务领域中的撇脂定价能产生丰厚的利润，可以迅速收回投资，因此降低了投资风险。具体来说撇脂定价策略有如下优点。

1. 有利于树立服务企业和产品的良好形象。在新的服务产品推出初期，企业制定较高的价格，可以在消费者心目中树立“优质、名牌”的良好形象，这样的价格策略可谓一举多得，既能快速收回投资，同时还能提升企业形象。

2. 企业拥有调价的主动权。服务企业选择以高价入市，就掌握了服务产品生命周期后期调价的主动权。由于前期价格较高，也就是说企业拥有较大的降价空间，因此可以降低价格应对竞争，也可以主动调价来开发更广阔的市场。

3. 企业可以利用价格来调整需求。新服务项目上市初期，如果价格较低，可能出现购买量较大企业无法应对的问题，因此以高价推出服务产品，可以有效缓解初期的需求压力。而随着企业生产的逐步发展，服务规模的不断扩大，当企业有能力提供更多的服务时，企业可以考虑适当降低价格来吸引更多的顾客购买。

（三）撇脂定价的适用范围

撇脂定价策略主要适用于以下两种类型的服务企业。

1. 信息服务投入大、技术和知识含量高的服务企业。这种类型的服务企业由于最初投入的费用高，采取高价位策略可以使企业在较短时间内收回投资。同时，由于这类服务被消费者接受后能给消费者带来可观的经济效益，消费者往往也愿意出高价购买。除此以外，这种高价位策略使企业在价格上有较大的调整空间，为适应竞争、采取新的价格竞争策略留有余地。

2. 知名度较高、定位于高收入阶层的服务企业。知名度较高的企业往往占有重要的市场地位，有良好的企业形象和稳定的消费者群体，高价位在一定程度上能反映出该企业的产品档次和附加价值的高低，能显示出消费此种服务的消费者的身份、地位与财富，满足其心理需求。例如，酒店、宾馆按星级划分为五个等级，五星级代表着豪华舒适，定价较高，但其服务价格的确定并不完全以酒店的经营成本为基础，里面渗透了消费者对酒店服务的心里感知价值，能满足消费者的优越感、自豪感等需求，因而即使服务定价较高也能刺激和吸引消费。

二、低价位定价策略

采取低价位定价策略的服务企业会尽量降低成本费用，以低价格作为主要竞争手段。当市场上存在下列情况时，低价位策略相当有效。

一是该种服务产品的需求弹性大。

二是本服务行业所有企业提供的基本上是标准化的服务。

三是企业很难通过服务差异化使消费者获得较高的感知价值。

四是消费者转向购买竞争对手的服务后不会遭受什么损失，且消费者愿意寻找价格最低的服务。

然而，低价位定价策略并不能保证企业取得长期的竞争优势。企业强调降低成本，可能会采取分解服务、分项定价、降低服务质量、减少服务内容等方法，甚至会忽视消费者的某些要求。另外，这种定价策略很容易被竞争对手模仿，竞争企业也会降低价格，那样本企业便很难与消费者继续保持买卖关系。同时，为了降低成本，企业往往不愿意投入必要的人力、财力、物力来提高服务质量，如果顾客的消费方式、消费水平和消费观念发生变化，不再根据价格高低做出购买决策，或竞争对手的产品在某些方面更具吸引力，那么采用低价位定价策略的企业就无法迅速适应市场的变化进行非价格竞争。因此，只有对那些企业能长期保持低价优势、消费者消费方式一般不容易发生变化的服务产品来说，低价位定价策略才是一种长期有效的竞争策略。

三、基于顾客感知价值的定价策略

服务企业给服务定价的最恰当的策略之一就是基于消费者对服务的感知价值来确定价格。顾客在接受服务时对价值有四种理解：价值就是低廉的价格；价值就是从服务中得到的东西；价值是用所支付的价格换来的质量；价值是付出的东西所得到的回报。根据顾客定义的不同服务价值含义，服务企业需要相应地采取不同的定价策略，制定相应的服务价格。

（一）基于“价值就是低廉的价格”感知价值的定价策略

在顾客付出的货币和非货币成本中，顾客把货币作为最重要的价值感知因素时，服务企业就需要重点关注价格。服务营销人员需要清楚顾客对目标服务价格的了解程度、顾客如何理解价格差异、什么样的价格顾客会感觉到受损失。在此前提下，以下几种定价策略对这种价值定义是最有效的。

1. 折扣定价策略。服务企业以打折或减价的方式提供服务，提醒对价格敏感的顾客他们能获得价值。

2. 尾数定价策略。尾数定价是在服务价格中有意识地保留有尾数的定价策略，以使看重货币价值的顾客感觉他们获得了较低的价格。

3. 同步定价或称差异定价策略。即根据需求的变化，利用顾客对价格的敏感度为同一产品制定不同的价格。

4. 渗透定价策略（低价位策略）。渗透定价是指新服务进入市场时以低价的方式鼓励顾客尝试或广泛使用而采取的定价策略。

案例链接

机票的优惠有多少种

有位先生走进西部航空公司的售票厅，对售票小姐说：

“我要两张旧金山的机票。”

“好的，不过，先生，这种机票有多种优惠价格，不知您适合哪一种？”小姐答道。

“哦，优惠？”这位先生漫不经心地说，“我早听说过，可不知道有些什么优惠？”

“你是美国印第安人吗？”

“不是。你问这干吗？”

“那太遗憾了，先生，因为如果您是印第安人并在清晨4点起程，又在次日清晨返回的话，我们可以给您30%的减价优待，但现在只剩下8%了。”

“哎，我的上帝，请问你们还有其他优惠条件吗？”

“嗯，如果您已经结婚50年以上没有离婚，并且去参加您的结婚纪念活动的话，我们给您减价20%。”

“这对我不合适，还有吗？”

“有的，这里有一种票，如果您是一个度假的国家驻外使馆的人员，那可以给予15%的优惠。”

“那我又错过了，我和我太太一起旅行。”

“哎呀，先生您怎么不早说呢？您太太还不到60岁吧？如果她不到60岁，且你们又不赶在周末旅行，那么可以享受20%的优惠价。”

“可我们非得在周末才有空呀？”

“嗯，别灰心，请问您和您夫人中有当学生的吗？如果你们有在上大学的，且又在星期五（星期五在美国属周末，却又因耶稣在星期五遇难而视为不祥日子）乘飞机，我们可给您45%的减价优惠。”

“我的天，差不多便宜一半啊！可惜我已早两年念完大学了。这样吧，小姐，您还是给我那8%的优待吧，谢谢您介绍。”面对如此名目繁多而又富有幽默色彩的优惠条件,这位乘客最后虽没有得到多少优惠,却也心满意足地买下了机票。

(二)基于“价值就是从服务中得到的东西”感知价值的定价策略

当顾客认为价值就是服务中的所得时,货币价格就不再是他所关注的东西。服务特有的内在价值越多,服务价格也就越高,声望定价适合这种价值感知。

声望定价策略是提供高质量和高档次服务的企业采用的一种特殊的需求导向定价策略。酒店、餐厅、健身俱乐部等服务企业为顾客提供较为奢侈的服务时,通常会收取较高的服务价格,以此来体现顾客的尊贵,满足顾客希望获得的某些特殊利益。

(三)基于“价值是用所支付的价格换来的质量”感知价值的定价策略

当顾客认为价值是用所支付的价格换来的质量时,他们既看重服务质量,同时也关注货币价格。服务营销人员必须明白质量对于顾客的特殊意义,从而制定与质量相匹配的价格。一般超值定价策略和按细分顾客定价策略比较合适。

1. 超值定价策略。这是一种将几种广受顾客欢迎的服务组合在一起,用低于分别购买每种服务的总价格来为服务组合定价的策略,如麦当劳的各种套餐。现在一些移动通讯服务商也是用这种套餐为顾客提供系列服务,使顾客感觉物超所值。

案例链接

中国移动4G飞享套餐资费标准

随着手机流量日渐成为用户的“必需品”,各家网络运营商也纷纷推出不同的流量套餐,以中国移动为例,其面向动感地带、神州行和全球通客户提供从38～588元不等的“飞享套餐”,具体如表5－1所示。

从表中可以看出,目前套餐中已经不包含短信业务,除国内电话主叫外,主要以流量为主,这也是当前人们的使用习惯所决定的。

表5－1　中国移动飞享套餐资费标准

价格(元/月)	国内主叫(分钟)	国内主叫(赠送)(分钟)	国内通用流量	省内通用流量	总流量
38	50	–	300M	1032M	1332M
48	50	–	500M	–	500M
58	100	50	500M	200M	700M
88	220	80	700M	324M	1G
158	500	–	2G	1G	3G
238	1000	–	2G	1G	3G
288	2000	–	1G	1G	2G
588	4000	–	6G	1G	7G

2. 按细分顾客定价策略。不同的顾客可能会具有不同的服务需求弹性，而且对服务质量水平要求也不一样。此时，服务企业可以据此针对不同的顾客群制定不同的价格，即使服务成本本身没有差别。实施这种定价策略，服务企业必须变换服务形式应用于不同的顾客细分市场，如公园门票对老年人和小孩收取不同的价格。

（四）基于“价值是付出的东西所得到的回报”感知价值的定价策略

当顾客认为价值就是付出的东西所能得到的回报时，如下几种定价策略能体现顾客的这种感知价值。

1. 捆绑定价策略。当把一些服务与其他服务结合在一起时，会更有效地售出，从而提高销量。捆绑定价策略适用服务可以与支持产品一起出售的情况，例如培训以及加急送货等。当顾客发现一组相互关联的服务中的价值时，捆绑价格是恰当的定价策略。

2. 互补定价策略。互补定价策略包含三种方式：两步定价、招揽定价和牺牲定价。

两步定价是指服务企业提供一种基本服务，而后提供继续使用该服务所需要的外围服务，这种情况下，服务企业可将基本服务的一部分价格转移到外围服务中去。比如，数字电视服务，就是通过为用户免费安装转换设备，通过收费电视节目来弥补收入的损失。

招揽定价是一种以削减成本的价格提供服务，常是将顾客非常熟悉的服务项目以较低的价格提供，而后展示一些需要支付更高价格才能享受的服务项目，以此吸引顾客。

牺牲定价是指第一次订货或第一个合同的要价很低，希望借此获得更多的生意，而后来的服务价格却比较高。

3. 结果导向定价策略。服务的本质特征决定了服务结果的不确定性，结果导向定价就是一种以最终结果为定价依据的价格策略。“保证有某种结果后才付款”就是典型的结果导向定价之一，如职业介绍所的服务，必须等到当事人获得了适当的工作职位后，才能收取费用。

无论使用何种定价方法、采用何种策略，为服务定价都不能局限于定价本身。其他的一些如便利、安全、速度、简易、付款方式、自动化服务等问题都会影响顾客感知价值。服务定价还必须解决一个问题，即在特定时点销售特定单位的服务收取的价格是多少。服务营销人员要清楚所收取的货币价格是否能体现出服务提供商对自身成本、竞争对手价格以及顾客需求这三者之间关系的协调与把握。

第四节　服务价格调整

一、服务价格调整的原因

服务企业不仅要考虑为其产品制定相应的价格，同时还必须面临价格调整，这种调整可能是其主动选择，也可能是被迫行为；具体的价格调整策略有可能是提价，也可能是降价，具体要依据外界环境变化和企业战略而定。

从服务价格调整的原因来讲，价格调整可以分为主动调价和被动调价。

（一）主动调价

主动调价是服务企业为了更好地实现其营销目标而主动对服务价格进行调整，其主动性就是企业在价格调整过程中的相对主动地位，这种主动是服务企业的主观意愿和心甘情愿的选择。

（二）被动调价

被动调价是企业在竞争对手的压力下，或者遇到突发事件而调整价格，这时企业调价并非自愿而是被迫应对，这里所说的被动性指服务企业在价格调整中的相对被动地位。当然，被动调价对企业来说也未必是件坏事，其结果也可能给企业带来发展机会。

需要说明的是，主动调整服务价格和被动调整服务价格很多时候没有必然的界限，有些调价行为可能既带有主动调整因素，也是被动调整的结果。

案例链接

民航大众化将带来更多低价

随着特价机票、折扣机票越来越多，可能有人会问，机票价格越来越便宜，航空公司会亏损吗？其实，降低票价和保持赢利并非天生的矛盾。

在我国，春秋航空是第一家廉价航空公司，它的机票价格远远低于其他航空公司，相比同行的价格一般要低30%，同时还有99元系列特价产品。对于低价促销，春秋航空没有亏本。春秋航空2011年的净利润达到5亿元，这主要得益于其低价策略带来的全年客座率水平高达95%。这种高客座率就是廉价航空赢利最重要的法宝。当然，由于低成本航空的低票价牺牲了一定的服务质量，所以，低成本航空公司并非是很多旅客的出行首选。

传统航空公司采用低票价来提升市场吸引力，虽然不是最好的办法，但却是短期内最有效的办法。

某航空公司航线管理人员表示，航班的客座率是随着起飞时间的临近逐步提高的。在旺季时，由于市场需求旺盛，航空公司根本不需要在前期做过多的低价促销，就能保证客座率；而在淡季时，低价促销则非常必要。在淡季时，每个航空公司都会提供一些超低价的机票来提高市场吸引力，如提前购票、特殊产品以及中转运价等。超低价产品的数量一般占航班座位数的5%～10%。

按照经济学理论，当一个航班运行时会存在边际成本，即当客座率和票价等因素达到一定水平时，其每多卖出的一张票都是纯粹的收益。此时，航空公司为了应对市场的竞争，会有重点地推出一些特价票，比如折扣力度特别大的一二折机票。这种旅客是无收益旅客或者微收益旅客，所占比例其实非常小，但在一定程度上提高了航空公司的人气和航班客座率，是每家航空公司市场营销策略中都不可或缺的一部分。当然，在市场竞争中，航空公司的低价竞争其实是一把双刃剑，可以提高客座率但也能降低收益，因此要尽量避免伤及自己。

业内专家表示，随着民航大众化战略的稳步推进，公众乘坐民航飞机出行将越来越便捷和便宜，这已经逐步成为现实。

（来源：中国广告人网?）

二、服务价格调整的方向

无论是主动调价还是被动调价，从调整的方向而言，都不外乎降价和提价两种。企业具体选择降价还是提价，要视具体情况而定。

根据服务企业的价格调整方向和调整原因，可以做出如下价格调整策略图，如图5－1所示。

调价方向 \ 调整原因	主动调价	被动调价
提价	主动提价	被动提价
降价	主动降价	被动降价

图5－1

（一）提价

1. 服务企业提价的原因。服务企业提价可能是主动的，也可能是被动的，归结起来提价的原因有下列几个。

（1）成本上升引发的提价。由于服务成本的增加，或者服务人员工资增加引起的服务企业支出增加，可能导致服务企业将增加的成本转嫁给消费者，由此会引发服务价格提升。

（2）供求关系导致的提价。当一种服务产品出现供不应求的状况时，服务企业可能运用需求弹性理论来影响需求，企业会用提价的方法来调整需求，通过价格来抑制或者暂缓一部分服务需求。

（3）企业战略或利润的要求。服务企业提价还有可能是为了追求更好的利润，或者是实现企业的战略目标，如初期以较低的价格甚至以成本价占领市场，在击败竞争者后提价以保证其利润目标。

2. 顾客对服务提价的理解。当服务价格上升时，由于顾客和服务企业的立场不同，其对价格上升的理解也会有差异，有时顾客并不能真正了解企业提价的原因，但是企业应当重视提价对顾客的影响，以及提价后顾客的反映。

无论企业是主动降价还是被动降价，顾客对降价的理解可能有如下几种。

（1）该服务产品很畅销，要赶快买。

（2）该服务很有价值甚至物超所值，大家都在争相购买。

（3）该卖主想尽快取得更多利润。

3. 提价策略与方法。一般来说，服务企业提价的方法和策略主要有两种：公开提价或者暗中提价。

（1）公开提价。公开提价是服务企业将服务产品的价格调整得高于原价格，提价的结果在服务项目价格表上有体现。

(2)暗中提价。暗中提价的做法是服务企业在不改变原来价格的情况下,减少服务项目、取消原价格优惠等,这样也起到了提价的作用,同时和公开提价的表现又有所不同。

无论是公开提价,还是暗中提价,都必须关注消费者的心理和反应。

(二)降价

1. 服务企业降价的原因。一般来说,服务降价往往是有实力的企业首先发起的。服务企业决定降价的原因可能有如下几种。

(1)服务企业的生产能力过剩,需要扩大销售来消化过剩的产能。

(2)由于竞争的压力,服务企业的市场份额有所下降。

(3)服务企业的服务成本比竞争者低,因此可以通过降价来吸引消费者,提高市场占有率,进一步降低成本。

2. 顾客对降价的理解。顾客对服务降价的理解可能是以下几种。

(1)该服务项目已经过时了,将被新的服务产品所代替。

(2)该服务产品有某些缺点,销售不畅。

(3)该服务企业财务困难,难以经营下去。

(4)该服务产品的价格还要进一步下跌。

(5)这种服务产品的质量可能在下降。

3. 降价策略。和提价相类似,服务降价策略一般也有两种:公开降价和暗中降价。

(1)公开降价。这是一种对服务产品进行公开降低价格的做法,一般来说应该降到竞争者无法跟进的地步,否则会引发价格战。如能降到竞争者无法跟进的地步,则可以彻底打败竞争者,赢得市场占有率。

如果服务企业对其产品价格不是一次性降到底,而是一降再降,这样的做法则会让消费者产生观望。

(2)暗中降价。暗中降价是服务企业在不改变产品价格的前提下,以推出较低价格的新产品、增加服务项目、向顾客赠送优惠券等方式暗中降价的做法。

这样的降价方式比较隐蔽,不至于因激起竞争者的强烈反映而引发价格竞争。

本章小结

随着服务市场的不断发展,服务定价问题日益受到营销人员的重视和关注。由于服务本身的无形性、不可分离性、异质性和易消逝等特征,使得服务定价和产品定价差异较大。影响服务定价的因素有定价目标、成本因素、需求因素和竞争因素等。

在定价方法上,服务定价可以参考产品定价的三个方法:成本导向定价法、需求导向定价法和竞争导向定价法。具体定价过程中应当注意:服务成本难以计量,难以界定服务产品的单位,以及服务的真实成本可能与顾客感知价值不一致;服务的外部性、顾客感知成本、顾客估价时的参照系统会影响服务定价;应结合服务质量、服务成本和顾客需求来确定竞争价格。

服务价格调整必须关注消费者对调价的不同理解,无论是主动调价还是被动调价,一般来说都可以采用明调和暗调两种策略。

关键词

服务定价目标　成本导向定价法　需求导向定价法　竞争导向定价法　撇脂定价　低价定价　基于顾客感知价值的定价

思考题

1. 与有形产品相比,服务产品定价有何特殊性?
2. 影响服务产品定价的因素有哪些?
3. 服务产品定价的方法有哪些?如何运用?
4. 服务定价有哪些具体策略?举例加以说明。

案例分析

旅游旺季的价格调整

又是一年秋天到来时,旅游的旺季来到了。作为旅游胜地的丽都市当然也不例外。各种广告铺天盖地而来,什么旅游新景点、旅游新路线呀,哪个旅行社的价格实惠呀,哪间酒店的房价便宜、住上一夜包你流连忘返呀,弄得许多酒店也纷纷采取降价对策以吸引顾客。旭日酒店在降价大潮之下,推出一系列优惠措施。其中最吸引人的是:住一个时期以上打八折优惠,超过两个星期打七折优惠。优惠推出后,立即吸引了大批旅客,客房很快爆满面。

这天,一位台湾顾客李先生来到旭日酒店,由于他入住的客房是其助理预订的,对这些价格不是很清楚就订了房。当李先生听到那些优惠推出时,他皱了皱眉,过了片刻,他对前台小姐说:"对不起,小姐,我突然有一些事要办,恐怕不能住房了,我要求退房。"

细心的服务员小姐觉得纳闷:如果你有事要办,房间可以预留的,干吗要退房呢?于是就问这位先生:"李先生,如果你觉得有事暂时不能住的话,我们可以帮你预留,我们酒店的客房优惠得很,保管你觉得实惠。"

但李先生还是坚持己见。小张觉得这里面可能有点问题:莫不是我们酒店服务不周到,还是产品有问题?

在她的委婉追问下,李先生说出了真心话:"我来到丽都市度假,目的就是在这里玩得好、住得好,真正放松自己。你们酒店与其他的酒店相比就是太优惠了,给我的感觉是质量应该没有多大保障，可能不能满足我的需要。而且我作为一个商人，既然出门了，也就希望住好一点。我情愿去住贵一点的酒店，这样可以放心些。”

听到这，小张才明白过来，叫了领班，说明情况后，领班对李先生进行了解释：“其实我们酒店降价，主要是为了适应商业大潮，有足够的条件与同行竞争，你也是商人，可以领悟到这一点。这样，我们酒店在同行竞争中才不失客源，但我们的质量保证不会变。你可以去向周围居民了解一下，我们酒店在同行中的知名度都是很高的。我们酒店规章制度严格，对员工要求高，他们都是经过标准训练并挑选出来的，而且还要进行定期培训。所以，如果你担心我们的客房服务质量是完全没有必要的，我们的员工会处处以‘顾客就是上帝’的原则去进行服务，完全尊重顾客。”

听了这些话，李先生心中的顾虑消除了，细想一下，笑着说：“原来是这样，那是我太多虑了，真是不好意思。”在服务员的引导下，放心地入住预订的房间。

一场因降价而引起的风波终于得以平息。

案例讨论：

1. 在什么情况下，降价反而会引起顾客的不满意？

2. 价格上下浮动，有时会引起顾客的逆反心理。价格的下调需要艺术，提价亦需慎之又慎。那么，在什么情况下，价格的上涨能让顾客不产生逆反心理而乐意接受，并且由此产生一种优越、尊贵感呢？

第六章　服务分销

学习目标 Learning Objectives

1. 掌握服务分销渠道的概念
2. 了解服务分销渠道的功能和特点
3. 掌握服务分销渠道的类型
4. 掌握服务分销渠道设计和管理的基本内容

引导案例

新东方网络营销之道

作为教育行业中的领军企业，新东方触网营销的起步相比其他企业来说较晚，但经过近几年的实践，新东方将自己的影响力由线下扩展到了线上，并建立了一套自己的成功经验。新东方教育科技集团市场部营销总监孔建龙认为，新东方在网络营销过程中主要有如下两方面的特点。

(1)统一协调管理。新东方是先有分校，后有总公司，只要是先有分公司后有总公司的企业都会理解到尽管是总公司发出的指令，但各个分部却喜欢各自为政，它们打心眼里都想为自己争取一些利益和资源，都想把自己的品牌进行最大化宣传，从而有意、无意地忽略了整体的合力和品牌的曝光。这也是新东方在网络营销初期时遇到的首要难题。众所周知，网络无界。新东方的分校这么多，如果网络营销由各个分校自主做主，必然会造成大量营销费用的浪费，而且还有可能造成新东方内部资源的相互竞争。

对此，新东方集团整合全部资源，全新推出了新东方网，其他全国各地分校网站都可以在新东方网上直接找到；同时，各地分校的网络推广需求都先统一上报集团，集团则发挥统一协调的作用。例如，目前北京、广州、郑州几个大分校，每年网络营销的推广需求很大，这些分校都统一由集团进行指导，强化网络营销的工作；而某些相对缺乏网络营销人才的小分校同样需要集团的帮助，因为有了集团的统一协调，小分校才能最大化降低网络营销的成本。

以前，分校网站在相互宣传的时候都想把自己的课程放在最显著的位置上。现在放在集团网站的可能最主要的就是新东方的寒假班。寒假班里还有一些重点项目，属于集团战略性项目，如马上要推出的集合全新东方最顶尖师资的名师住宿班，也会在集团网来推，推的时候需要全国新东方的网络都来宣传这个品牌，分校可能觉得这个课程跟自己没有多大关系，他们还是希望推自己的寒假班，这种情况下就需要集团发挥管理的作用，分校也要有集团的大局意识，舍弃小我，照顾全局。

(2)注重精准营销。线下的传统媒体虽然覆盖面很大，但从精准度来说，网络营销在精准度上会更高一些，无论是从增加营销效果，还是从降低内部成本上面来说，网络营销对于新东方都是非常划算的。同时，现在人们的培训需求都很直接，比如给孩子选择高考辅导培训或者出国留学培训等。这种需求会很明确，当产生了需求以后，人们会上网搜索满足这些需求的服务机构。由于网络营销的信息可追踪、回报可度量，同时还可以根据相关数据信息进行深度的客户关系管理，所以网络营销特别适合教育行业。

新东方与谷歌建立了战略合作框架，深耕网络营销。作为世界知名网络营销服务商，谷歌利用自己的技术优势为新东方提供了精准的网络营销。首先，谷歌根据人群定位分析，可以将新东方的广告直接投放到有潜在消费需求的受众身上；其次，谷歌可以利用再营销技术提高新东方网络广告的ROI，如一个用户来到了新东方网站，第一次可能没有实现购买，但可以先把他锁定，在以后的一些广告展示或者关键字的投放中还会继续捕捉到这个用户，通过两三次精准分析，最终来为这个用户推送广告。

（资料来源：《广告主》）

尽管服务产品不能存储，但是渠道在服务行业中所发挥的重要作用却是显而易见的。建立合理的服务产品分销渠道并对之实行有效的管理，正是管理服务产品这样具有易折损、难保存等特征产品的关键所在。或者是顾客到服务地点购买服务，如餐饮、住宿、美容、服装干洗、银行储蓄、旅游、汽车修理等；或者是服务者上门提供服务，如家庭装修、安装电话和宽带网等。对于前一种情况，服务企业应选择方便顾客购买的地方；而对于后一种情况，有时候一些服务也可以通过分销渠道“运输”，如一些服务的分销可以利用电子媒介来进行。采用适合企业提供服务产品的分销渠道是非常重要的。

第一节 服务分销渠道概述

服务分销渠道是服务产品从生产者向消费者转移的整个过程中，涉及参与这个过程起点到终点的个人和机构。服务分销渠道可以作为信息传递的途径，对服务企业广泛、及时、准确地搜集市场情报和有关销售、消费的反馈信息起着重要作用。服务企业如果能正确选择销售渠道，采用适合的分销渠道策略，使销售畅通无阻，不仅能保证市场占有率，而且能加速资金周转，降低销售费用，提高企业的经济效益。在现实生活中，服务企业需要找到散布在各地的机构和居民便于接近的地点，使其产品接近目标消费者并为其所购买。

一、服务分销渠道的概念

服务分销渠道是指服务产品从生产者手中传递到消费者或用户手中所经过的各分销机构连接起来形成的通道。它是服务产品分销活动的载体，起点是生产者，终点是消费者或用户，中间环节包括了代理人、代销商、经销商、经纪人等。

服务提供者和顾客相互作用的方式不外乎三种：顾客主动找服务提供者；服务提供者找顾客；顾客与服务提供者在双方可达到的范围内交易。第一种情况中，服务地点坐落的位置特别重要，企业在选址时首先要考虑所能到达地域内潜在顾客及竞争对手的数量和分布。

一般而言，服务销售通常是服务提供者与购买者直接接触后完成的，因此服务传递所经过的渠道最短。此外，也有一些服务业的销售渠道包括一个或一个以上的中介环节。这些不同的中间商执行着不同的功能，比如有的承担所有权风险，有的担任所有权转移的中介角色（如采购），还有的承担实体移动（如运输）的任务。尽管中间商的功能并没有简单的一致界定，但是可以将其视为与服务供应商直接向顾客提供服务不同的另一种渠道选择。

服务企业在市场上可供选择的分销渠道主要有直销和经由中间商两类，随着网络技术的发展，电子渠道作为一种新的模式也随之兴起，如图 6 – 1 所示，在本章的后续部分将对此一一进行详细介绍。

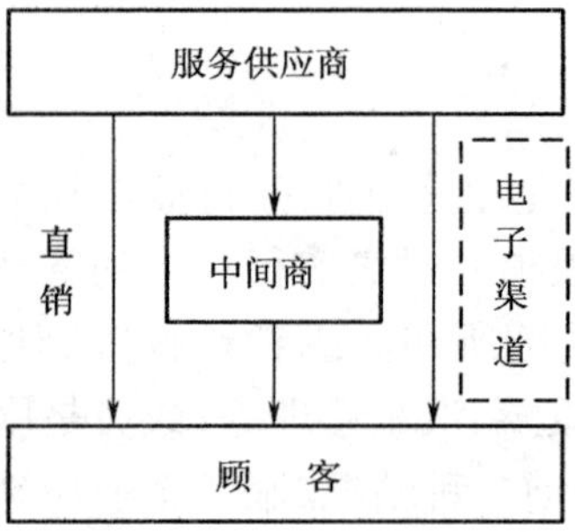

图 6 – 1　服务分销渠道

二、服务分销渠道的功能

服务分销渠道有以下的功能。

（一）提供方便的分销网络

服务企业设计、生产服务产品，制定价格，并辅以广告、宣传等促销手段，当消费者对服务产品生产购买欲望时，他们需要在某个特定的地点方便地购买到这些产品。服务分销渠道正是发挥了这样的作用，让顾客能及时购买产品。

（二）发布有关服务产品的信息

顾客对于服务产品的认识和了解需要部分地借助于服务分销渠道来实现，如服务分销渠道发放的一些宣传服务产品的印刷材料；同时，渠道也可将顾客对产品的反映和感受反馈回来，供企业参考并作出适当的策略调整。从这个角度来说，销售渠道充当了生产者与消费者之间的桥梁。

（三）进行咨询和协助购买

当顾客不太清楚有关服务的某些事宜，或在做出购买决策时仍然心存疑虑，销售渠道可以为其提供关于产品的知识,促进其购买行为的发生。

(四)其他辅助活动

除上述功能之外,服务分销渠道还能帮助企业进行一些促销活动,如产品展示,或为顾客提供诸如预定床位、办理保险、办理护照等服务,受理并协助解决顾客的投诉等。

第二节 服务分销渠道的类型

一、直销渠道

(一)直销渠道的优点

直销是最常见也可能是在一定程度上最适合服务产品的配送形式。因为服务的不可分割性和易逝性等特征,服务提供者往往选择直接与顾客进行接触的分销渠道。一般服务企业选择直销的方式时,可以获得如下的营销优势。

1. 对服务的供应可以保持较好的控制,若经由中介机构处理,往往会失去控制。

2. 以真正个性化的服务方式,能在其他标准化、一致化以外的市场,产生有特色、差异化的服务产品。

3. 可以从顾客接触时直接反馈得到关于目前消费需要、这些需要的变化及其对竞争对手产品内容的意见等信息。例如,有些投资顾问机构或会计师事务所,可能会有意地限制客户的数量,以便能提供个性服务。

(二)直销渠道的缺点

需要指出的是,如果因为服务和服务提供者之间的不可分割性(如法律服务或某些专家服务)而选择了直销的方式,服务提供者同样可能面临如下问题。

1. 对针对某一特定专业的个人需求的服务业务(如著名的辩护律师)而言,企业业务的扩充会遇到种种问题。

2. 采取直销有时意味着局限于某个地区性市场,尤其是对于人的因素占比重很大的服务产品更是如此,因为此时不能使用任何科技手段作为服务机构与顾客之间的桥梁。

二、经由中间商的分销渠道

服务中间商是服务企业常用的另一种渠道选择,服务中间商可以为供应商完成许多职能。首先,中间商和供应商常常合作完成服务的生产,以实现对顾客的服务承诺。在诸如快餐、干洗这样的连锁加盟店,都是由中间商利用服务供应商开发的流程和标准来实现的。另外,服务中间商还可以使服务本地化,为顾客提供时间和空间上的便利。在诸如旅行社或者保险这样的行业里,通常一家中间商会同时代理多家供应商为顾客提供服务,所以它们可以把多种选择集中于一个地方,从而为顾客选择提供方便。在金融或者其他专业化服务中也有类似的情况,服务中间商通过建立在这些负责而且专业化的服务传递中所需要的信任关系,成功地起到了顾客与供应商之间黏合剂的作用。服务业市场的中介机构具有很多形态,常见的有下列四种。

(一)代理人

代理人是指依据代理合同的规定,受服务提供者的授权委托从事某项服务活动的人。例如,保险代理人接受保险人的委托,代表保险公司依据保险合同的规定招揽业务,代收保险费,接受投保人的投保单,从保险公司获得保险代理手续费;旅游代理人为旅行者的旅行活动做出安排,包括交通工具、食宿、游览、办理护照和签证等,收入来源主要是航空公司、饭店、旅行经销商付给的佣金,在未收佣金的情况下,也可向旅行者收取一定数额的服务费。代理人一般是在观光、旅游、旅馆、运输、保险、信用、雇佣和工商业服务业市场出现。

(二)代销商

代销商专门执行或提供一项服务,然后以特许权的方式销售该服务。代销商可以为服务提供者代为销售服务产品。比如,演出单位和博览会物色能接触目标顾客的机构和人员代为出售门票,代销商收取手续费或从销售折扣中取得收入。

(三)经纪人

经纪人在市场上为服务提供者和顾客双方提供信息,充当中介并收取佣金。比如,电影明星聘请经纪人,通过他们去选择剧本、导演、演出场地和商定出场费,经纪人的代理费可由任一方或双方支付。在某些市场,服务因传统惯例的要求必须经由中介机构提供才行,如股票市场和广告服务。

(四)经销商

经销商是指将一定的服务产品买进后再售出的中间商,经销商的利润来源于进销差价。经销商的类型包括批发商和零售商。批发商是从事于批发业务的服务中介机构,如旅行社、旅游公司,其业务是将航空公司或其他交通运输公司的产品与旅游目的地旅游企业的地面服务组合成整体性的旅游产品,然后再推向旅游者。零售商面向广大顾客,从事服务产品的供应,如旅游零售商,熟悉多种旅游产品的情况,也了解旅游者的支付能力和消费需求情况,可帮助旅游者挑选适宜于其要求的旅游产品。

三、特许经营

特许经营是指特许人(Franchiser)授权给受许人(Franchisee),使其有权利利用授权者的知识产权,包括商号、产品、商标、设备等。

特许人是指在特许经营活动中,将自己所拥有的商标、商号、产品、专利和专有技术、经营模式及其他营业标志授予受许人使用的组织或个人。

受许人是指特许经营活动中,被授予使用特许人的商标、商号、产品、专利和专有技术、经营模式及其他营业标志的组织或个人。

(一)特许经营的基本类型

一般说来,特许经营按照特许权的内容划分,可以分为两种基本类型:商品商标型特许经营和经营模式特许经营。

1. 商品商标型特许经营。商品商标型特许经营已经有很长的历史,是指特许人向受许人转让某一特定品牌产品的制造权和经销权。在这种形式的特许经营中,特许人通常是一个制造商,或者是一个产品部件生产商。特许人授权受许人对特定产品或商标进行商业开发的权利，而受许人需要定期向特许人支付费用。特许人仍然保留对商标的所有权，而且与该商标相连的商誉的任何增加都主要由特许人完成。这类特许经营的典型形式包括汽车经销商、加油站以及饮料的罐装和销售等。应用商品商标型特许经营的著名企业有福特汽车、可口可乐、百事可乐等。目前在国际上这种模式的发展趋势放缓并逐渐向经营模式特许经营演化。

2. 经营模式特许经营。目前，人们通常所说的特许经营是指经营模式特许经营。在这种特许经营形式下，特许人授权受许人使用其商号、经营方式等在限定的区域和时间内进行业务经营。特许人向受许人提供包括经营管理各个方面的全套方案，该方案通常包括在操作手册中。受许人必须遵守这些规定，以保证所有分支店提供的商品和服务保持同一质量标准。特许人提供的经营模式需在其直营店中经过全面的测试，并被证明成功以后，才能出售给受许人。特许人应在受许人开业之前和之后向其提供培训和连续的支持和协助，包括各种必要的服务以及广告和促销活动。受许人应为特许权、特许人的培训及其他服务支付首期特许费和后续的年金。受许人拥有其业务，在法律上与特许人相互独立，可以自由处置其业务。

3. 特许经营的本质特征。在特许经营中，特许人知识产权的总和即所谓的特许经营权。特许经营是以特许经营权的转让及运作为核心的一种经营方式。其本质可以从以下几个方面来理解。

（1）特许经营是利用自己的专有技术与其他人的资本相结合来扩大经营规模的一种商业发展模式。对特许人来说，特许经营是技术和品牌价值的扩张，而不是资本的扩张。

（2）特许经营是以经营管理权控制所有权的一种商业组织方式，受许人拥有加盟店的所有权和管理执行权，但不拥有管理决策权。管理决策权属于特许人。

（3）特许经营是一种双赢的商业模式。只有使特许人获得比直接经营更有效率的发展，使受许人获得比独立经营更多的利益，特许经营才能进行下去。

（4）特许经营是一种特殊交易。在特许经营中，进行交易的是一种特殊商品，它包括商标、专利和经营模式等。特许人和受许人签订特许经营合同后，即意味着双方长期交易的开始，在合同期限内，特许人和受许人要保持紧密持续的相互支持和配合。

（5）特许经营是一种智能型的商业组织形式。特许经营使特许人能够最充分地组合、利用自身的优势，并最大限度地吸纳广泛的社会资源；而受许人则降低了创业风险和时间、资金等创业成本。

4. 特许经营的基本原则。发展特许经营应该遵循以下几个基本原则。

（1）规范的原则。规范化管理是发展特许经营的基础。发展特许经营业务必须首先建立一整套法律规范和公司内部的管理规范，以保证整个体系的稳定和统一。

（2）开放的原则。发展特许经营应冲破行业、部门、区域、所有制等界限，建立开放的市场环境。这既是发展特许经营的前提条件，也是其发展的必然结果。

（3）互利的原则。特许经营能持续发展的内在动力是特许人和受许人的双赢。只有双方优势互补、平等互利、相互依存才能使双方的合作关系长期维持下去。如果单方有利或双方的权利义务关系失衡，必然会导致特许经营体系的瓦解。

（4）渐进的原则。发展特许经营必须具备一定的内外部条件。从社会角度来分析，应首先选择经营定位比较成熟、管理规范的行业，并优先考虑生产力发展水平较高的地区。从自身的角度分析，应按照有关特许经营的理论对自身进行分析和评估，有目标地逐步完善，从而获得发展，不能单纯为了经营规模扩张而盲目发展特许店。

案例链接

中华百货

中华百货可能不是广州销售业绩最好的百货公司，但供应商回款速度是所有百货公司中的第一名。能做到35天的回款速度，这在业内是基本上没有的。

面对电商的冲击，百货行业在当下及未来依旧会存在。在业内，很多百货公司最终的网商制度都是开玩笑，无论是广百百货还是王府井百货的网店建设都不规范。因为非专业的网商操作模式和实体零售商的操作模式完全是两回事，任何一个销售渠道在固有的时间段里都无法服务所有的人。所以中华百货还是要做好自己的体验和服务，主业这块不打算涉足网商。

百货应该建立了一个"三笑原则"：第一让顾客高兴；第二让供应商高兴；第三让员工高兴。在顾客这一块，要在忠诚度上多下功夫，一切服务都要为顾客着想。和很多零售百货的会员积分制不同，中华百货每积100分就是1块钱，无论积到多少钱，顾客随时都可以在百货里这消费，甚至可以在他们的联动商户消费，没有限制。百货里的婴儿哺乳室、VIP室等各方面的服务是网络销售无法替代的。

曾经国内服装品牌的制造商、品牌商以各自成本做了一个最高的分析和最低的分析。最低的分析其成本差不多达到70%，最高的分析达到120%，也就是说亏损了。百货公司不能明知道供应商很难做，还在他们身上抽血。供应商是百货公司的组成部分，一定要从各方面减少供应商的压力，在力所能及的范围内让供应商活得好一点，大家共同成长。目前，中华百货采取按比例抽取门店销售额的方式，不设置管理费和进场费。中华百货的供应商回款速度是所有百货公司的第一名。中华百货对采购部门管理很严，所有的品牌供应商有问题都可以直达总经理。

中华百货这种方式受到了供应商的大力支持。很多百货公司谈不下来的品牌，都愿意跟中华百货合作，很多品牌把中华百货的当成A级店，愿意支持百货新货，因为百货减少了他们的费用，供应商愿意把这部分费用给顾客，就算挣钱不多，也愿意在中华百货待下去。

（资料来源：中国营销传播网）

四、电子渠道

不断发展的科学技术已经和正在影响着分销渠道，特别是与计算机和互联网有关的技术，已经在服务渠道的设计和管理过程中起着相当重要的作用。基于互联网的网络商店已经存在于我们的日常生活之中，越来越多的网上交易意味着电子渠道的增长。

（一）电子分销渠道的定义

电子分销渠道可以定义为应用互联网提供可利用的产品和服务，以便使用计算机或者其他技术手段的目标市场通过电子手段进行和完成交易活动。电子渠道是唯一不需要直接人际交互的服务分销渠道，其功能对象是那些事先设计的服务（如信息发布、网上教育和娱乐），并通过电子媒介来进行服务的传递。已经越来越普及的电话、电视以及网络带给大众方便的同时，也带来了新的电子媒介销售方式，通过这些媒体，服务企业可以为消费者提供服务。这些服务可以是顾客需要的电影、音乐，银行和金融服务以及远程学习、电视电话会议等。

（二）电子分销渠道的特点

1. 电子渠道的优点。目前电子渠道仍然是服务分销中一种新的渠道模式，对电子渠道的了解和认识也处于不断深入中，通过分析研究可以知道电子渠道有如下几个优点。

（1）全球区域和范围。电子渠道以互联网为应用基础，这种方式能够使全世界任何拥有电脑并且能够上网的消费者通过网页来选择和购买产品和服务。

而从卖方的角度来看，这也意味着可以为同样广阔的地理区域和范围提供产品。即使是一个刚刚开张的小企业也可以在全球范围内寻找顾客。所以，从市场的需求和供给两方面来看，电子渠道能够使交易更加方便和快捷，而传统的分销渠道做不到这一点。

（2）顾客的便利性。利用电子渠道，顾客不必再受到服务供应商的限制，而可以根据自己的时间和地点来要求公司提供服务，电子商务正在改变人们购物的方式。许多在线交易的网站，比如阿里巴巴、淘宝网可以为顾客提供一周7天、一天24小时的网上订货。对于营销管理人员来说，电子渠道可以接近一个巨大的顾客群，这与传统的分销渠道是有较大差别的。

（3）顾客选择和定制化的能力。基于网络的电子渠道为顾客提供了更多选择的权利。例如，那些可以按照需求点播节目的网络电视用户，以及戴尔计算机为顾客提供的定制化服务。互联网允许供应商从一开始就接触顾客的需求，并根据顾客要求对服务进行设计。

（4）以数据为基础增强与客户的关系。以技术为基础的电子渠道能够使企业有效地瞄准大规模的目标市场，也可以瞄准小的细分市场。互联网能够让企业与顾客之间实现互动，并且针对特别的顾客需求开发出顾客定制的产品。互联网深层次的竞争优势还包括具有追踪浏览企业网页顾客的能力。这些顾客访问过网页的电子标记（Cookies），如果同顾客原先购买、登记或其他相关调查数据相联系，就能够成为非常有力的营销工具。例如，企业可以立即发现顾客对服务的评价，并在第一时间与顾客沟通以增进与顾客的关系。当然，这样建立顾客关系的前提必须是在仔细选择的基础之上，否则就会成为备受顾客抨击的垃圾邮件。

(5)降低成本。从理论上而言，电子渠道的应用可以降低分销成本，因为它比传统的分销渠道更有效率。举例来说，如果通过网络提供顾客所需的信息，能够比电视、杂志、报纸或者销售人员推销更为有效，那么相应的销售成本也就减少了。如果电子渠道能够使公司将存货集中于一个地方，也将降低加工以及运输的费用。

2. 电子渠道的缺点。电子渠道也有其不足之处，具体如下。

(1)缺乏与实际产品的接触。从理论上而言，几乎所有的产品和服务都可以通过网络来进行展示和销售，但在实际中却并非如此。相同的问题在传统的邮件订购渠道中也有体现，那就是说，顾客与产品和服务之间没有任何的实质接触——他们看不见、摸不着、感觉不到，更不可能试用通过电子渠道销售的产品。从另一个角度而言，很多顾客已经将在商店购物的体验当做是整个购物过程的一个部分，这种感觉是坐在电脑前体会不到的。另外，购买商品后立刻就能拿到手的享受和满足，也是电子渠道无法提供的。

(2)忽视顾客购物动机。1972 年，爱德华(Edward M. Tauber)在其所著的题为《人们为什么要购物》的经典论文中给出了一些相当深入的观察结果。他发现人们购物并不仅仅是为了买东西，更准确地说，买东西的欲望只是个人及社会一系列复杂购物动机的一部分。个人的购物动机包括：扮演购物者角色，从常规的日常生活中寻找乐趣，寻找自我满足，了解最新流行趋势，积累家庭以外的社会经验，和有相同兴趣的人群交流等。对于电子渠道而言，很难满足除了买东西以外的所有这些顾客需要。

(3)对于安全存在担心。采用电子渠道的一个重要问题是如何保护信息的安全性，尤其是顾客的个人和财务信息。许多顾客在网络上提供信用卡账户和密码时，仍然感到犹豫。这些问题可能损害顾客将互联网作为一个安全交易场所的信任。虽然现在已经有很多防止黑客侵入、保护系统安全的技术措施，但是许多仍然只是暂时的解决方法，网络安全有待于进一步的发展和改进。

第三节 服务分销渠道的设计与管理

服务分销渠道选择的主要依据是市场的特殊需求和服务本身的特性。服务企业决定采用哪种销售渠道通常根据顾客的需要，首先要进行市场调查，了解顾客的购买行为。

一、服务特征对服务渠道设计的影响

服务的无形性、不可分离性、差异性、易逝性等特征，对服务分销渠道的设计和选择有重要的影响。

(一)服务的无形性与服务传递

服务无形性使其比有形产品更加难以区分，这需要服务营销者更加具有想象力和创造力，提供更加便捷和快速的服务以获得竞争优势。认识到了服务的无形性，服务企业在设计分销渠道的时候，要突出顾客从不同的分销渠道所获得的特殊利益。例如，顾客

可以选择去航空公司售票点或者航空公司的中间商处购买机票,航空公司应当使顾客明白在这两种渠道购买时分别能得到哪些利益,这些利益有何区别。

(二)服务的不可分割性与服务传递

由于服务是不可能脱离服务的提供者而独立存在的,因此服务和服务分销渠道也是密不可分的,可以说服务渠道是服务质量的一部分。如顾客去银行存取款,无论顾客是通过柜台还是ATM机途径存取款,柜台服务人员的服务态度、等待时间、ATM机的可操作性等都将构成顾客对银行服务质量的评价。因此,服务企业更加应该关注分销渠道是否畅通、运作是否高效等问题。

(三)服务的差异性与服务传递

由于服务的提供与顾客满意取决于诸多因素的影响,服务企业想要提供质量如一的服务是比较困难的。事实也的确如此,在服务行业实现完全标准化是不现实的,但是服务企业可以通过最大限度的一致性来抵消顾客对服务的感知差异。例如,服务企业在授权特许经营时要求特许经营上建立完全相同的店面、服务流程、产品种类等。

(四)顾客参与与服务传递

大多数服务都需要顾客的参与,例如,理发、健身等服务,顾客必须参与其中。在这些有顾客参与的服务项目中,顾客参与越多,一般对服务的理解就越深刻,购后评价也越高。在服务分销渠道设计中,应该考虑促使顾客的参与和体验。例如,在理发过程中,理发师通过不断地与顾客沟通来了解顾客的想法,激发顾客说出自己的需要;同时理发店准备了明亮的镜子让顾客看到自己的头发如何被修剪及修剪后的样子。

(五)服务的易逝性与服务传递

由于没有售出的服务不能像有形产品一样被储存起来用于第二天的销售,因此服务分销渠道的设计要尽可能考虑将服务的供应者与顾客联系起来,也就是要最大限度向顾客展示和提供更多的服务。例如,航空公司除直接向顾客销售机票外,还借助代理商、电子渠道等多种方式向顾客销售。

二、影响服务分销渠道的其他因素

除了服务的特殊性之外,企业在选择分销渠道时还会受到许多其他因素的影响和制约。服务在做出销售渠道决策之前必须对下列几方面因素进行系统的分析和判断,才能做出合理的选择。

(一)市场因素

服务分销渠道的设计要受到市场规模大小、消费者购买频率高低、市场地理分布及对消费者不同营销方式的反应等因素的影响。在市场规模较大时,为了便于消费者购买,需要产品在市场上广泛分布并具有区域延伸性,因此应选择较长和较宽的销售渠道,以覆盖市场、广辟客源;对于较小的目标市场,企业最好采用较短的销售渠道或直接销售渠道。消费者购买产品的频率高意味着消费需求旺盛,企业的工作量相应增大,可以利用中间商通过间接销售渠道来完成营销工作;如果消费者不经常购买产品,企业可减少中间环节,采用短渠道或直接渠道。消费者地理位置相对集中,则企业渠道可短一些;否则,只有选择间接渠道。

(二)服务企业因素

服务企业因素指服务企业的资金能力、销售能力、可向中间商提供的服务水平等。如果企业资金雄厚,就可以较为自由地选择或建立渠道,可以自设销售点,也可以采用间接销售渠道;如果企业资金匮乏,则主要靠中间商来销售产品。企业若具有较强的销售能力、丰富的销售经验和优秀的销售人员,则宜选择直接销售渠道;反之,则需要借助中间商间接分销渠道。中间商也会希望产品的提供企业能提供广告、交易展示等方面的合作,为销售产品提供良好的条件。企业若能较好地满足中间商这方面的要求,中间商会乐于销售该企业的产品,这对采用间接销售渠道较为合适;如果企业做不到这一点,就最好自己直接销售。

(三)政策因素

服务企业在设计分销渠道时,必须符合国家有关法令政策的规定。

三、销售渠道设计的基本原则

销售渠道设计应遵循以下几个基本原则。

(一)畅通高效的原则

合理的销售渠道首先要符合畅通高效的原则,做到"物" 畅其流、经济高效。尽管服务产品是无形的,但销售渠道要保证信息、资金、使用权等的流通顺畅,并以流通时间、流通速度和流通费用来衡量销售效率。畅通高效的渠道应以消费者需求为导向,将服务尽快、尽好地通过最合理的销售渠道,以最优惠的价格送到消费者方便购买的地点。不仅要让消费者在适当的地点以适当的价格购买到适当的产品,还要努力保证销售渠道的经济效益,设法降低销售费用,节省销售成本,提高经济效益。

(二)适度覆盖的原则

企业在设计销售渠道时不能只考虑渠道成本、费用及产品流程,还要考虑销售渠道能否将产品销售出去,并保证一定的市场占有率。因此,单纯追求销售渠道成本的降低可能导致销售量的下降,市场覆盖率不足,只有在规模效应的基础上追求成本的节约才是可取的做法。当然,如果企业过度扩展分销网络,造成沟通和服务障碍,也会使销售渠道难以控制和管理。

(三)稳定可控的原则

设计和建立企业的销售渠道需要花费大量的人力、物力和财力。在销售渠道基本确定之后,企业一般不希望轻易地对它做出更改,如更改渠道成员、转化渠道模式。所以,必须保持销售渠道的相对稳定,这样才能进一步提高销售的经济效益。但是在销售渠道运作的过程中受到环境变化及各种因素的影响,销售渠道难免会出现一些问题,这就需要对销售渠道进行一定的调整,保持渠道的生命力和适应力,以适应市场的变化。

(四)协调平衡的原则

企业在设计销售渠道时考虑自身经济效益是理所当然的,但是如果为了追求自身利益最大化而忽视渠道成员的利益,可能会适得其反。因此,在渠道设计时应注意协调、平衡各成员之间的利益。企业对于渠道成员之间的合作、冲突和竞争要具备相应的控制和管理能力,有效地引导渠道成员之间进行良好的合作,鼓励成员之间进行良性的竞争,减少渠道摩擦和冲突，确保企业目标的实现。

（五）综合权衡的原则

销售渠道策略只是企业市场营销策略的一个方面。企业要在竞争中取胜，有时单一地依靠渠道策略难以奏效，而是应将渠道的设计与企业的其他策略，如产品策略、价格策略、促销策略结合起来，综合权衡、全面考虑，以发挥营销组合的作用。

四、服务渠道冲突及管理

渠道冲突是指某渠道成员意识到另一个渠道成员正在从事会损害、威胁其利益或者以牺牲其利益为代价获取稀缺资源的活动，从而引发他们之间的敌对或报复等行为。服务渠道作为一个系统也存在着冲突的现象。根据系统学的原理，和谐、高效的整体作用往往大于各部门的简单加总。服务渠道成员的合作所产生的整体渠道利益将高于各自为政的利益之和。通过合作，渠道成员能够更有效地了解目标市场，为其提供可靠的服务，满足顾客的需求。

（一）服务渠道冲突的种类

1. 渠道冲突按其作用的方向可分为垂直渠道冲突、水平渠道冲突和多渠道冲突。

（1）垂直渠道冲突指同一渠道中不同层次之间所产生的利害关系冲突。例如，日本大荣连锁商业集团就曾经与化妆品公司资生堂发生过激烈的冲突，在现实中这类冲突最为常见。

（2）水平渠道冲突是指存在于同一层次的成员公司之间的冲突。例如，麦当劳与肯德基就常发生这样的冲突，如果麦当劳在某一地区采取大规模的促销活动，则会与该地区的肯德基连锁快餐店发生正面冲突。

（3）多渠道的冲突产生于同一个企业下面的多个不同的渠道中。例如，李维·施特劳斯公司同意把牛仔裤在其正常的特约商店渠道之外再分销给西尔斯百货公司和彭尼公司后，引起特约商店的强烈不满。

2. 按渠道冲突的性质，可以将其划分为功能性冲突和病态性冲突。

（1）功能性冲突是指渠道成员把对抗作为消除渠道成员之间潜在的、有害的紧张气氛和病态动机的一种方法的冲突状态。这种冲突具有建设性，它能够创造良好的渠道成员之间的关系，在以下这三种情况下尤其如此：①渠道成员不认为中度的冲突会花费很高的成本；②不同的意见往往能够产生更好的见解；③渠道成员都具有积极的进取心，并且这种冲突不是非理性的、破坏性的。

（2）病态性冲突是指渠道成员之间敌对情绪和对抗行为超过了一定限度并因此对渠道关系和渠道绩效产生破坏性影响时的冲突状态。当冲突是以对手为中心时，它则会蜕变成蓄意破坏、损害或阻挠依赖关系中的另一方面的行为，也就产生了病态性冲突。病态性冲突产生的主要原因是渠道成员之间缺乏理解或者渠道中出现强制的官僚主义的渠道管理行为。病态性冲突对于渠道关系具有强烈的破坏性，会带来严重的消极后果。因此应该尽量避免其出现或者出现时能够快速解决。

3. 按渠道冲突产生的原因，可把冲突划分为竞争性冲突和非竞争性冲突。

（1）竞争性冲突是指两个或多个渠道成员在同类或相似的市场上竞争时发生的冲

突。例如,同一区域的超级市场与百货商店之间的竞争。

(2)非竞争性冲突是指渠道成员在目标、角色、政策和利润分配等方面存在不一致而引发的冲突。例如,加盟企业对服务企业总部的定价、采购等方面的不同意见引发的冲突。

(二)服务渠道冲突管理的策略

渠道中存在冲突是正常的,服务商必须正确面对它,如果对冲突置若罔闻,那么对于渠道成员之间的关系和渠道的健康发展都是有害的。因此,服务商应该着手解决渠道冲突。服务企业可以运用以下策略解决渠道冲突。

1. 运用渠道权力解决冲突。渠道权力一般有五种:奖赏权力、强制权力、专家权力、法定权力、参照与认同的权力。不同渠道成员之间的权力分布也是不均衡的,作为服务公司必须掌握改变渠道的权力,即掌握这五种权力,同时为了解决渠道冲突问题,服务企业还会运用权力。

例如,多渠道冲突可以通过合法权力来管理。当在一个区域内使用多个服务代理商时,就会导致很大的领域冲突,因为所有的代理商会争夺同一顾客资源。这时,服务企业显然拥有合法的权力来解决冲突,选择分销点的密集程度。解决在对现实理解方面的冲突时需要运用专家权力,通过积累的专业知识去解决冲突。例如,当麦肯锡咨询公司与其顾客发生冲突时,麦肯锡则会用其专业知识来向顾客解释它采取这种决策的依据。

2. 信息共享和公开。信息共享和公开是解决信息密集型渠道冲突的一种策略。信息密集型渠道冲突的最关键问题就在于信息不对称和不畅通,因此公开共享信息的方法不仅有利于分享信息的双方,而且有利于信息的接受者。许多服务公司都认识到了这一点的重要性,已经和其关系密切的渠道成员建立了共同的、彼此公开的计算机网络系统,做到了信息的真正意义上的共享和整合。另外,有的渠道把人员交换作为管理冲突的一种策略,他们彼此互相派驻人员,进行沟通,帮助对方解决问题。例如,沃尔玛公司和其供应商宝洁公司之间就进行人员的封闭式联络。这种方式存在着泄漏内部信息的可能,因此,这种交换必须有一定的指导,参与者带到自己组织中的是交互组织中对工作、人员、文化等的看法。同时,它有利于参与者获得与自己具有相同的职责、职业和兴趣的渠道相关者见面的机会。这些共同的职责成为具有组织外内容和组织内承诺的持久性关系的基础。

解决冲突的信息密集型的策略要涉及在解决冲突过程中公开的信息交换,交换信息就意味着某种控制力的丧失。因此,信息和合作就可能成为信息密集的冲突解决过程得以实施的条件。

3. 调节和仲裁。当渠道冲突表现为“零和博弈”即双方的利益和为零时,只有通过第三方的调解或仲裁才能够解决渠道冲突。一般渠道冲突的调解人会对情况有一个全新的看法,并且能发现“剧中人”所不能发现的问题。有效的调解可以澄清事实保持双方的接触,还能够加强渠道成员在目标之间的交流。仲裁是采取强制的或自愿的。强制性仲裁要求双方必须按法律规定服从第三方,由它做出最终的决定。

一般而言,应该尽可能地使用渠道权力或信息公开来解决渠道冲突,因为这样可以使渠道关系更长久,渠道成员的关系更加密切,更易于合作,更能提高效率。

本章小结

服务分销渠道是指服务产品从生产者手中传递到消费者或用户手中所经过的各分销机构连接起来形成的通道。它是服务产品分销活动的载体,起点是生产者,终点是消费者或用户,中间环节包括代理人、代销商、经纪人、经销商等。服务分销渠道可以提供方便的分销网络、发布有关产品的各种信息、协助咨询和购买并承担其他功能。一般来说服务分销往往通过直销渠道进行,但是服务也会经由中间商、特许经营和电子渠道进行,特别是电子渠道,最近几年已经成为服务分销渠道发展中越来越受到关注的热点问题。

服务的特点影响和决定了分销渠道设计中应考虑的因素,影响服务销售的渠道因素有:服务自身的特点、企业状况、市场现状及政策因素。服务渠道冲突是服务渠道管理中经常遇到的问题,可以运公用信息密集型策略、信息保护型策略、渠道权力来帮助管理和解决渠道冲突问题。

关键词

服务分销渠道　直销渠道　服务中间商　特许经营　电子渠道　渠道冲突　渠道管理

思考题

1. 服务分销渠道的含义是什么？它有哪些作用？
2. 服务分销渠道有哪些类型？说明其含义？
3. 服务分销渠道冲突有哪些类型？
4. 如何管理和解决服务渠道冲突？

案例分析

希尔顿酒店的分销渠道

受经济危机影响,愁云惨雾笼罩着全球的旅游业。然而,中国的在线旅游市场却逆流而上,呈现了快速增长。希尔顿酒店也非常重视其在中国的在线分销渠道。希尔顿酒店新版中文网站的推出,让中国的旅行者可以在该网站上输入中文,整个预订流程也可以用中文来完成。

线上分销渠道的重要性可能正变得越来越大。可是只有线上分销是不够的,还要保证所有分销渠道能共同发挥最佳的效果。

尽管无法左右消费者的消费习惯，但企业必须保证，不管消费者在什么地方进行消费，产品在价格和展示方面必须保持一致，并且易于消费者在其希望的分销渠道上进行交易。毋庸置疑的是，中国的在线分销市场将保持强大的发展势头，所以希尔顿也会持续关注这一领域。但也同时必须保证产品在其他细分市场和分销渠道上的展示也要执行得十分到位。

总体来说，希尔顿酒店已基本达到其最初的分销发展目标。首先，希尔顿酒店通过与行业中的分销合作伙伴签订一系列的合同，使酒店与其伙伴们朝着一致的目标前进；其次，希尔顿通过如开发 XML 技术等措施，加强了其中央预订系统跟合作伙伴的连接性能；再者，希尔顿酒店在其内部有一套完善的流程，以保证其与分销合作伙伴们的紧密联系，而且无论是在自身品牌网站 www. hilton. com，还是第三方分销平台的网站上，其品牌形象都能得到正确的展示。

在线旅行社有着不俗的表现。以携程为例，2015 年携程净营业收入为 109 亿元人民币(17 亿美元)，相比 2014 年增长 48%。携程 2015 年全年住宿预订营业收入为 46 亿元人民币(7. 13 亿万美元)，相比 2014 年增长 44%。

作为分销伙伴，在线旅行社弥补了酒店自身网站的不足，而且扩大了希尔顿的分销网络。在线旅行社可为消费者提供景点和酒店的更多信息，或许这些信息都是消费者没有提前考虑到的。如此可让新一代的旅行者在出门之前有更多的信息可供参考。

在线代理商也通过采取主动措施，刺激需求的增长。Expedia 旗下的艺龙也不甘示弱。该公司在 9 月份表示，其业务范围已覆盖了约 7 800 家酒店，而去年同期却只有大概 5 500 家。2009 年艺龙也与 hotels. com 合作，以增强对 hotels. cn 网站的支持。

酒店业也在想方设法开发潜在的手机应用市场。在美国和英国，希尔顿酒店已推出了专为用手机浏览而设计的网站。手机预订在逐渐被中国市场所广泛接受。中国毕竟属于最早采用手机技术的市场之一。

案例讨论：

1. 目前预订酒店有哪些途径？
2. 对比各种途径的差异。

第七章　服务促销

学习目标
Learning Objectives

1. 理解服务促销组合的含义
2. 掌握服务广告的应用
3. 了解服务人员推销的特点和原则
4. 掌握服务营业推广的方式和特点
5. 掌握服务公共关系的特点和应用

引导案例

中国“全域旅游”发展先锋——杭州

在中国,有没有这样一个城市,这个城市不以景区景点作为亮点,它是一个没有景点的旅游城市,但是这个城市处处可游玩,整个城市就是一个风景区呢?

也许这样的一个地方就是杭州。说杭州是全域旅游发展先锋,并非言过其实。“全域旅游”这个理念,实际上浙江省10年前就在倡导,杭州还要更早一些。杭州很早就提出要实现“全城旅游”,这也就是全域旅游的概念。

如今外地游客来杭州,可以住进民宿,吃最本土的杭帮菜肴,租骑一辆公共自行车绕着西湖转,一张门票都不用购买。而且西湖边的路牌、公厕、智慧旅游服务亭等都有中文和英文标识或讲解。在杭州除了处处可赏景,还可参与独具中国特色的太极拳、书法、茶道、陶艺等体验活动。过马路时,所有的车辆还都能礼让行人。

消费体验更好,产业链条更长,供给方式更新。这些令游客称赞的变化,归功于杭州市坚持推行多年的“还湖于民”政策和“旅游国际化”的实施,体现了浙江省探索推进全域旅游发展的成果。

杭州在推进“旅游国际化”的策略上,做了以下几件事:

(1)“还湖于民”。西湖不打通,很难说这个湖是老百姓的;把湖还给居民与游客共享,可以实现让居民与游客有机融合,让老百姓的生活常态化,让游客的旅游生活化。

(2)不收门票。西湖边上大概有十多处景点,过去都是收门票的;早在2003年的时候,西湖景区在全国率先实行免门票,至今已经十多年了。现在杭州西湖大概有71个旅游景点,73%的景点都实现免门票,平时这座城市属于杭州市民,节假日、黄金周外来游客大量进入,这座城市又属于国内外游客。

杭州没有因为免受门票而拖累旅游经济的发展，通过数据跟踪发现，免掉1块钱的门票，大概带动了7块钱的综合消费。极大拉升了旅游经济的发展。

因为过去收门票，不管是市民，还是游客，进西湖大多是自带干粮、方便面、矿泉水、饼干等，累了饿了渴了就在里面找个地方，铺块塑料布，或者干脆席地而坐开始吃喝。现在基本上看不到那种景象，商业业态设计丰富，应有尽有，大家还是希望能有个干净、整洁的场所用餐。当然，更关键的是，现在的游客比10年前更有钱，消费观念和品味不可同日而语。

(3)规划设计杭州的夜生活，推出夜游品牌——文化演艺。丰富夜游产品和夜间消费商业，让游客留下来，有更多的消费体验。同时推出了《印象·西湖》实影剧，加上歌舞剧《宋城千古情》，构成了杭州夜游的两大核心品牌，提升了游客留在杭州过夜的吸引力。除了《宋城千古情》和《印象·西湖》，围绕西湖还设计了很多小型的文化演艺，比如东坡剧院的滑稽剧等。

设计夜游项目规划的时候，分成三个时间段。首先是看演出，这是留住游客的一个很好的理由，看完演出大概才9点多，夜未央，人游兴还未尽，那怎么办？男生去"酒吧街"，女生去"女装街"。杭州是一个"女装之都"，比如"三彩""秋水伊人""喜得宝""江南布衣"等，大概有20多个全国知名女装品牌，所以，设计者打造了一条"女装 街"，很受女性游客的青睐。逛完了酒吧街、女装街，大概晚上11点左右，累了就回酒店，还想玩的游客怎么办？还有KTV、足疗康体、影院等项目。

(4)推广"全域旅游"，打造慢生活体验。做推广宣传，引导更多旅游者到杭州来放慢脚步体验慢生活。当时提出这样的一句口号："走得太快了，灵魂跟不上脚步"，杭州西湖景区不收门票，你不要那么急着进去，也不要急着出来，放慢脚步以后好好游玩。

游客一慢下来，游历的时间就拉长了，自然会产生更多的消费。这也更加坚定了杭州做全域旅游的信心，西湖就成了一个没有围墙、全域开放的休闲旅游度假区。

(5)打造"东方文化"与"东方审美"。当初规划时，杭州请了很多外国专家来考察研讨，他们认为杭州表现出来最大的文化差异性就是"东方文化"和"东方审美"，这是中国文明对他们的一种感召力。

比如一些老字号的中医药文化，"胡庆余堂""方回春堂""天禄堂"等百年老字号中医药文化，老外感到古老而神奇，店铺里那么高大的一面墙上装很多小抽屉，打开一个小抽屉，从里面抓一点花花草草出来，说能够治百病。一根银针扎入肌肤，立马神清气爽，所以他们觉得中国文化特别神奇。

其实，这也是一种文化差异，文化的差距越大，产生的吸引力越大。这个启发让规划者对城市要素资源转化成旅游产品，以及对全域旅游的资源观有了更深的认知。于是他们把对外国人有吸引力的中医药馆、农贸市场、居民社区都包装成社会资源参观点，向外国游客开放，创新了景区景点的外延。

全域旅游,不一定要去人为地"打造"很多高大上的项目,设计很多看起来很美的产品,往往当地最原生态的要素、最本真的生活状态,或许正是游客最想要的一种差异化体现。

(6)"杭帮菜"美食的创新与推广。在美食、餐饮这块,杭州这些年也做出了一些贡献,比如"杭帮菜",这也是杭州一大发明,其实原来"八大菜系"里是没有"杭帮菜"的,但杭州就是这样,它会主动做一些创新的东西,通过博采众长、本土化改良,做出自己的品牌。

粗菜细作,装修考究,价格便宜,味道又好,这是"杭帮菜"的特点。现在很多杭帮菜品牌已经全国连锁,并走向海外了,也算是杭州的自主创新品牌输出。

杭州的全域旅游发展是一个不断探索、不断积累的过程。在这个过程中,实现了三大效应:主客共享、城旅共融和城市美誉度的提升。

第一节　服务促销与服务促销组合

一、服务促销

(一)服务促销的含义

服务促销指服务企业采用人员或非人员推销的方式,向目标顾客传递服务的存在及其性能、特征等信息,帮助消费者认识服务带给他们的利益,从而引起消费者的兴趣,激发消费者的购买欲望及购买行为的活动。很少有企业只采取一种促销方式,如只靠人员销售或者只靠广告来进行沟通,一般都要同时将几种方式相互结合,服务促销也称之为服务"促销组合"(Communications Mix)。

从本质上来说,服务促销是一种说服和沟通活动。同时服务促销所面对的对象也不仅限于消费者,还可以用来激励服务企业员工和刺激服务分销的中间商。

服务促销的沟通功能主要有三个:告知、说服和提醒。"告知"功能是指服务企业通过促销传达下列信息:某项服务存在,或者在哪里及什么时候可以得到该服务,该服务可以为顾客带来哪些具体的利益,以及如何使用该服务等问题。"说服"功能则是列举顾客为什么应该选择该企业的服务而不是选择竞争企业或竞争品牌的服务。"提醒"功能是提醒顾客购买某项特定的服务,特别是当此项服务只在特定的时间内提供时,一般应用在服务产品生命周期的成熟期或者衰退期。

(二)服务促销目标

服务促销的基本目标是:建立对该服务产品及企业的认知和兴趣;塑造服务企业和产品与竞争者的差异;沟通并描述所提供的服务项目的利益;建立并维持服务企业的整体形象和信誉;说服顾客购买或使用该服务产品。

一般来说,这些服务促销目标会根据面对对象的不同,在促销过程中有不同的侧重点,表7-1是对服务促销目标的具体描述。

表7-1 服务促销的目标

促销对象	具体目标
顾客目标	增进对新服务和现有服务的认识 鼓励试用服务 鼓励非用户参加服务展示或试用现有服务 说服已有顾客继续购买或增加购买频率 改变顾客需求服务的时间 沟通服务的区别利益 加强服务广告的效果,吸引群众注意 获得服务可在何时、何地、如何被购买和使用的市场信息 鼓励顾客以身试法与服务递送的互动方式
中间商目标	说服中间商递送新服务 说服现有中间商努力促销销售更多服务 防止中间商在销售场所与顾客谈判价格
竞争者目标	对一个或多个竞争者发起短期攻势或进行防御

二、服务促销沟通过程

服务促销沟通过程是指提供服务的机构要通过一切可能的手段与顾客及潜在顾客进行沟通。这个沟通过程见图7-1。

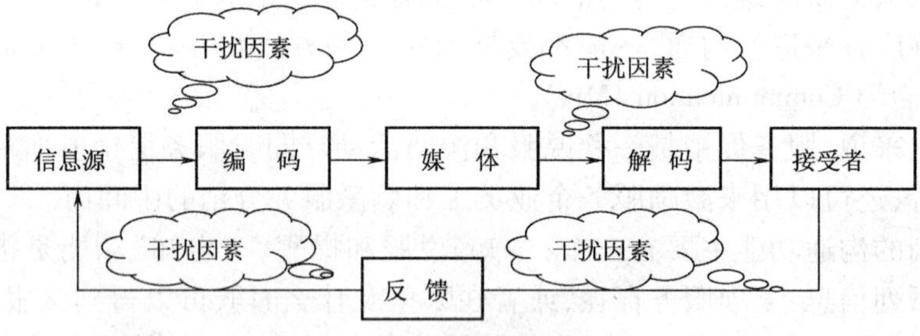

图7-1 服务促销沟通过程

(一)信息源

信息源是信息的发出者,是意欲沟通者。在服务领域,来源至少有两个特点:一是具有可信性。如果信息是真实的,就容易被接收者所接受。二是具有吸引力。来源越具有吸引力,信息就越具有说服力。

(二)编码

要传输一种概念,一个想法,信息源就要把它转换成一种编码,即一个象征、一种言语、一些声音。为了使沟通奏效,需要把概念翻译成接收者所熟悉的符号。对于服务来说,鉴于其不可触知性,这是很困难的。而且,很多词汇是多义的,要避免产生误会。

（三）媒体

要沟通就需要有渠道，需要有什么人或者什么工具来传播信息，这些人或工具就是媒体，如广播、电视、报刊等。一个服务销售者要向潜在的购买者传输很多信息，而且是复杂的信息，广播、电视和报刊各有利弊。

（四）解码

接收者要把得到的信息编码转换成自己的概念，解码的前提是接收者与信息源对编码有着同样的理解，才能使信息沟通达到预期目的。但是，有时会出现信息源使用的编码与接收者的解码不同的现象。

（五）接收者

信息接收者可以是个人，也可以是一群人，还可以是机构，他们是沟通的主角，凭借自己的经验和知识对该信息进行解码。在整个的沟通过程中，信息源要解决的关键问题是明确信息的接收者，即沟通信息是发给谁的？接收者的选择主要取决于企业的营销战略，还取决于企业要说什么、如何说、何时说、谁来说等。

（六）反馈

反馈是信息接收者向信息源发出的信息，这时原信息接收者成了反馈信息的来源，原信息源成了反馈的接收者，反馈信息同样需要经过编码和解码过程。反馈可能是当即做出的，也可能更迟一些。如果反馈不理想，就说明沟通过程中有什么环节出现了问题，如解码不是按照预料进行的，或者沟通方式不适合接收者，这就需要对沟通作出改变。

（七）干扰因素

在服务企业所要宣传的和潜在购买者所理解的信息之间，经常有难以完全排除的干扰因素。与有形产品相比，服务宣传沟通的干扰更大、更多，提供服务的机构很难排除这些干扰。干扰因素有以下两类。

1. 社会因素。很多消费者有自己的“参照群体”，这些群体有自己的评估态度和标准，有些人是群体的正式成员，有些人是群体的积极追随者，这会影响到消费者对服务的购买态度。

2. 个性特征和个人经验。消费者在作购买决策时，要对接收到的信息进行筛选，由于受到的外部刺激很多，只能选择自己感兴趣的或者是凭借过去经验认为是重要的服务。性格和经验会影响他们对信息的理解，对于同一个信息，不同的人就会作出不同的理解。

三、服务促销沟通的方式

选择一种合适的沟通方式是沟通成功的关键，尤其是对服务来说。例如，一家餐厅选择的细分市场是非年轻的消费者，由于沟通方式的失误，使沟通信息被年轻的与非年轻的消费者统统接受了，结果是餐厅里同时存在两种顾客群：一种是目标顾客群，另一种是被错误的沟通宣传所吸引来的人，两种人同时存在的结果可能是任何一种都不会当“回头客”。

(一)AIDA 模式

AIDA 模式是一种最简单的沟通方式。该沟通模式的步骤是:A 为 Attention,即引起注意;I 为 Interest,即诱发兴趣;D 为 Desire,即刺激欲望;最后一个字母 A 为 Action,即促成购买。

1. 引起顾客的注意。引起顾客的注意要做到以下几点。

(1)说好第一句话。

(2)把顾客的利益和问题放在第一位。

(3)保持与顾客的目光接触。眼睛看着对方讲话不只是一种礼貌,也是成功的条件,让顾客从你的眼里感到真诚、尊重和信任。

2. 唤起顾客的兴趣。唤起顾客兴趣的最好方法是示范。示范是通过产品功能、性质、特点的展示及使用效果的示范表演等让顾客看到购买后所能获得的好处和利益。

3. 激发顾客的购买欲望。激发顾客的购买欲望应该做到建立与顾客对推销的信任度,强化感情,因为顾客的购买欲望多来自感情。服务促销应多方诱导顾客的购买欲望,并充分说明顾客应购买的理由。

4. 促使顾客采取购买行动。要促使顾客购买服务产品,必须满足几个条件:①顾客必须完全了解你的产品及价值;②顾客必须信赖推销员及其所代表的公司;③顾客必须有购买欲望;④要争取圆满结束洽谈;⑤要了解清楚谁有购买决策权。

(二)整合营销沟通方式

整合营销沟通是指对服务企业的产品追求一种专一的市场定位理念,它依赖计划、协调和整合企业的所有沟通工作来实现。由于营销是不可触知的服务,这就迫使服务企业思考如何克服模糊性。手段之一是借助服务企业的每一个接触点来营造连续统一的形象,依据企业整合营销的总体性规定来利用好可控制的每一种沟通工具,以便保证企业持续统一地追求其服务的明确定位。员工的外貌和举止、服务特色、服务表现的前台特征、服务名称及所有的促销工具,都需要反映出统一的市场定位。

四、影响服务促销沟通方式的因素

(一)接收者寻求的好处

个人或机构购买服务的目的是不同的,如找一家快递公司邮寄一些文件,顾客是希望在 24 小时之内还是在 3 天之内送达收件人?针对不同利益要求,沟通方法不同。

(二)使用服务的频率

这一因素是指沟通是针对一个习惯性使用服务的潜在购买者,还是针对一个偶尔购买服务的人或机构,或者是以前从来没有购买过的人或机构。

(三)谁决定购买

决定购买的人不一定是服务的使用者,例如预订机票的可能是采购部、后勤部、经理办公室或总务部而不一定是旅客本人,要针对不同的决策者使用不同的沟通方式。

(四)感受的风险程度

购买之前、最初购买实践后、反复购买后所感受的风险是不同的,革新派与保守派感受的风险也是不同的,为了使促销能够奏效,要先评估接收者所感受的风险到底有哪些,如果感受的风险很大,沟通宣传就要通过一定的方法,采取措施,降低感受风险。

五、服务促销组合管理

(一)服务促销组合的各种方式

服务促销的基本方式有以下四种:服务广告、服务人员推销、服务营业推广和服务公共关系。

1. 服务广告。服务广告可以及时将服务企业或服务产品信息传递给消费者,对吸引顾客注意力和刺激购买的作用不容忽视,特别是在当今多种广告媒体并存的情况下。

2. 服务人员推销。服务人员推销可以使购买者与销售者直接接触,提供双向沟通。由于服务业非常强调互动性,注重销售人员与顾客的频繁接触,另外,服务越复杂就越需要提供准确的信息,回答顾客的各种问题,帮助顾客制定可能的方案。因此,对服务行业来说,人员销售的沟通作用最为重要,促销效果也非常明显。同时,随着服务个性化的发展,人员推销还是刺激服务购买的最佳手段,这种趋势正在不断加强。

3. 服务营业推广。营业推广可以在有限期间内刺激购买、扩大销售,向顾客提供更高价值的服务。

4. 服务公共关系。公共关系则使广大公众在心理上感到购买服务的好处,虽然不直接产生利润,但对服务企业尤其重要。

(二)服务促销应遵循的原则

虽然服务产品与有形产品在促销上有许多相似之处,但是,由于服务本身的特征,服务促销的特殊性是不容忽视的。服务企业在进行促销时,一般应遵循下列原则。

1. 注重展示有形服务。服务的无形性特征增加了顾客购买行为的感受风险,因此服务宣传策略应当为服务提供有形的线索,以消除顾客的疑虑,增强顾客对服务产品的青睐、信任和品牌忠诚。一般而言,企业可以能动地通过服务环境、品牌标记、员工形象和业务信息等有形展示,让顾客抓住服务的有形线索。

2. 注重树立企业形象。消费者态度是影响购买决策的关键,消费者在购买非实体性的服务时,往往是凭借对服务提供者的主观印象进行决策的,服务提供者的形象与声望是不少消费者选择服务的依据。企业形象越好、声誉越高,顾客就越认同其服务水平,对其就越有信心。

3. 注重宣传服务利益。宣传服务给顾客带来的好处比宣传服务形式、特征更有效。与购买有形商品一样,顾客在购买服务时,都有其动机和需求,但不同顾客关注的欲求是不同的,若能满足这种"个人关注的欲求",就会形成与竞争对手的差异,因为服务的购买者更在意其所寻求的利益是否得到了满足。

4. 注意宣传服务理念。服务促销虽然能吸引其他服务品牌的顾客,但很难形成顾客的品牌忠诚,没有适当的服务理论、服务质量作支撑,促销吸引的新顾客又会成为竞争对手促销手段的吸引对象。

(三)选择促销组合的标准

服务企业在促销组合决策中,要解决的一个关键问题是:用什么标准选择哪几种促销方式进行组合。如果确定了某一种促销组合,随着时间的变化和外部条件的变化,组合方式也要随之变化，这时同样会出现上述问题。

促销组合的选择取决于诸多因素，包括预期的目的、服务的性质、顾客的特征、投入的资源、服务的生命周期、竞争对手的策略、法律和道德等。

1. 预期的目的。促销预期的目的是否与服务整体的目标一致？促销对消费者、中间商和顾客是否有吸引力？如果企业的目的是推出一种新服务或者更新信息，就要面对广大接收者，那么最有效的促销形式就是广告。

2. 服务的性质。服务是针对机构的还是针对个人消费者的？服务是营利的还是非营利的？服务是简单的还是复杂的？不同的服务性质应选用不同的促销方式。针对个人的、简单的服务可以采用广告作为促销手段，针对机构的、复杂的服务可以采用服务人员推销的方式促销。

3. 顾客的特征。选择促销方式时要考虑服务的对象是谁、收入多少、是否经常购买、决策权在谁手上、集中在某个地区还是较为分散。对不经常购买、收入较低的消费者顾客，可以采用营业推广的方式促销；而对顾客集中、购买批量大的情况，可以采用上门推销的方式促销。

4. 投入的资源。促销方式的选择还取决于企业具备的或意欲投入的资源。人员推销要求服务企业必须具备必要的人力资源；营业推广及具体采用哪种营业推广手段则与企业的财务资源、营销资源密切相关。公共关系尽管投入不高，但要求企业具备专业的公关人员。

5. 服务的生命周期。新服务的推出阶段与服务进入成熟阶段的促销方法不同。新服务推出时，往往采用广告和人员推销的方式进行促销；随着服务进入成长期和成熟期，营业推广和公共关系也是服务企业的有力促销手段。

6. 竞争对手的策略。促销方式的选择也经常受竞争对手的战略的制约。例如，竞争性服务是否也在使用这种促销方式？竞争者对此促销作出反应的速度有多快？服务企业应结合竞争战略来确定服务促销组合。

7. 法律和道德。在设计和使用不同类型的促销方式时，还要考虑是否有法律或道德上的约束，在全国范围内是否存在相关法律规定或者在某些地区是否存在限制。现实中服务的促销要慎重选择。

第二节 服务广告

一、服务广告的含义

服务广告是服务企业以付费的方式借助媒体将服务产品或企业信息传递给消费者，争取消费者对企业和产品的认同和好感，并进一步激发其购买行为的一种促销方式。相对于其他促销方式来说，服务广告的宣传面更广泛，并且由于经过精心设计，可以使企业或服务产品的特征更容易被消费者了解和记忆。

二、服务广告的任务

一般来说，服务广告应当完成如下任务。

（一）在顾客心目中创造公司形象

服务广告应当说明公司的经营状况和各种活动，明确本公司服务的特征或特别之处，宣传公司服务及价值等。

（二）建立顾客对公司的认同

服务广告应当促使顾客对公司文化及服务项目了解，并形成良好印象，努力促使顾客形成对公司的偏爱等正面态度。

（三）指导公司员工正确对待顾客

服务广告的诉求对象不仅是外部顾客，同时也应当针对内部员工。服务广告通过宣传和表达公司文化和价值观，希望赢得员工的支持并使其配合公司的营销努力。

（四）有助于业务代表顺利开展工作

服务广告可以成为服务企业业务代表工作的有力支撑。服务企业通过事先向顾客宣传企业和产品信息，能够有力支持服务销售人员即业务代表的销售工作。

三、服务广告的指导原则

对无形的服务产品做广告与对有形物品做广告具有很大的不同。基于服务的一般特征，市场营销专家提出了服务广告的原则。在服务广告方面首先要认识到服务是行为而不是物体。因此，广告就不只是鼓励消费者购买服务，而应把雇员当做第二受众，激励他们提供高质量的服务。因此，为了达到这个目的，服务企业在做广告时要使用自己公司的雇员，而不使用模特。同时还应该提供一些有形的线索来表现服务的无形特征——不只是展示员工，还展示物质设施，如提供服务的场所。

服务广告的指导原则有如下几项。

（一）强调服务利益

能引起注意的与有影响力的服务广告宣传方法，应该强调服务的利益而不是强调一些技术性细节。强调利益才符合市场营销观念，也与满足顾客需要有关。不过所强调的利益应和顾客寻求的利益一致。因此，广告中所使用的利益诉求，必须建立在充分明确了解顾客需要的基础上，才能确保广告最有利的影响效果。

（二）使用明确的信息

服务广告的最大难题，在于以简单的文字和图形，传达所提供服务的领域、深度、质量和水准。有些服务广告可以使用图像或符号来协助传递信息，但另外一些则必须更详尽地解释其服务，这样做的结果仍然可能因为冗长的广告而影响广告效果，同时也会增加成本。因此，服务广告必须解决的问题是：如何创造出简明精炼的广告语和广告形象，贴切地把握服务产品内涵的丰富性和多样性。

（三）只能承诺可提供和顾客能得到的

使用服务可获得的利益的承诺应当务实，而不应提出让顾客过度期望而公司又无力达到的承诺。服务企业必须实现广告中的诺言，这方面对于劳动密集型服务业而言比较麻烦。因为这类服务业的服务表现，往往因服务传递者的不同而各异。所以，有必要使用一种可以确保表现一致性的最低标准的方法。对不可能完成或维持的服务标准所做的承诺，往往造成对员工不当的压力。最好的方法是，只保护“最起码的服务标准”，如果能做得比该标准更好,顾客通常会更加高兴。

(四)对服务企业的员工做广告

服务企业的员工很重要,尤其是在劳动密集程度很高的服务业以及必须由员工与顾客互相配合才能满足顾客需求的服务业更是如此。因此,服务业的员工也是服务广告的潜在对象。

(五)在服务生产过程中争取并维持顾客的合作

在服务广告中,营销者通常面临两项挑战:一是如何争取并维持顾客对该服务的购买;二是如何在服务生产过程中获取并保持顾客的配合和合作。这两项挑战产生的原因是由于服务业的顾客本身在服务的生产和表现中,扮演相当积极的角色。因此,构思巧妙、周密的广告应能针对服务生产过程争取和维持顾客的配合和合作。

(六)建立口传沟通

口传沟通是一项市场营销者所不能支配的资源,对于服务企业及服务产品的购买选择有较大影响,服务广告必须努力进行这一沟通,可使用的具体方法有:说服满意的顾客让其他的人也都知道他们的满意;制作一些资料供顾客转送给非顾客群;针对意见领袖进行直接广告宣传活动;激励潜在顾客去找现有的顾客谈谈。

(七)提供有形线索

服务广告者应该尽可能使用有形线索作为提示,这样能增强促销的效果。这种较为具体的沟通展示或呈现可以变为非实体性的化身或隐语。知名的任务和物体(如建筑、飞机),经常可以用来为服务提供其本身无法提出的"有形的展示"。

(八)发展广告的连续性

服务企业可以通过在广告中持续连贯地使用象征、主题、造型或形象,以克服服务业的两大不利之处,即非实体性和服务产品的差异化。在一项对于服务企业使用的各种广告主题的研究调查中发现,有些主题最为突出,即效率、进步、身份、威望、重要性和友谊。

(九)解除购买后的疑虑

产品和服务的消费者,经常都会对购买行为的合理性产生事后的疑虑。因此在服务营销中,必须对向买主保证其购买选择的合理性方面下更多的工夫,并且鼓励顾客将服务购买和使用后的利益,转告给其他的人。广告也是达到这一目的的一种手段。

四、服务广告媒体选择

(一)服务广告媒体决策

服务广告媒体的一般类型有:报纸、杂志、广播、电视、互联网等。在进行服务广告媒体决策时必须注意,这些媒体不仅具有不同的特点,同时传播效力和收费也不相同。

通过表 7-2 可以了解各主要媒体类型的优点与局限性。

7-2 各主要媒体类型的优点与局限性

媒体类型	优 点	局限性
报纸	灵活、及时,本地市场覆盖面大,可信度较高,能被广泛接受	保存性差,复制质量低,传阅者少

续表

媒体类型	优 点	局限性
杂志	地理、人口可选性强,可信并具有一定权威性,复制率高,保存期长,传阅者少	有些发行量无效,版面无法保证
电视	综合试听和动作,富有感染力,能引起高度注意,触及面广	成本高,干扰多,瞬间即逝,受众选择性差
广播	大众化宣传,地理和人口选择性较强,成本低	只有声音,缺乏图形和色彩,非规范化收费结构,展示瞬间即逝
直邮媒体	接受者有选择性,同一媒体中没有广告竞争,人情味较浓	相对来说成本较高,可能造成滥发
户外媒体	灵活,展露时间长,费用较低,竞争性较低	受众缺乏选择,创新性不强
互联网	无处不在,双向沟通,互动性强	受技术影响较大

(二)媒体选择应考虑的因素

不同的广告媒体,对服务企业广告沟通效果的影响很大,因此,选择服务广告媒体,就成为服务广告决策的一项重要工作。服务广告选择媒体一般需要考虑下列因素。

1. 服务特征。不同的服务应当选择不同的广告媒体。大众服务项目如搬家、家电维修等可以选择报纸、电视、广播等媒体做广告;专业性强的服务项目则不适宜选择大众媒体,而应当选择专业杂志等做广告。

2. 顾客购买习惯。不同服务项目有其特定的目标顾客,而这些目标顾客也往往有着独特的生活习惯和购买习惯,他们的生活习惯决定了其所接触的广告媒体类型,服务企业应当选择目标顾客接触最频繁的广告媒体,以增加消费者接触服务广告的机会。

3. 媒体因素。媒体因素是指服务广告在选择媒体时应当考虑媒体的传播范围、发行量、信誉、频率和覆盖区域。比如,考虑服务范围与广告媒体传播范围的一致性、媒体信誉和服务形象的一致性等。

4. 广告成本。不同媒体的广告效果不同,其广告成本也不同。企业要结合自身财力来选择广告媒体,同时还必须决定如何对各类媒体分配广告费用预算以达到广告宣传效果的最大化。

第三节 服务人员推销

一、服务人员推销的概念

服务人员推销是指服务企业通过派出销售人员与一个或一个以上可能成为购买者的人交谈,作口头陈述,以推销服务产品,促进和扩大销售。也就是服务销售人员帮助和说服购买者购买某种服务的促销过程。

由于服务是由人而不是由机器所提供的,大量的服务行业都包括服务提供者和顾客之间的相互作用,人是服务产品的一部分,因此,人员推销在服务中起着很重要的作用。

服务人员推销是一项专业性很强的工作,是一种互惠互利的推销活动,它必须同时满足买卖双方的不同需求,解决各自不同的问题,而不能只注意片面的产品推销。尽管买卖双方的交易目的大不相同,但总可以达成一些双方都可以接受的协议。人员推销不仅是卖的过程,而且是买的过程,即帮助顾客购买的过程。推销员只有将推销工作理解为顾客的购买工作,才能使推销工作进行得卓有成效,达到双方满意的目的。为顾客服务,不仅是推销员的愿望和口号,而且也是人员推销本身的客观要求。换句话说,人员推销不是推销服务本身,而是推销服务的使用价值和实际利益;顾客不是购买服务本身,而是购买某种需要的满足;推销员不是推销单纯的服务,而是推销一种可以解决某些问题的答案。能否成功地将服务项目解释为顾客需要的满足、能否成功地将服务解释为解决顾客问题的答案,是保证推销效果的关键因素。因此,推销员应该说的是"服务将使顾客的生活变得如何好",而不是"推销品本身如何好"。此外,应认识到的是,服务人员推销是一种专业性和技术性很强的工作,它要求推销人员具备良好的政治素质、业务素质和心理素质,以及吃苦耐劳、坚韧不拔的工作精神和毅力。

一般而言,服务人员推销的基本要素为服务推销人员、所推销的服务项目、推销对象。

二、服务人员推销的特点

(一)服务人员推销的优势

1. 更有针对性和灵活性。在与潜在购买者的接触中可发现他们专门的需要和存在的问题,能更有针对性地传达服务特点和效用,收集反馈信息,结合顾客需求对服务进行必要调整。

2. 可以面对复杂的问题。例如,对专业咨询公司来说,广告传单根本说不清企业提供的服务,通过人员推销则可以深入回答顾客的要求、解决顾客的问题,并可以提出合理化建议。

3. 有利于发展与顾客的长期关系。与顾客的紧密接触过程提供了建立服务销售者与顾客之间良好个人关系的极好机会,可使双方互相满足,有利于强化顾客忠诚。

4. 通过探讨问题,扩大了成交的可能,也提供了交叉销售其他服务的机会。

(二)服务人员推销的弊端

人员推销的弊端是劳动力成本高。如果按信息覆盖的单位成本来衡量,这是最昂贵的宣传手段,但其很高的针对性和成功率会使单位促销成本因销售的扩大而摊薄。另外,人员推销还存在推销人员缺乏培训以及消费者抵制推销等问题。

总之,销售者与购买者面对面的接触是十分重要的,当需要按照潜在购买者的需求调整服务时,当服务处于生命周期的成熟或衰落阶段时,当企业采取"推"的战略时,通过人员销售是非常必要的。当然,如果和其他促销方式(特别是广告和营业推广)相互结合使用,还能进一步提高效益。

三、服务人员推销的原则

服务营销中人员推销的作用已经得到普遍认可,因此,服务人员推销已经越来越成为服务营销中一个最受重视的因素。服务人员推销应当遵循以下原则。

（一）发展与顾客的个人关系

由于服务产品的特殊性，使得服务人员和顾客之间的良好接触成为影响顾客满意的重要因素，因此，建立和发展与顾客之间良好的个人关系就成为服务销售的最佳选择。

（二）采取专业化导向

服务企业应努力使顾客相信卖主有能力提供专业化的服务，即卖主必须是该服务领域的专家才能让顾客放心消费服务。因此，服务提供方的外表、动作、言行举止都必须符合顾客心目中一个专业人员应具备的标准。

（三）利用间接销售

间接销售是通过别人的宣传介绍进行销售。服务企业应充分利用间接销售，具体来说其内容包括：推广和销售相关产品和服务，如航空公司销售假日旅游服务项目，银行销售保险理财项目等；利用意见领袖以增加间接销售，服务营销中应当借助名人、专业人士或其他有影响力人士促进间接销售。

（四）建立并维持良好的形象

服务推销人员对服务企业的专业形象有很大影响，顾客往往会从服务企业的推销员那里判断该公司服务质量的优劣。服务推销人员的推销态度、利益、效率和销售技巧，都会影响公司及其产品形象。当然，其他促销方式（如广告和公关），同样会对公司良好形象起到推波助澜的作用。

四、服务人员推销与其他促销方式的结合

在营销实际中，服务人员推销如能与其他促销方式结合运用，则可以进一步提高促销效果。

（一）服务人员推销与服务广告结合

在服务促销中，服务广告可以使潜在顾客了解服务并产生兴趣，但仍需要依靠服务人员来完成购买过程，这种综合运用对新服务项目的推出特别有效。

服务广告的信息面宽，针对广告接受者，所需的宣传时间也比较短，而要引导潜在顾客购买，直接的当面接触是必不可少的。服务推销人员与顾客当面接触可以解释服务的特点和服务能带来的实际利益，收集反馈信息，按照顾客的需求对服务项目和内容作必要的调整等，此时，服务人员推销与服务广告的联合恰好能满足服务销售的规律。因此，根据所需求的目标，这两种方法各有适宜，如能在服务促销组合中结合使用，就可以取长补短，相得益彰。

（二）服务人员推销与营业推广结合

在服务促销计划中，服务人员推销可以和服务营业推广结合运用。当某服务企业面对的竞争对手非常强大，本企业很难形成特色，服务企业希望通过“多一些”来创造竞争优势时，运用服务人员推销和服务营业推广也可以产生良好效果。

服务企业可以运用诸多营业推广方式，如滚动的图表、礼品赠送、有针对性的广告等营业推广工具配合服务推销人员的演示，并且这些赠品等可以作为纪念，或者激发消费者的好感，从而产生综合的促销效果。

(三)服务人员推销与公共关系结合

服务推销员常常掌握服务企业的客户资料,在日复一日的工作中,服务推销人员代表着公司的形象及服务质量水平,顾客通过与推销人员的接触来判断公司的情况。服务推销员的个人品质、服务水平、合作程度不仅会影响到潜在销售,而且也会在客户心目中形成长期的公司形象。因此,服务推销人员也可以称为服务企业的公关人员。

服务企业可以鼓励公司的销售人员参加社区活动,同时也会为服务销售人员创造条件帮助有困难的顾客,这些都会在公众心目中形成良好的公关宣传效果。

案例链接

餐饮服务员点菜技巧

迎宾员引导着几个顾客从门口过来。几个顾客簇拥着一位爱挑剔的老太太。服务员为她斟上红茶,她却生硬地说:“你怎么知道我要红茶,告诉你我喜欢喝绿茶。”服务员一愣,礼貌地说:“这是我们餐厅特意为您准备的,餐前喝红茶开胃,尤其适合老年人,如果您喜欢绿茶,我马上为您送来。”

老人脸色缓冲下来,矜持地点点头,顺手接过菜单,开始点菜。“喂,水晶虾怎么这么贵”老夫人斜着眼睛看着服务员,“有些什么可点的吗?”服务员面带着微笑,平静地、胸有成竹地解释道:“我们进的虾仁都有严格的规定。水晶虾仁有四个特点:亮度高,透明度强,脆度大,弹性足。其实我们这道菜利润并不高,主要是用来为饭店创牌子的拳头产品。”

“有什么蔬菜啊?”老夫人又说了,“现在蔬菜太老了,不好吃。”服务小姐马上说:“对,现在的蔬菜咬不动,不过我们餐厅今天有炸得很软的油焖茄子,菜单上没有,是今天的新菜,您运气真好,尝一尝吧!”服务小姐和颜悦色地说。老夫人动心了。

“我们这里有椰汁、粒粒橙、芒果汁、可口可乐……请问您需要喝点什么?”老夫人很高兴地说来几罐粒粒橙吧。

第四节　服务营业推广

一、服务营业推广的内涵

服务营业推广也称为服务销售促进,是指服务企业针对特定的目标市场,在短期内采取强烈刺激的销售措施,刺激需求并鼓励消费者购买产品或服务的活动。

与传统产品营业推广相比较,服务营业推广受到两个特殊因素的影响:①服务业的特征对服务营业推广产生影响,例如服务产品不易储存,因此在营业推广方式的选择上,就必须考虑这一点，如使用折扣定价策略平衡服务产品的需求数量。②某些服务行业自身的特殊问题，如在使用某种营业推广手段时可能被认为涉及道德伦理范围等，对此在服务营业推广决策中应慎重考虑。

二、使用营业推广的原因

服务业开展营业推广的原因有很多，归结起来如下。

（一）需求问题

需求问题是指顾客对该服务的需求被动且该服务存在生产能力过剩。这种情况普遍存在，很多服务都是在推动下购买的，消费者原先并没有购买计划，尤其是成本低的服务，如洗车等，消费者本身并没有洗车需求或者需求不强烈，但是当有价格折扣或者其他营业推广项目时，消费者就可能采取购买行动。

（二）顾客问题

顾客问题是指使用该服务项目的顾客人数不够多、购买量不够大、购买和使用之前的选择需要协助、在付款方面存在问题。例如，游泳场喜欢用年卡或季卡的做法保持长期顾客，饭店对居住超过一周以上的顾客提供优惠房价等。

（三）服务产品问题

当新服务项目推出时，消费者对该服务不了解，很少有人使用该服务项目时，企业会采用服务营业推广方式进行促销。例如，消费者对购买自己不甚了解的服务总是很犹豫的，让他们免费进入一场冰球比赛场地观看，可以吸引新的观众，甚至比降价更有效。某些服务的生命周期非常短暂或者模仿性很强时，营业推广也是企业迅速进入市场的手段。

（四）中间商问题

当中介机构对企业的服务产品缺乏足够的重视，经销商对公司的服务销售未给予足够的支持时，企业会采取营业推广方式进行促销。比如，开展经销商或推销人员之间的销售竞赛，或者给予销售代理更高的佣金等。

（五）竞争问题

竞争问题是指当服务企业面对的市场竞争非常激烈或者竞争的趋势正在加剧等情况下，为了保住市场份额，服务企业采用营业推广方式进行促销。在某些服务市场上，营业推广的使用很普遍，企业没有别的选择余地，只能按照竞争对手的路子走，而且竞争越来越激烈。例如，当大多数宾馆都把免费早餐券作为服务项目之一时，其他酒店也不得不给住宿客人提供免费的早餐券。

但是，值得注意的是，营业推广很难形成顾客忠诚，如果没有适当的服务形象，被吸引的新顾客很快就会离去。因此，营业推广和其他促销方式并用时效果更好，特别是加上广告，广告是建立顾客忠诚的一个不错的办法。

三、服务营业推广的方式

服务营业推广不仅可以针对潜在购买者，也可以针对经销中介或服务推销人员，其方法因对象不同而异。表 7－3 中列出了针对不同对象的营业推广手段。

表 7－3　营业推广手段

对　象	手　段
潜在购买者	降价、赠品、免费体验、抽奖、VIP 卡、赠券、优惠券、更多数量（如买一送一）、演示、现金返还、竞赛、游戏
中间商	货币奖励、更高佣金、销售点设施的提供、共同的广告、销售比赛
服务推销人员	销售竞赛、奖励、佣金和奖金等

以下将针对几种典型的服务营业推广手段进行介绍。

（一）赠送和免费体验

赠送给顾客提供了一个免费使用服务的机会。例如，手机网络运营商可以向手机用户提供免费 3 个月的来电彩铃试用机会，3 个月后不满意的用户可以取消该业务。但是一般的用户在使用 3 个月后就会喜欢和依赖该服务，因此网络运营商就可以通过免费赠送或免费体验的营业推广手段实现促销目的。

（二）价格折扣或数量促销

如航空公司在特定时间内，向某类人群提供特定航线上的优惠价格，条件是这类顾客在某个时间范围内和航空公司订立某种契约。如，美国航空公司以 19 500～58 900 美元的价格提供某些航线 5～10 年的通行证。另一个例子是某新开业的俱乐部，以折扣价向公众销售“永久会员资格”，这样不仅可以迅速获得稳定的顾客群，同时也能提高开业之初的现金流水平。

（三）优惠券

优惠券经常以如下三种形式表现：直接的降价、与老顾客同时购买的新顾客可以享受某种折扣、在基本服务基础上提供免费或有折扣的延伸服务。一般来说这些直接降价的优惠券可能被印刷在报纸或者杂志上，也可以通过直邮的方式发给顾客。在某些区域，中间商也将优惠券组合成优惠券簿发放，一本优惠券簿上集中了大量的餐厅、酒吧、电影院、健身场馆等其他服务提供方的优惠券，可以刺激消费者在比较选择的基础上购买。

（四）有奖销售

有奖销售可以作为吸引顾客试用和体验服务的有效手段，这种方式可以增加顾客对服务体验的参与意识和兴奋感，通常这种方式被用来鼓励顾客增加对服务的使用。比如，政府为了鼓励顾客在用餐消费后索要发票，推出了有奖发票，顾客在用餐后可以刮开发票上的兑奖区域，就可以知道是否中奖及中奖类型或数额。这样的方式有效促进了消费者索取用餐发票的积极性。

（五）礼品赠送

礼品赠送常常被作为短暂易逝的服务增加有形要素的手段。比如：银行为了吸引公众申办信用卡，推出“办卡有礼”活动，向某一时间段内成功申办信用卡的客户赠送小礼品；银行也常常在信用卡用户成功申领信用卡后，为了防止信用卡成为“休眠卡”，开展“刷卡有礼”的促销活动鼓励客户积极使用信用卡。保险公司为了鼓励保户续保，举办“续保送礼”活动，这样做的好处是不仅可以鼓励老保户及时投保，也可以消除部分保户退保或转投其他竞争对手的可能性，从而获得稳定的客户群。

（六）未来折扣补贴

这种营业推广手段多被使用在航空公司、酒店或租车公司等领域，这些服务企业为了保持那些频繁出差有机会经常使用其服务的外出商务人员的品牌忠诚度，因此以各种"常客计划"或贵宾服务的名义，邀请这些商务人员加入该计划。这一消费群体通过某种签约的名义加入计划后，则有机会享受优先订票、更低折扣或更好的服务。这种折扣补贴的优点是可以在一定范围内对服务价格进行调整，同时也能有效应对竞争和需求的季节性波动。

第五节　服务公共关系

一、服务公共关系的含义

服务公共关系是指有计划地持续努力去建立和保持服务企业与其公众之间的良好关系，以促进公众对服务企业的认识、理解和支持，达到树立企业良好形象、促进服务产品销售目的的一系列促销活动。

服务公共关系是一种促销方式，其目的不仅在于促销服务产品，而且要在广大公众面前树立服务企业的良好形象，增进社会公众对服务企业的了解和好感。在服务业，这个目标比制造业更为重要，因为服务在很大程度上受主观评价的影响，沟通宣传的主要载体是口碑，公共关系的目的是加强这种主观评价的过程。

服务公共关系活动必须将信息传递给公众，其信息传播途径很多，可以利用媒体传播信息，也可以借助直接传播方式进行。

二、服务公共关系的优势

服务公共关系同样具有传统产品企业公关的特征：情感性、双向性、广泛性、整体性和长期性。同时，服务公共关系的优势主要体现在以下三个方面。

（一）可信度高

服务公共关系努力的结果是，新闻媒体刊登或播出的新闻特稿和专题文章或节目往往比直接付费所做的商业广告具有更高的可信度。

（二）隐蔽性好

公关是以新闻方式表达，而不是以直接销售或广告方式出现，这样不会激起消费者的反感，尤其是在消费者厌恶看广告的市场环境下，这种形式更容易被潜在顾客所接受。

（三）戏剧化效果

服务公关工作可以使一家服务企业或一种产品具有戏剧化效果，以加深顾客对服务的理解和接受程度。

三、公共关系的对象

服务公共关系面对的对象可以分为两类：内部公众和外部公众，这两类公众又可以分为如下几种类型。

（一）员工

任何一个服务企业都会有自己的内部员工和股东，都需要首先处理好企业的内部关系。员工是服务企业关系最密切的公众，建立良好员工关系的目的，是培养组织成员的认同感和归属感，形成向心力和凝聚力。服务企业需要通过员工的认可和支持来增强内聚力。有了消息，先告诉自己的员工，才能上下一心，齐心协力谋发展。同时服务企业也需要通过全员公共关系来增强外张力，每一个员工都是企业与外部公众接触的触角，都处在对外公共关系的第一线，企业组织的形象必须通过他们在生产、服务岗位上的实际行动表现出来。所以，组织应该时时处处善待员工、尊重员工，将员工作为重要的公共关系对象，注意协调好员工关系，努力培养员工对企业的认同感、归属感，不断增强员工对企业的向心力、凝聚力。

（二）顾客

顾客也是一类重要的公众。顾客关系即企业与本企业服务的购买者、消费者之间的关系。顾客是与企业最具有直接利害关系的外部公众，也是企业市场关系的具体对象。协调顾客关系的目的，是促使顾客形成对企业及其服务的良好印象和评价，提高企业及其服务在市场上的认知度、美誉度与和谐度，为企业争取顾客，并开拓和稳定市场关系。服务企业重视顾客关系的意义有：①良好的顾客关系能够为企业带来直接的利益。②建立良好的顾客关系能够帮助企业树立正确的经营思想，如“IBM 意味着最佳服务”。③建立良好的顾客关系，能够引导和培养积极、健康的消费者意识，形成稳定的消费者群体。

（三）经销商和供应商

服务企业应当与经销商和供应商保持良好的关系。对服务企业来说，信誉好、实力强的经销商是企业分销的有效途径和助手，企业应与经销商建立长期合作关系，争取其支持和配合。供应商的工作对服务企业的生产和服务质量有非常重要的影响，企业同样也要重视与供应商的合作关系。

（四）媒体公众

媒体是一群特殊的公众类型，主要指新闻界公众。企业与新闻媒体的关系是公关工作对象中最敏感、最重要的一部分。这种关系具有明显的两重性：一方面，新闻媒介是组织与公众实现广泛、有效沟通的必经渠道，具有工具性；另一方面，新闻媒介人员又是组织必须特别重视的公众，具有对象性。由于大众传媒一般不是由企业内的公共关系人员直接掌握和控制的，因此服务企业的有关消息能否被大众媒介报道，以及报道的时机、频率、角度等的决定权不在企业的公共关系机构中，而在专业的传播界人士，如记者、编辑、总编那里。因此，与新闻界人士建立广泛、良好的关系，是成功运用大众传播媒介的必要前提。

（五）政府公众

政府是任何企业的公关对象中最具社会权威性的对象。与政府保持良好沟通的目的，是争取政府及各职能部门对本组织的了解、信任和支持，从而为组织的生存和发展争取良好的政策环境、法律保障、行政支持和社会政治条件。组织应该把握一切有利时机，扩大本组织在政府官方及有关部门中的影响和声誉，让政府及时了解本组织对社会、对国家的贡献和成就，争取获得官方的良好评价和支持。比如，安利直销成功地借助了政府公共关系的官方背景。

(六)社区公众

社区公众指本组织所在地的区域关系对象,包括当地的权力管理部门、地方团体组织、左邻右舍的居民百姓等,是一种“准自家人”的角色。社区关系直接影响着组织的生存环境,搞好组织关系是组织生存的需要。同时社区关系直接影响着组织的公众形象,搞好社区关系能直接获得良好的口碑。

(七)其他公众

其他公众是指社会大众等群体,这些群体可能是企业希望对其产生影响并使其成为潜在顾客的对象,因此,企业也应对其给予重视。

四、服务公共关系的工作内容

服务企业开展公共关系活动,主要包括以下工作内容。

(一)收集服务企业所处环境变化的信息

服务企业可以通过公关活动来搜集环境变化信息,如了解公众对企业服务过程、质量和价格等方面的意见与建议,同时也可以通过公关活动将企业在诸方面的改进信息及时反馈给公众。

(二)与新闻媒体建立和保持良好关系

服务企业应与新闻媒体建立良好的公共关系,促使其对企业的重要活动给予关注和及时报道,借助新闻媒体的号召力引起公众的兴趣和注意。

(三)举办或参加专题活动

服务企业应借助各种有利时机举办公关活动,如企业开办之初、节日庆典等举办新闻发布会、节日庆祝会等专题活动,借此扩大影响,建立良好公共关系。若有其他机会参加专题活动,企业也要积极参与,如有关部门举办的科普活动、健康咨询活动,或者本行业的联展等。

(四)对外联络协调工作

服务企业应利用各种机会与政府、银行、协会和媒体等建立稳定的沟通关系,征求相关公众对本企业工作的改进意见和建议,争取它们对企业的理解、支持与帮助。

(五)赞助与支持公益事业

服务企业应在社会各方遇到重大困难时,勇于承担社会责任。当发生重大灾情或者困难时,企业要在力所能及的情况下,赞助福利事业、希望工程、抗洪抢险、环境保护等公益活动。服务企业积极赞助和支持公益事业,不仅是承担企业的社会责任和义务,也能在公众心目中树立良好的形象,赢得公众的好感。

(六)咨询活动

服务企业应当接受公众对企业服务提出的咨询,耐心细致地解答公众疑问,应当成为消费者购买服务的好参谋和使用服务的好顾问。

(七)其他日常活动

服务企业的公关活动还应当包括礼仪接待、参观访问、宣传材料的编制和印刷等各种与社会公众接触的活动。这些活动同样是帮助企业树立良好形象的途径。

本章小结

服务促销是服务营销中的重要环节，服务企业借助服务促销向公众传递信息，以达到告知、劝说和提醒等作用，并进一步激发顾客购买，实现服务销售。

服务促销的本质是沟通，服务沟通过程是一系列信息编码、借助媒体传递、解码、接受和反馈并同时受到干扰因素的干扰的过程。服务促销沟通方式一般有 AIDA 模式和整合促销沟通模式两种。服务促销与沟通手段通常包括服务广告、服务人员推销、服务营业推广和服务公共关系，在实际中通常会综合运用这些促销手段。

服务广告是服务企业以付费的方式借助媒体进行促销沟通的一种方式。服务广告应在遵循其指导原则的前提下，选择适当的广告媒体进行宣传。

服务人员推销是服务企业借助推销人员进行与顾客面对面沟通的一种促销方式。相对而言，服务人员推销更加灵活有效。在实际运用中，应在掌握服务人员推销特点的基础上，结合其他促销方式综合运用。

服务营业推广是具有强烈刺激的短期促销措施。服务营业推广可以针对的对象有潜在消费者、服务经销商和服务推销人员，针对不同的群体经常采用不同的方法手段。

服务公共关系是一项长期促销活动。公关的对象包括内部公众和外部公众。在开展服务公共关系时，应重视企业员工、顾客、媒体、政府、供应商和经销商、社区公众等各方面的关系。

关键词

服务促销　服务促销沟通　服务广告　服务人员推销　服务营业推广　服务公共关系

思考题

1. 服务促销的含义是什么？它的本质是什么？
2. 服务促销有哪些方式？说明其含义？
3. 服务广告有何特点？如何选择广告媒体？
4. 如何理解服务人员推销与其他促销方式的结合运用？
5. 常见的服务营业推广方式有哪些？
6. 服务公共关系有何特点？

案例分析

麦当劳的微博公关

对一个品牌来讲,遭遇到央视“315”的曝光,是一件坏事,但是有了社会化媒体,就有了将坏事变好事的可能。其中的一个关键就是这篇回复用的微博应该怎么写?

麦当劳的回复是这样的:@麦当劳:央视“315”晚会所报道的北京三里屯餐厅违规操作的情况,麦当劳中国对此非常重视。我们将就这一个别事件立即进行调查,坚决严肃处理,以实际行动向消费者表示歉意。我们将由此事深化管理,确保营运标准切实执行,为消费者提供安全、卫生的美食。欢迎和感谢政府相关部门、媒体及消费者对我们的监督。

让我们仔细分析一下麦当劳这140字的官方微博回应。它可谓微博时代最经典的微博回应之一。说其经典,是因为其措辞精心的准备,以及背后传递的多层意思,精准、老练、沉着,以及富有公关技巧。不出意外,这将成为各大公司官方微博回应问题和公关的标准体,可以称之为“麦当劳公关体”。以后估计其他的官微都会学习麦当劳,出现危机和问题的时候把这个“道歉体”套用并发布。我们看后面家乐福中国发布的微博回应,基本就遵循了“麦当劳公关体”的写作手法。

麦当劳的这个微博,总共四句话,分别代表了四层意思:界定问题—表明态度—改善行动—明确传递对象。

第一,界定问题。尽管央视想说的是麦当劳全国都是这个问题,想对麦当劳品牌发出整体的曝光和谴责,但可惜央视这次只是在三里屯店派出卧底偷拍录音,而不是兵分多路。这就给了麦当劳一个非常好的界定问题的机会。所以麦当劳开篇就把三里屯店推上前台,将问题的范围界定到单店,后面的“个别事件”也说明了这个关联,这样可以把问题的严重程度轻松降低。另外用了“违规操作”这个词,把问题的属性进行了界定,这证明并非麦当劳模式有问题,而是操作层的问题,将问题的层级又进行了划定,界限分明。一个三里屯餐厅,一个违规操作,问题界定得可谓清晰。

第二,表明态度。麦当劳连续用了多个程度副词:“非常”“立即”“坚决严肃”“以实际行动表示歉意”“深化”“确保”等,这些程度副词都在传递一个信号,最小的事情,麦当劳也是最高的重视和最严肃的处理意见,这也从辞令上传递出企业的管理责任和对事情的态度,这些都是媒体比较喜欢的程度副词,这是多年经验得出的公关标准词,比起狡辩强上万分。

第三:改善行动。麦当劳将改善行动锁定为“深化管理,确保营运标准切实执行,为消费者提供安全、卫生的美食。”这又是巧妙地将问题再次定性为管理问题,而且还借助央视舞台传递的运营手册,再次强调麦当劳的标准没问题,是执行问题。只要确保标准执行,就可以确保结果——为消费者提供安全、卫生的食品。值得一提的是,后面的结果,可谓一语双关,一方面可以让人感知“你们要怎么解决?”“解决到什么程度”这一问题,更是重申麦当劳的使命和价值观。

第四:明确沟通对象。这是最值得称道和技巧的部分。也是家乐福的微博和麦当劳微博的明显不同之处,麦当劳用了“政府相关部门、媒体及消费者”来定性描述,这里面明确地表明麦当劳对三个最主要的利益相关群体的回应,一一指出和回应,并暗示问题从哪里爆发,就回应给谁。

案例讨论:

1. 何谓危机公关?危机公关应注意哪些问题?
2. 对该案例进行讨论。

第八章　服务有形展示

学习目标
Learning Objectives

1. 了解有形展示的内涵、类型
2. 了解服务场景的概念与类型
3. 理解有形展示对企业服务营销的作用
4. 掌握服务场景设计的关键要素与原则方法
5. 掌握有形展示策略的内容与工作要点

引导案例

回味无穷的“仙踪林”

提到“仙踪林”，熟悉的人马上就会联想到绿藤缠绕的秋千、可爱的小兔子标志，还有醇香的奶茶。来自台湾的上海仙踪林餐饮有限公司以“仙踪林”为品牌经营正宗台式泡沫红茶店。时至今日，“仙踪林”品牌的含义，已远不仅仅是好喝的泡沫红茶，而是一个集自然、休闲、专业和茶文化为一体的多元化人文空间。

“仙踪林”进入上海市场的第一个分店就选在复旦大学旁边的五角场。复旦大学有许多学生，在学校期间其消费观念、消费习惯还正在培育期，而且很容易接受新观念和新文化，对“仙踪林”自然而然就容易接受，而当他们踏入社会之后，也就将对“仙踪林”的喜爱保留下来了。之后，“仙踪林”又在上海最贵的黄金地段淮海路上设立分店，尽管200平方米店面的月租达到了20万元人民币，但其营业额增长最快，为“仙踪林”树立了良好的品牌形象。接下来，“仙踪林”在上海的繁荣地段淮海中路、福州路、四川北路、西藏南路等地设立了多个分店。“仙踪林”在上海的店址主要集中在办公区和商业区。现在很多上海人把“仙踪林”当成生活的一部分，他们并不是特意来这里，而是抱着一种休闲心态，即便是谈事情也要在轻松氛围下进行，这正是“仙踪林”的追求目标。

随着上海国际化程度的加深，上海地区的人们也趋向于国际消费习惯，因此，“仙踪林”在环境设计上追求国际化潮流，在卖场线条、空间取向上更加简洁。在大厅里有大树、秋千、各种图形、雕塑，规划比较高档，充分体现潮流化和休闲化的特征。进入“仙踪林”，你马上会感觉到扑面而来的青春气息和浑然天成的绿树垂藤。置身其间，你会有点飘然成为绿林仙子的感觉。处处可见几人合抱的“参天大树”、原木桌椅、秋千式的吊椅，三五成群的年轻男女白领，在秋千上荡来荡去聊天品茶。而在门口的吧台前，调茶师正在把滚烫的红茶与冰块混合放在不锈钢的调酒器里，手法娴熟地摇晃着，一切显得那样轻松惬意。“仙踪林”经营的奶茶，不仅原料新鲜丰富，而且含有极高的营养价值，就连装奶茶的杯子也十分新奇。坐在绿树葱茏间，手握精致新奇的杯子，轻啜醇香可口的奶茶，倚窗而望马路上来去匆匆的人群，你会感觉仿佛来到了世外桃源……

有形展示是服务市场营销组合策略的七大要素之一。由于服务的不可感知性，不能实现自我展示，它必须借助一系列有形的证据才能向顾客传递相关信息，顾客才能据此对服务的效用和质量作出评价和判断。产品营销首先强调创造抽象的联系，而服务营销则将注意力集中于通过多种有形的线索来强调和区分事实。这些有形展示，若善于管理和利用，则可帮助顾客感觉服务产品的特点以及提高享用服务时所获得的利益，有助于建立服务产品和服务企业的形象，支持有关营销策略的推行。反之，若不善于管理和运用，则有形展示可能会传达错误的信息给顾客，影响顾客对产品的期望和判断，进而破坏服务产品及企业的形象。

第一节　有形展示

一、有形展示的概念

所谓“有形展示”是指在服务市场营销管理的范畴内，一切可传达服务特色及优点的有形组成部分。根据环境心理学理论，顾客利用感官对有形物体的感知及由此所获得的印象，将直接影响到顾客对服务产品质量及服务企业形象的认识和评价。消费者在购买和享用服务之前，会根据那些可以感知到的有形物体所提供的信息而对服务产品作出判断。服务营销商通过对服务工具、设备、员工、信息资料、价目表等所有这些为顾客提供服务的有形物的服务线索的管理，增强顾客对服务的理解和认识，为顾客做出购买决定传递有关服务线索的信息。在产品营销中，有形展示基本上就是产品本身，而在服务营销中，有形展示的范围就较广泛。事实上，服务营销学者不仅将环境视为支持及反映服务产品质量的有力实证，而且将有形展示的内容由环境扩展至包含所有用以帮助生产服务和包装服务的一切实体产品和设施。

二、服务有形展示的类型

对有形展示可以从不同的角度作不同的分类，不同类型的有形展示对顾客的心理及判断服务产品质量的过程有不同程度的影响。

（一）根据有形展示能否被顾客拥有分类

根据有形展示能否被顾客拥有，可将之分成边缘展示和核心展示两类。

1. 边缘展示。边缘展示是指顾客在购买过程中能够实际拥有的展示，这类展示很少或根本没有什么价值。比如，电影院的入场券，它只是一种使观众接受服务的凭证；在宾馆的客房里通常有很多包括旅游指南、住宿须知、服务指南以及笔、纸之类的边缘展示。这些代表服务的物的设计，都是以顾客心中的需要为出发点，它们无疑是企业核心服务强有力的补充。

2. 核心展示。核心展示与边缘展示不同，在购买和享用服务的过程中不能为顾客所拥有，但核心展示却比边缘展示更重要。因为在大多数情况下，只有这些核心展示符合顾客需求时，顾客才会做出购买决定。例如，宾馆的级别、银行的形象、出租汽车的牌子等，都是顾客在购买这些服务时首先要考虑的核心展示。因此，可以说，边缘展示与核心展示加上其他显示服务形象的要素（如提供服务的人），都会影响顾客对服务的看法与观点。当一位顾客判断某种服务的优劣时，尤其在使用或购买它之前，其主要的依据就是从环绕着服务的一些实际性线索、实际性呈现所表达出的东西。

（二）根据有形展示的构成要素分类（美国分法）

从有形展示的构成要素进行划分，服务企业的有形展示可分为实体环境、信息沟通和价格三种要素类型。

1. 实体环境。服务企业的实体环境是由背景因素、设计因素和社交因素决定的。背景因素指消费者不大会立即意识到的环境因素，如气温、温度、通风、气味、声音、整洁等因素。设计因素指刺激消费者视觉的环境因素。社交因素指服务环境中的顾客和服务人员。

2. 信息沟通。信息沟通是另一种服务展示形式，这些沟通信息来自企业本身以及其他引人注意的地方。从赞扬性的评论到广告，从顾客口头传播到企业标记，这些不同形式的信息沟通都传送了有关服务的线索，使服务和信息更具有有形性。有效的信息沟通有助于强化企业的市场营销战略。

信息沟通一般可以通过服务有形化和信息有形化两种方式来实现，如图 8－1 所示。

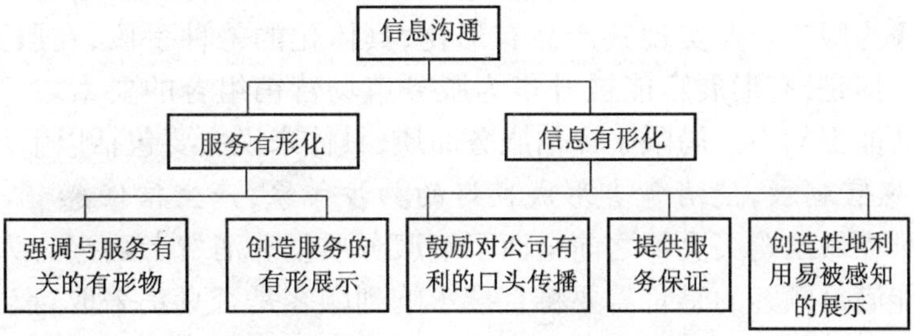

图 8－1　信息沟通的要素与方法

（1）服务有形化。让服务更加实实在在而不那么抽象的方法之一，就是在信息交流过程中强调和服务相联系的有形物，这样就可把与服务相联系的有形物推到信息沟通策略的前沿。麦当劳公司针对儿童的“快乐餐”计划十分成功，原因正是运用了创造有形物这一技巧。麦当劳把汉堡包和炸制品放进一种被特别设计的盒子里，里面有游戏、迷宫等图案，也有麦当劳的图像，这样麦当劳就把目标顾客的娱乐和饮食联系到了一起。这个例子证明使用有形因素能使服务更容易被顾客感受。

（2）信息有形化。信息有形化的一种方法就是鼓励对企业有利的口头传播。如果顾客经常选错服务提供者，那么他特别容易接受其他顾客提供的可靠的口头信息，并据此做出购买决定。信息有形化的另一种方法是在广告中创造性地应用容易被感知的展示，另外，提供服务保证也是加强信息沟通的有效手段。

3. 价格。价格可以为消费者提供产品质量和服务质量的信息，增强或降低消费者对产品或服务质量的信任感，提高或降低消费者对产品和服务质量的期望。消费者往往会根据服务的价格判断服务档次和服务质量。因此，对服务企业来说，制订合理的价格尤其重要。价格过低，会使消费者怀疑服务企业的专业知识和技能，降低消费者感觉中的服务价值。价格过高，会使消费者怀疑服务的价值，认为企业有意敲诈顾客。

（三）根据有形展示的性质分类（法国分法）

根据有形展示的性质，服务过程中的有形展示可分为以下两大类。

1. 与服务工作有关的有形展示。任何服务工作都或多或少需要一些有形的物品。有些有形展示和服务过程有关，如数据处理服务需要使用电子计算机。在服务过程中使用的各种服务工具和服务设备都会在一定程度上影响顾客感觉中的服务质量。另一些有形展示与服务结果有关，如室内装饰公司为客户展示装修布置好的办公室，能向客户表明服务企业的服务质量和专业技能。

2. 与服务人员有关的有形展示。服务人员应尽可能满足顾客的需要和愿望，为顾客提供优质服务。他们的服务态度、行为方式、为顾客提供的信息，都是影响服务质量的无形因素。因此，与服务人员有关的各种有形展示也会直接影响到顾客感觉中的服务质量。

三、有形展示在服务营销中的作用

服务有形展示的首要作用是支持公司的市场营销战略。在建立市场营销战略时，应特别考虑对有形因素的操作，以及希望顾客和员工产生什么样的感觉，做出什么样的反应。有形展示作为服务企业实现其产品有形化、具体化的一种手段，在服务营销过程中占有重要地位。但是，有形展示能被升华为服务市场营销组合的要素之一，它所起到的作用及其战略功能当然不只局限于评估服务品质，具体来说主要包括以下几个方面。

（一）通过感官刺激，使消费者形成良好的初步印象，产生信任感

消费者很难在做出购买决策之前全面了解服务质量。消费者购买行为理论强调，产品的外观是否能满足顾客的感官需要将直接影响到顾客是否真正采取行动购买该产品。同样，顾客在购买无形的服务时，也希望能从感官刺激中寻求到某种东西。经验丰富的消费者受有形展示的影响较少，然而，缺乏经验的消费者或从未接受过本企业服务的消费者却往往会根据各种有形展示对本企业产生初步印象，并根据各种有形展示判断本企业的服务质量。要促使消费者购买，服务企业必须首先使消费者产生信任感，服务企业应充分利用各种有形展示，使消费者形成良好的初步印象。为消费者提供各种有形展示，使消费者更多了解本企业的服务情况，可增强消费者的信任感。现在，不少服务企业将一部分后台操作工作改变为前台工作。例如，旅游宾馆的厨师经常在餐厅作烹饪表演，根据顾客的特殊要求，为顾客烹调食品。向消费者展示服务工作情况，提供服务工作的透明度，使无形的服务有形化，可提高消费者对本企业的信任感。

（二）提高消费者感觉中的服务质量

服务质量的高低并非由单一因素所决定。在服务过程中，顾客不仅会根据服务人员

的行为，而且会根据各种有形展示评估服务质量。与服务过程有关的每一个有形展示，如服务设施、服务设备、服务人员的仪态仪表，都会影响顾客感觉中的服务质量。优良的有形展示及管理就能使顾客对服务质量产生“优质”的感觉。因此，服务企业应根据目标细分市场的需要和整体营销策略，无微不至地做好每一项基本服务工作和有形展示管理工作，为消费者创造良好的消费环境，以便提高消费者感觉中的服务质量。

（三）塑造本企业的市场形象

有形展示是服务产品的组成部分，也是最能有形地、具体地传达企业形象的工具。企业形象或服务产品形象的优劣直接影响着消费者对服务产品及公司的选择，影响着企业的市场形象。服务企业必须向消费者提供看得见的有形展示，生动、具体地宣传自己的市场形象，单纯依靠文字宣传，是无法使消费者相信服务企业的市场形象的。在市场沟通活动中，巧妙地使用各种有形展示，可增强企业优质服务的市场形象。要改变服务企业的市场形象，更需要提供各种有形展示，使消费者相信本企业的各种变化。

（四）为消费者提供美的享受

服务展示的一个潜在作用是给市场营销策略带来乐趣优势，为消费者提供美的享受。努力在顾客的消费经历中注入新颖的、令人激动的、娱乐性的因素，从而改善顾客的厌倦情绪。例如，顾客期望五星级酒店的外形设计能独具特色，期望高格调的餐厅能真正提供祥和愉悦的气氛。因此，企业采用有形展示的实质是通过有形物体对顾客感官方面的刺激，让顾客感受到无形的服务所能给自己带来的利益，进而影响其对无形产品的需求。现在，不少服务企业非常重视建筑物艺术风格和建筑物内部装饰布置，给予消费者某种特殊的美感，吸引消费者来本企业消费。但是，建筑物外表和内部装饰只能向消费者传递初步信息。服务企业更应重视服务环境、服务体系、员工的仪表和服务态度，才能使消费者享受优质服务。采用这类营销策略的服务企业往往强调娱乐性服务，将服务场所作为舞台，将服务过程作为演出过程，给顾客一个新奇、欢乐、兴奋、有趣的服务经历。

（五）协助培训服务员工，促使员工提供优质服务

从内部营销的理论来分析，服务员工也是企业的顾客。由于服务产品是“无形”的，从而顾客难以了解服务产品的特征与优点，那么，服务员工作为企业的内部顾客也会遇到同样的难题。如果服务员工不能完全了解企业所提供的服务，企业的营销管理人员就不能保证他们所提供的服务符合企业所规定的标准。所以，营销管理人员利用有形展示突出服务产品的特征及优点时，也可利用相同的方法作为培训服务员工的手段，使员工掌握服务知识和技能，从而指导员工的服务行为，为顾客提供优质的服务。同时，做好有形展示管理工作，不仅可为顾客创造良好的消费环境，而且可为员工创造良好的工作环境，使员工感到管理人员关心他们的工作条件，进而鼓励他们为顾客提供优质服务。

第二节　服务场景

一、服务场景的概念

服务场景是服务企业创造的提供服务的特定“舞台”，是服务有形展示的综合物理环

境。由于人类行为会受环境的影响，再加上服务的无形性、生产与消费的同时性等特征以及服务的体验属性，服务场景会影响顾客和员工的信仰、情感、行为、身体反应，引导顾客与员工进入一定的角色，使他们按照一定方法或方式行动。

二、服务场景的类型

(一)根据服务场景与顾客和员工接触的先后顺序划分

根据服务场景与顾客和员工接触的先后顺序，将服务场景分为外部服务场景与内部服务场景。

1. 外部服务场景。外部服务场景是顾客与员工最先接触到的场景，外部场景设施在整个服务场景的构建中占有重要的地位，影响顾客对服务的第一印象，它既是内部空间的延伸，又能影响人们的服务活动。外部服务场景主要包括建筑物的设计、标志景观、停车场、道路铺装、植物绿化、艺术照明、小品、水体、周围景色以及企业所在地的周边环境等。

2. 内部服务场景。内部服务场景是员工与顾客进入服务场所后融入其中的环境要素。其装修与设施的布局以及它们之间的关系共同构成了服务传递可视化和功能化的场景。内部服务场景主要包括建筑、大小、形状、颜色、布局、风格、附件、设备、空气质量、温度、照明、噪音、音乐、气味、气氛、陈设、舒适与标志等。

(二)根据服务场景对顾客和员工产生影响程度的大小划分

服务场景会对两个群体，即顾客和员工，产生直接或间接的影响。因此，根据服务场景对这两个群体产生影响程度的大小，可将服务场景分为自我服务场景、交互式服务场景和远程服务场景。

1. 自我服务场景。自我服务场景即在该场景中顾客自己完成大部分活动，没有或只有极少数的员工参与其中。典型的例子有剧院、ATM 机、保龄球场、公园、冲浪等自我娱乐场所等。在这些服务中，服务设施的设计可以侧重于考虑顾客的需要和爱好，尽可能地强调吸引顾客和使顾客满意的营销目标。

2. 交互式服务场景。交互式服务场景是顾客和员工都必须置身其中的服务场所，餐馆、医院、银行、学校等都是这方面的例子。在这些地方，服务场景的设计会潜在地影响顾客和员工双方以及他们之间的交流，因此应尽可能地同时强调营销目标和组织目标。

3. 远程服务场景。远程服务场景代表了在服务场景中没有或只有极少数顾客参与的情形。该类服务场景的实例有通信公司、公用事业公司、电话邮购服务台、以自动语音记录为基础的服务等。远程服务的机构在考虑有关服务场景的决定时应把重点放在员工方面，首先考虑其对员工工作效率、积极性和满意度的影响。

(三)根据服务场景所涉及的因素、空间和设施的多少划分

根据服务场景所涉及的因素、空间和设施的多少，可以将服务场景分为简单型服务场景和复杂型服务场景。

1. 简单型服务场景。一些服务场景的设计非常简单，只涉及有限的因素、空间和设施，这样的环境被称为简单型服务场景，如 IP 超市、电话邮购服务台。

2. 复杂型服务场景。简单型服务场景以外的就是复杂型服务场景，这些服务场景通

常涉及很多的因素、空间或设施，如一家设施比较齐全的幼儿园，它不仅占有很多的楼层、房间，在服务场景的设计上还必须兼顾营销目标和组织目标，既要把教室、休息室等设计得让孩子们感觉轻松有趣又要考虑到给教师们一个舒适的环境。

三、服务场景在服务营销中的作用

服务场景在服务营销中占重要地位，主要体现在以下几个方面。

一是通过感官刺激，让顾客感受到服务给自己带来的好处。

二是有利于展示服务能力和服务质量，提高顾客的服务感知质量。

三是有助于员工和顾客双方的交流，引导顾客对服务产生合理的期望。

四是对服务进行“包装”，塑造服务企业形象。

五是凸现服务的特征与优点，有利于内部营销。

六是融合、体现与传播企业服务理念。

七是科学的设计，有利于进行企业品牌识别与建立。

八是成为实施差异化经营战略的手段，树立服务特色。

九是设计与服务创新结合，有利于推广服务创新。

第三节　服务场景设计

在实施有形展示策略的过程中，服务场景的设计往往是企业营销努力的重点。因为，顾客在接触服务之前，他们最先感受到的就是来自服务场景的影响，尤其是对于那些易先入为主的顾客而言，服务场景设计的影响更是至关重要。服务场景设计包括企业能够控制的可以增强员工和顾客行为以及服务感知的所有客观因素。

一、服务场景设计的复杂性

在设计服务环境时，除了要花费大量的资金之外，一些不可控制的因素也会使环境设计困难重重。一方面，现有的对于环境因素以及其影响的知识及理解程度还不够。空间的大小、各种设施和用品的颜色和形状等因素的重要性究竟如何？诸如此类的问题的主观性很强，没有一个标准的答案。另一方面，每个人都有不同的爱好和需求，他们对同一环境条件的认识和反应也各不相同。服务于各种各样的人的环境，如旅馆、大饭店等尤其难设计，为了讨好各种不同的人，必须采取折中的方式。尽管如此，如果服务企业能够深入了解顾客的需求，根据目标顾客的实际需要进行设计，仍可以达到满意的营销效果。比如，虽然不同顾客之间存在不同的需求，但某些顾客群体却具有需求共性。企业可根据他们的需求共性来设计服务环境，无疑能拥有更多的顾客。

另外，服务类型不同，展示服务的场景设计也大相径庭。与顾客接触、互动较少的服务，涉及的因素、空间和设施都有限，其场景的设计可以简单化，如自动售货亭就是在一个简单的结构中提供服务。类似的服务场景设计应该相对直接一些，尤其是自我服务或远端服务，因为其中没有员工与顾客的交流。高接触服务的服务场景则可能很复杂，因为要涉及很多因素和很多形式，诸如周边环境、空间布局与功能、标志、象征等。以医院为例，该场所就需要有很多楼层、很多房间，还有复杂的设备等。

二、服务场景设计的影响因素

（一）顾客的逗留时间

顾客在服务场景中逗留时间的长短对服务场景的设计有着重要的影响。当顾客逗留的时间很短时，服务场景中一些不好的环境因素，如灯光昏暗、空气气味不良、油漆脱落等常被忽视；但当顾客与服务场景接触的时间较长时，顾客就比较在意周围的环境了，昏暗的灯光会让顾客感到不适，不良的气味或许会让顾客禁不住要捂住鼻子，而油漆的脱落也会令人讨厌……在这种情况下，即使顾客得到了优质的服务，其满意度仍会大大降低。此外，顾客在服务场景中停留的时间越长，其接触到的服务设施可能会越多，受到的影响就会越大。

总之，对于这类服务企业，不仅要特别关注服务设施的功能特征和沟通特征，以保证企业能为顾客提供良好的服务并及时获得顾客的反馈信息，还应充分重视服务展示管理的细节问题。

（二）员工的逗留时间

前面曾介绍过，服务场景的设计会对两个群体产生影响——顾客和员工，因此服务场景的设计不仅应考虑顾客的逗留时间，还应考虑员工的逗留时间。对于在服务场景中度过很长时间的员工来说，场景的设计会对他们的情绪产生影响，进而影响他们的积极性和他们完成工作的能力。鉴于此，企业在增添为吸引顾客而设计的灯光、背景音乐、装饰物等环境特征时，也应顾及员工的感受。例如，商场在春节里播放的节日颂歌目的在于营造节日气氛，吸引顾客，但这却可能会令长时间被迫收听的员工产生无法抑制的厌烦情绪。又如，餐馆中昏暗的灯光意在让顾客感觉很浪漫，但却有可能增加服务员完成工作的难度。

国外某航空公司在培训员工时，号召他们像在自己家里招待客人一样对待乘客。要做到这一点，应该说必须有一个前提，即服务场景能让员工感到舒适，有家的感觉。因此，这就要求企业，尤其是提供交互式服务的企业在设计服务场景时，不要忽视员工的需求，力求在顾客和员工的需要间寻求平衡。

（三）服务场景的个性化

服务企业必须记住，其所提供的服务不可能满足所有顾客的需求，因而需要为服务进行市场定位。类似地，服务场景也不可能使所有顾客满意，其某一特征在吸引一种类型顾客的同时，也有可能正在赶走另一种类型的顾客。可以说，服务场景是为吸引一些具体类型的顾客而设计的，因此注重服务场景的个性化很重要。

（四）服务设施的质量

企业服务设施的质量会直接影响员工的服务效率。服务设施布局杂乱无章、设备老化过时，都有可能阻碍服务的提供，进而妨碍员工任务的完成；相反，如果企业在设计设施时认真考虑上述问题，则能极大地提高企业的服务质量水平。另外，企业服务设施的质量也会影响顾客对服务质量的认知，顾客常会与竞争企业的服务设施进行比较，并将比较结果作为评价企业服务优劣的一个标准。

(五)方向指引性

服务场景设计的影响因素还有方向指引性。当服务企业提供的服务是全新的或顾客并不熟知的内容时,服务场景就能起着加速或减缓顾客理解服务过程的作用。此时,企业可以在服务场景中张贴指导性的海报或标语来简化和传递服务信息。另外,企业也可以考虑采取开放式的服务场景设计方式,让顾客在了解服务系统时能观察并学习服务过程。

案例链接

星巴克的店面设计

星巴克在上海的每一家店面的设计都是由美国方面完成的。据了解,在星巴克的美国总部,有一个专门的设计室,拥有一批专业的设计师和艺术家,专门设计世界各地星巴克店铺。他们在设计每个门市的时候,都会依据当地的商圈特色,去思考如何把星巴克融入其中。所以,星巴克的每一家店,在品牌统一的基础上,又尽量发挥了个性特色。这与麦当劳等连锁品牌强调所有门店的 VI 高度统一截然不同。

在设计上,星巴克强调每栋建筑物都有自己的风格,让星巴克融合到原来的建筑物中去,而不去破坏建筑物原来的设计。每次增加一家新店,他们就用数码相机把店址内景和周围环境拍下来,照片传到美国总部,请他们帮助设计,设计好后总部把图纸发回来,然后再施工。比如,上海星巴克定位以年轻消费者为主,因此在拓展新店时,他们费尽心思去找寻具有特色的店址,并结合当地景观进行设计。例如,位于城隍庙商场的星巴克,外观就像座现代化的庙;而濒临黄浦江的滨江分店,则表现花园玻璃帷幕和宫殿般的华丽,夜晚时分,可以悠闲地坐在江边,边欣赏外滩夜景,边品尝香浓的咖啡。

三、服务场景设计的原则

(一)与企业形象定位相一致原则

企业形象指公众对企业的整体印象和评价,是公众对企业及其行为表现所产生的看法、情感和认识的综合,是企业产品质量、服务水平、经营风格、员工素质、环境优劣、文化精神、标志特征等形象构成要素的整体体现。它是企业在社会上知名度和美誉度的总汇。良好的企业形象有利于企业赢得竞争优势。形象定位是服务企业根据市场的竞争情况和本企业的条件,确定本企业在目标市场中的竞争地位,并通过各种营销手段,吸引消费者注意,以促使消费者在思想行为(特别是消费思想与行为)上产生有利于企业发展的倾向性。服务场景的设计是服务企业使服务有形化、差异化的一种强有力的手段,各个要素应该相互协调,共同营造一种统一的形式,以重点凸显组织形象,不能因丝毫的不和谐因素破坏整体形象。服务场景设计与企业形象定位相一致，则可向目标市场有力地传达可靠的信息，促使公众(包括企业员工)形成对企业形象的准确认知与把握，从而促进企业形象的传播。

(二)优化服务流程原则

服务场景的设计应该有助于减少消费者感知的时间、体力、精力与心理等非货币成本耗费。伴随日益增大的竞争压力、不断升高的机会成本，以及消费者导向时代的到来，当今的消费者对于服务便利的需求比以往任何时候都强烈，服务消费的不便利已成为促使消费者转换服务的重要理由。通过服务场景的设计为消费者提供更多便利无疑是服务企业赢得消费者、强化竞争优势的一项重要举措。服务场景的设计应该充分考虑服务的类型、特点与服务流程的需要，表现出有序与和谐，优化服务流程，方便服务运作，从而提高服务效率。

(三)美学原则

服务场景设计要符合美学原则，设计时要考虑目标市场消费者的审美心理与审美习惯，给人以美感，能够使顾客获得美的享受，使人惬意、身心舒适，甚至陶冶情操。物质环境的任何方面，如器具的布置、灯光、颜色、设备、标志、员工服装和原料等，都应尽可能和谐完美，创造出某种美的意境与氛围。服务场景的设计在形式、内容与功能上应紧密结合，让人产生一种回味无尽的美的感受与体悟，从而给人留下深刻的体验。

(四)主题化原则

主题化是一种有效地提高服务体验的方法。服务场景主题化是指通过建筑物造型、外环境、外装修、企业的环境艺术、室内装修设计等的创造性设计，从外形和内涵上促成一个或多个主题的形成，赋予服务以某种具有特色的主题，并围绕它来组织生产经营活动，营造经营服务与管理气氛，使产品、服务、环境、造型以及活动等都为某种特定主题服务，始终使主题成为顾客容易识别的服务特征和产生消费行为的刺激物。主题是服务形成特色和独特个性的灵魂，也是企业影响消费者服务选择方向的基本魅力。主题越独特越是吸引喜爱这一主题的顾客，越容易培育顾客的忠诚。当然，主题化对企业提供的服务、环境和服务实施也是一种限制，在某种程度上给经营也带来一定的风险。

(五)文化性原则

深入挖掘和广泛培养文化底蕴，对服务产品进行深度和广度上的文化加工，给消费者提供一种与众不同的文化体验与熏陶，能够给服务经济带来广阔的市场空间。服务场景设计在内涵和外延上的文化性拓展和丰富是一个系统的工程，不仅能改变服务产品的内涵和层次结构，而且会改变产品的核心。如果服务企业从建设开始就注重文化的营造，从设计、建设、装修到管理经营、服务都注入独特的文化内涵，突显文化品位的提升、文化氛围的渲染、文化形象的塑造，形成鲜明个性，就可以给服务灌注"文化灵魂"，为其带来独特的魅力与竞争力，增加服务的附加值。而这已成为现代服务企业经营的一大趋势。

(六)弹性原则

成功的服务机构是可以适应需求数量和性质变化的动态组织。服务需求的适应能力在很大程度上取决于当初设计时的弹性。弹性也可以称之为"为未来而设计"，为未来增长作准备。在设计阶段要提出的问题可能有：怎样设计才能满足当前服务的未来扩展？怎样设计设施才能适用于未来新的不同的服务？

（七）安全性原则

服务场景的设计还需要考虑安全性，如游泳池，在设计上就要考虑避免发生身体伤害，为防止意外事故发生，还必须配备一些必要的设备进行救援，如救生圈、安全钩。一些大型服务场景，如机场、车站、超市，不仅要安装监视摄像头，而且还有其他技术更先进的安全设备。一些航空企业通过使用某些“智能设施”来识别乘客ID卡，以便控制旅客出入，而更先进的方式还可以通过扫描乘客的眼睛来确定乘客的身份。

第四节　有形展示策略

服务企业之所以要采用有形展示策略是因为服务产品具有不可感知的特性，而对“不可感知性”则可以从两个方面理解：一是指服务产品不可触及，即看不见摸不着；二是指服务产品无法界定，难以从心理上进行把握。因此，服务企业要想克服营销方面的难题，采用有形展示策略，也就应以这两个方面为出发点：一方面使服务有形化；另一方面使服务易于从心理上进行把握。

一、有形展示的原则

服务企业应在进行有形展示时，遵循以下两个原则。

（一）应把服务同顾客容易认同的物体联系起来

服务因其无形而大大不同于一般有形产品。有形产品以物质形态存在，而服务则以行为方式存在。服务不能自我展示，这就决定了它与传统的产品营销有很大差别。想购买服务的顾客虽看不到服务，但是他可以看到服务工具、设备、员工、信息资料、其他顾客、价目表等。对于顾客而言，所有这些有形物都是探求无形服务的线索，顾客在不确定性条件下，往往会更重视这些有形物传递出来的信息，服务的质量可由这些环境因素大致推断出来。

服务要通过有形展示来表现其品质，如果这种有形展示易于为顾客认同，那么服务也相应地更容易为顾客接受。有形展示使用的物体，应是顾客认为很重要的，是他们所寻求的服务的一部分。另外，这些有形物体所给出的承诺暗示，在顾客消费服务时，一定要兑现。

（二）注重服务人员的作用，把重点放在发展和维护企业同顾客的关系上

使用有形展示策略的最终目的是建立企业同顾客之间的长久关系。服务人员的作用很重要，他们直接与顾客打交道，其衣着打扮、言谈举止影响着顾客对服务质量的认知和评价。特别是当企业鼓励顾客去寻找或认同服务企业的某一个人或某一群人，而不是只认同服务本身时，这一点显得尤其重要。他们之间的关系将直接决定顾客同整个企业关系的融洽程度。另外，其他一些有形展示也能有助于发展同顾客的关系。比如，企业向客户派发和客户有关的具有纪念意义的礼物，就是基于此种目的。

二、有形展示策略的内容

一般认为有形展示策略分为服务环境展示、服务人员展示、信息沟通展示三大部分。

(一)服务环境展示

服务环境是指企业向顾客提供服务的场所,它不仅包括影响服务过程的各种设施,而且还包括许多无形的要素。因此,凡是会影响服务表现水准和沟通的任何设施都包括在内。具体来说,服务企业的实体环境是由背景因素、设计因素决定的。

1. 背景因素。背景因素指消费者不大会立即意识到的环境因素,气温、温度、通风、气味、声音、整洁等因素。如果服务环境中缺乏消费者需要的某种背景因素,或某种背景因素使消费者觉得不舒服,他们才会意识到服务环境中的问题。消费者通常假定服务场所的背景环境应该完美无缺。因此,一般说来,良好的背景环境并不能促使消费者购买。然而,较差的背景环境却会使消费者退却。

2. 设计因素。设计因素指刺激消费者视觉的环境因素。与背景因素相比,设计因素对消费者感觉的影响就比较明显。设计精美的服务环境更能促使消费者购买。设计因素又可分为艺术设计(如建筑物式样、风格、颜色、规模、材料、格局等)因素和功能设计(布局、舒适程度等)因素两类。服务设施内外设计状况都可能会对消费者的感觉产生重大影响。

(二)服务人员展示

人员展示是指通过对员工形象与举止的适当表现,来提供给顾客评价服务感受的有形线索,服务人员展示的结果直接影响到顾客的整体服务感受。在大多数服务中,服务过程是服务人员与顾客共同完成的,服务质量的优劣与服务人员有着直接的关系。服务人员应尽可能满足顾客的需要和愿望,为顾客提供优质服务。他们的服务态度、行为方式、为顾客提供的信息,都是影响服务质量的无形因素。但是,与服务人员有关的各种有形展示也会直接影响到顾客感觉中的服务质量。服务人员的有形展示具体可分为以下三种。

1. 外貌。服务人员的外貌,特别是前台接待人员、客户经理的仪表,会对顾客的感觉产生重大影响。此外,顾客往往对某些服务人员的仪表有特殊的期望。比如,保安人员的仪表应能使顾客产生安全感。

2. 服装。服务人员的工作服装不仅应合身,便于服务人员做好服务工作,而且应能够增强顾客的信任感。

3. 员工使用的销售资料。服务企业销售人员和服务人员经常携带宣传小册子、广告传单等销售资料,向客户宣传服务项目和服务范围,并耐心解答客户的疑问。有时,服务企业还会向顾客赠送销售资料,以便客户今后与企业有所联系。服务企业向重要客户赠送的礼品也属于这类有形展示。

(三)信息沟通展示

企业信息可以通过商业文件、新闻媒介、政策法规、销售促进(人员推销、广告、公共关系、营业推广)等形式进行传播,其中广告是企业与顾客沟通的主要手段,通过广告人们可以得到许多服务产品具体形象的信息。

广告能展示出以下一些企业信息。

1. 服务态度:通过广告中象征物的形象表现企业服务的精神、态度。

2. 服务品位:广告可介绍服务产品的销售量、价格、质量、销售渠道、销售条件,反映服务产品的档次、品位和标准。

3. 服务特色:广告能充分表现服务产品的特色,如独有的服务设施和服务手段、技艺超群的服务人员、别具一格的服务工艺、得天独厚的服务资源等,所有这些信息充分反映了企业服务的特色,也使服务产品个性化、具体化、形象化。

4. 服务效果:由于服务产品的无形性,所以企业广告通常不去介绍服务的过程和复杂的服务技术,而是向消费者说明服务带来的利益和效果。

案例链接

楼盘销售策略之"有形展示"

消费者只能依靠房地产开发商的描述来想象欲购买房屋的未来面貌,这一认知风险大大影响了消费者购买房产的信心和决心。房地产开发商通过有形展示策略,充分展示房地产产品的质量及开发商的良好形象,从而规避房地产无形性带来的不利影响。

一、环境展示

(一)工地/售楼处展示

工地是购房者到达现场感觉到的第一要素,售楼处是消费者进行楼盘咨询最主要的地方,二者最能体现开发商专业水准及品牌形象。良好的工地/售楼处形象,可以充分激发消费者的购买欲望,目前售楼处大部分和项目工地比邻,二者作为整体构成了环境展示的重要组成部分。

(二)样板房/展示间

样板房让购房者对所要购买的房子形成一个直观的感受,从而激发购买的兴趣和欲望。样板房是售楼处展示的延伸,是承上启下的重要环节。

二、人员展示

在房地产销售过程中,置业顾问承担着向购房者介绍本公司楼盘的责任,其形象与行为规范、沟通技巧,直接影响到购房者对楼盘形象的认同,意义重大。因此,楼盘有形展示策略的人员展示设计,第一重要的就是置业顾问的展示设计。靓丽、专业的置业顾问,对项目优势的集中介绍,使得潜在购房者对房地产项目印象深刻。

三、信息沟通展示

(一)广告

广告可以向消费者提供关于商品房的相关信息,从而使消费者和开发商进行有效的信息沟通。目前商品房广告可谓无处不在,主要有电视、报纸、广告牌、移动载体等形式。

(二)口碑

在房地产信息的传播过程中,口碑是非常重要的信息渠道。口碑是消费者经验化过程的再现,消费者在购房过程中,他们会多方面收集楼盘的信息。而亲朋好友以自己的经历提供的信息,可以打消他们的疑虑,是他们信赖的重要途径。开发商要树立良好的口碑,就必须注重所开发产品的质量,重视消费者在购买和使用商品房过程中的种种意见,并加以解决。

三、制定有形展示策略的工作要点

(一)认识有形展示的战略影响

首先企业必须认识到有形展示的重要性,即它会影响到顾客对服务质量的感知和评价。但这仅仅是第一步,企业还必须把展示策略和营销计划乃至企业的总体目标紧密地联系在一起。因为有形展示是为企业目标服务的,如果它脱离了组织的目标,无论如何也要将其抛弃。所以,策略制定者在制定有形展示策略前至少要明确企业的目标、市场定位和企业未来的构思,然后才能决定其有形展示策略。

(二)绘制有形展示服务蓝图

在企业目标和所提供的服务基本明确之后,企业就可以组织一个专门的团队来绘制有形展示服务蓝图了,这样可以使经理、员工和顾客都知道正在做的服务是什么,以及每个成员在服务过程中所扮演的角色。从蓝图上,管理人员可以了解服务传递所涉及的行为、过程以及员工和顾客之间、员工和员工之间、顾客和顾客之间的相互作用,而这些恰好提供了展示的机会和展示的方法。

(三)界定服务场景

服务场景的类型对于服务场景的设计有着很重要的意义。企业可以先根据顾客和员工的参与程度、服务场景的简单和复杂性的标准把自己定位于服务场景类型的某个适当单元内,进而决定设计要求的投入。例如,一家医院对照相应的标准,很快意识到自己是复杂性的交互式服务类,因此服务场景的设计和管理既要让病人感到舒适和满意又同时保证医护人员的工作效率。

(四)机会确认和评估

在了解企业服务场景的作用和当前有形展示的形式之后,企业就需要随着不断变化的形势对有形展示的机会进行确认,即是否充分利用了所有进行有形展示的机会。通过这种方式能够促使企业提供更多的有形展示,加强与顾客的沟通,让顾客更为明确地知道他们所付出的和所得到的。

另外,对有形展示的机会进行评估也很重要。有形展示必须符合企业的定位策略,如果某种有形展示不能增强企业的形象和目标,那么企业就需要考虑是否将其撤换掉。例如,一家商场发现其低价提示与商场的设计是相悖的,因为商场设计旨在经营奢侈品和时尚商品,这样按照商场的总体战略,价格或场景设计就需要作出相应的改变。另外,现行的有形展示是否符合目标市场的需求和选择也是评估的内容之一。

（五）展示更新

对有形展示进行更新管理常常基于两个原因：一是随着时间的推移，不同的设计、布局、颜色等表示着不同的信息。这对于一些时尚性的场所（如酒吧、舞厅、时尚服装店等）很重要，过时的服务场景只会导致顾客的大量流失。二是即使社会文化的因素没有变化，时间本身仍会对有形展示造成损害，如地毯的破旧、座位的破损，因此企业仍有必要进行更新管理。

（六）跨职能部门工作

有形展示全部内容的决定并不是由企业的一个部门做出的。例如，广告和定价决定由营销部门做出，服务场景的设计由设备管理部门决定，有关员工制服的决定由人力资源部门做出。那么，这样的交叉管理会不会影响企业统一形象的建立？服务蓝图在公司内部的沟通方面提供了一个很好的工具，借助它，企业可以很快识别出不一致的地方并迅速给予纠正。另外，企业也可以组织一个制定有形展示策略的小组，让有关的职能部门派出代表参与其中，该小组负责制定总的策略，以协调各职能部门的行动。

本章小结

有形展示是服务市场营销组合策略的七大要素之一。有形展示作为服务企业实现其产品有形化、具体化的一种手段，在服务营销过程中占有重要地位。所谓"有形展示"是指在服务市场营销管理的范畴内，一切可传达服务特色及优点的有形组成部分。对有形展示可以从不同的角度作不同的分类。不同类型的有形展示对顾客的心理及其判断服务产品质量的过程有不同程度的影响。

服务场景是服务企业创造的提供服务的特定舞台，是服务有形展示的综合物理环境。在实施有形展示策略的过程中，服务场景的设计往往是企业营销努力的重点，服务场景设计包括企业能够控制的、可以增强员工和顾客行为以及服务感知的所有客观因素。

一般认为有形展示策略包括服务环境展示、人员展示、信息沟通展示三大部分。采用有形展示策略，应以以下两个方面为出发点：一方面使服务有形化，另一方面使服务易于从心理上进行把握。

关键词

有形展示　服务场景　有形展示策略

思考题

1. 什么是有形展示？服务有形展示的类型有哪些？

2. 有形展示的作用有哪些?

3. 什么是服务场景?服务场景如何分类?

4. 服务场景设计的影响因素和原则是什么?

5. 服务有形展示策略的内容和工作要点有哪些?

案例分析

宜家的“家居”体验

来自瑞典的宜家主张并引导消费者进行随意全面的体验。宜家刚进入中国市场没多久,就吸引了众多消费者的眼球,其体验营销方法,给我国企业提供了精彩的范例。

走进宜家,感觉很敞亮,沿着地面上的线路指示,你会发现自己进入到了一个个设计非常温馨的客厅、浪漫的卧室、充满童趣的儿童房,还有井然有序的办公区间……无形的服务在这里变得具体、有形。

一、销售现场的有形设置刺激消费者感官

宜家鼓励消费者在卖场进行全面的亲身体验,比如拉开抽屉、打开柜门、在地毯上走走、试一试床和沙发是否坚固等;宜家在沙发、餐椅的展示处还特意提示顾客:请坐上去!感觉一下它是多么舒服!

此外,宜家的店员不会像其他家具店的店员一样,你一进门就对着你喋喋不休,你到哪里她们跟到哪里,而是非常安静地站在另一边,除非你主动要求店员帮助,否则店员不会轻易打扰你,以便让你静心浏览,在一种轻松、自由的气氛中做出购物决定。

宜家所实施的现场体验方式,其实是通过对人们的感官刺激、改变人们行为过程的方式,因为在人们日常的购物行为中,很多消费者都会被现场的感性信息所吸引,因此现场的体验就会影响到人们的购物决策。

二、体验从产品开始

仅仅有好的场景设置,没有好的产品,也不会带来好的体验。宜家的工作也不仅仅只把工夫花在现场的体验氛围之上,在产品设计方面也费了很多努力,宜家的产品设计充分考虑消费者日常使用习惯,一个产品是否适合消费者使用,宜家的开发人员、设计人员会和供应商进行非常深入的交流,做非常深入的市场调查。

宜家了解消费者的途径是通过宜家卖场,宜家卖场的人员会及时将信息反馈给产品设计人员,设计人员会结合消费者的需求对产品进行改进和设计。一般来说,宜家产品从设计到制作完成需要半年的时间,这当中包括设计、材料的选择、测试、完工等。宜家是非常重视消费者需求的企业,宜家的产品做得非常人性化和精致,常常让消费者爱不释手,宜家产品充分考虑了使用的方便性和舒适性。

三、全程体验加深顾客印象

消费者购买家居还有一些想法,那就是害怕不同的产品组合买到家之后不协调。宜家在这一点上也给予了充分考虑,它把各种配套产品进行家居组合,设立了不同风格的样板间，充分展现每种产品的现场效果，甚至连灯光都展示出来。这样消费者就不会看走眼了，基本上可以体验出这些家居组合的感觉以及体现出的格调。宜家样板间的设计充分结合中国人对于生活的要求和消费模式，并考虑不同产品的颜色、灯光、材料等在一起的搭配效果，并鼓励消费者买回家之后自己进行搭配。宜家承诺，消费者如果自己买回去的东西发现搭配不如宜家漂亮，可在60天之内退货，并负责教会消费者怎样去搭配。

而在单个产品上宜家也设计了消费者自己动手体验的过程，宜家的大件产品都是可以拆分的，因此消费者可以将部件带回家自己组装，所有宜家的产品在设计师设计的时候就鼓励消费者自己动手组装，还会提供各种各样的工具来帮助安装，并配备有安装的指导手册和宣传片。比如就纺织品来说，宜家就制作了一个52集的搭配宣传片，教会消费者怎样去买、去搭配、去选择。

随着消费者消费意识的成熟，消费者对于消费的过程体验需求越来越强烈，宜家结合这样的需求，提供了一套从卖场现场到最终将家具搬回家之后的全套体验营销，让消费者不仅仅在现场体验，而且回到家后还可以自己动手体验安装，拉近了产品与消费者之间的距离。

案例讨论：

1. 宜家的现场有形展示在其体验营销中起到什么作用？
2. 宜家服务场景设计有何特点？
3. 宜家的模式可以复制到中国同类服务企业吗？为什么？
4. 宜家是如何发挥服务场景的作用创造服务体验的，使顾客满意并提高顾客质量感知的？

第九章　服务过程

学习目标

Learning Objectives

1. 了解服务过程的含义与服务作业系统
2. 掌握服务流程与流程图设计的方法
3. 熟悉服务过程的管理与控制

引导案例

海尔厨房精品服务“361”模式

在厨房用具产品竞争日益激烈的今天，提升服务已成取胜关键。在这种情况下，历来重视服务的海尔厨房再次掀起服务升级，颠覆性地推出了精品服务“361”模式。据了解，361 模式中的“3”指柜体、台面、厨电同步一天装完，且保证台面、墙体严实合缝，台面表面光亮清洁，阴阳倒角精准一致，并全程实现无尘安装，对 2 万以上的订单再加赠橱柜的专业保洁服务，达到即装即用的使用效果。除此之外，海尔厨房还形成了“6 个 1”的具体服务规范，分别为：挂上 1 张施工标志牌、贴上一张服务公开监督标准、挂上 1 块防尘布、装上 1 组门框防护套、贴上 1 张温馨提示贴、留下 1 张服务承诺卡。业内专家指出，“361”精品服务模式不仅凸显了海尔厨房自身的品牌魅力，更为整体厨房行业树立了一个新的行业标准。而从卖产品到卖方案，海尔厨房解决方案数据库通过全方位的需求选择和权威的方案推介，最大限度地满足了用户对美好居住生活的向往，并以无可挑剔的精工品质，全方位打造出了现代厨房行业的最高标准。

（资料来源：http://www.scol.com.cn）

第一节　服务作业程序与系统

服务过程是指一个服务产品交付给顾客的程序、任务、日程、结构、活动和日常工作，也称为服务作业过程。服务产生和交付给顾客的过程是服务营销组合中一个主要因素，因为，顾客通常把服务交付系统感知成服务本身的一个部分。服务企业的顾客所获得的利益或满足，不仅来自服务本身，同时也来自服务的递送过程。

一、服务作业程序

所谓“作业”是指运用某种手段将资源投入，经由合并、重塑、转化或分割等方式，从而导引出有用的产出(产品与服务)。作业管理包括规划、组织及控制这些资源的转化过程。转化的目的是为了取得系统的投入,以及在转化过程中所发生的一切成本上或成本外的加入效用或价值。作业管理的目的在于探讨和协调各种系统设计、作业规划、执行与控制之间的关系。

在制造领域,作业管理被称为生产管理,其着重强调的是制造。现在,越来越多的银行、航空公司、旅馆、货运业者、准零售业者、休闲中心、保险公司和许多其他类型的服务业公司,都认识到作业管理已成为成本控制、制度改善和提高服务水平方面的重要投入因素。

服务作业程序主要包括以下工作任务和内容。

(一)过程规划与控制

过程规划与控制的目的,在于使服务产出在质量、数量、递送方式和成本方面能适合顾客的要求。

(二)作业规划

作业规划的目的在于使服务能符合所要求的质量、价格和成本。

(三)装备设计、陈设布局、材料处理和维护

有关装备设计、所在地点、布局以及各种材料的处置和任何有关设备的维护保养,旨在通过作业系统,使各种材料和人员的流动更加顺畅。

(四)日程

日程是指作业推进的详细时间规划,目的在于使服务在约定递送的期间内完成,同时符合资源利用和经济效用原则。

(五)库存规划与控制

库存(包括人员和生产能力)规划与控制的目的是为达到服务所期望和约定的水平。

(六)质量控制

质量控制是指对于服务系统的有关重点采取适当的检查和控制技术以及相应的程序做法,以确保达成预定的质量水平。

(七)作业控制

作业控制是指各种服务系统的信息流出与流入务必畅通,以确保各项作业的顺利进行,可以按照约定日程的特定时间去执行;同时,配合监测服务系统内的工作,依照必要的程序完成工作。

(八)预测及长期规划

预测及长期规划旨在预期服务业公司的未来需求量,并且预测必须纳入服务系统的各种产能。

当然,并非所有的服务企业都必须做到以上所有的项目。以上的各项工作任务,仅为作业管理者职责范围内的要点。因为作业管理和其他很多的功能层面(如人事和营销)的关联都非常密切,因而很难界定作业管理者在各种情况下的确切职责范围。

案例链接

某物业住户求助服务管理标准作业程序

一、目的

规范住户求助服务的管理工作，确保及时、优质地为住户提供力所能及的帮助。

二、适用范围

适用于住户需求时的服务处理工作。

三、职责

一是管理处主任负责住户特殊求助事件的安排、处理工作。

二是事务部主管负责向求助住户提供服务工作的组织实施。

三是总服务台员工和物业部各处负责依据本程序向求助住户提供具体帮助。

四、程序要点

（一）住户求助服务的分类及处理原则

1. 住户求助服务分为以下几类：

（1）急救病人求助服务。

（2）报修求助服务。

（3）投诉求助服务。

（4）咨询求助服务。

（5）盗窃、打架斗殴、抢劫、凶杀、中毒、交通意外的求助服务。

（6）水浸、火灾等灾害事故的求助服务。

（7）其他生活或工作上的正常求助服务。

2. 求助服务处理的原则：

（1）快速反应的原则。一般情况下应立即给予回复，解决不了的应向服务处主管请示后在5分钟内给予回复（有时效要求的服务工作按时效要求执行）。

（2）尽可能提供帮助的原则。对住户提出的正当求助，应尽可能提供帮助，满足求助住户的要求。

（3）严禁推诿的原则。对满足不了住户求助要求的，也应主动帮助其联系相关部门，切忌推诿。

（二）急救病人的求助处理

1. 总服务台员工接到急救病人的求助信息时，首先应主动询问病人的楼层住址及联系电话并及时记录，然后征求求助的意见，询问是否需送医院、打120急救电话或派人帮助护理。

（1）如果求助住户需要帮助送病人去医院的：

①总服务台员工通知安全处根据距离的远近程序安排两人到服务处或病人家中待命。

②总服务台员工安排车辆到住户楼下（如果安全员在服务处时，须知会车辆到服务处与安全员一起去）。

③安全员应向住户说明来意，并听从住户的安排将病人送往医院，一般情况下应要求住户同往，并提醒住户准备必备用品。

④安全员在执行任务时，应遵从求助住户的安排。当求助住户征求有关病情处理意见时，切不可不懂装懂，误导求助住户而延误病人病情。

⑤安全员协助求助住户将病人送到医院后，应主动协助病人安置妥当，并尽力帮助求助住户完成如挂号、找医生、取药等力所能及的事情。

⑥将病人安置妥当后，应询问住户是否还需要帮助。如无须帮助时应及时赶回物业部；如需帮助，应及时向物业部请示汇报后，由物业部经理根据情况安排办理。

⑦安全员返回物业部后将处理情况反馈给安全处值班主管或总服务台员工。

⑧总服务台员工应及时将求助处理情况予以记录。

(2)如果住户需要帮助联系拨打120急救电话时：

①总服务台员工应了解病情后及时帮助求助住户拨打120急救电话（必要时进行确认），并告诉求助住户物业部会安排人员在××××入口做好接应准备。

②总服务台员工将以上情况立即通知安全处值班领班。

③安全处值班领班通知小区入口值班安全员做好接应准备（必要时安排人员在××××入口处等候）。

④急救车到来后，广场入口值班安全员应指引急救车到住户所在地，并尽力实施应有的帮助。

⑤安全领班在接应的任务执行完毕后，应将情况反馈到总服务台，总服务台员工将情况及时予以记录。

(3)如果求助住户要求派人帮助短时护理时：

①总服务台员工应按住户的要求向安全处值班领班说明情况，由安全处班长安排适当的人员前去参与护理。

②护理人员应向住户说明来意后按住户的要求实施护理。

③必要时，护卫处值班主管应到场巡查护理情况。

④护理人员在执行护理任务时，应遵从求助住户的安排，切不可不懂装懂，加重病人病情。

⑤在护理过程中，护理人员不可单独与病人在一起的，应要求病人亲属一起守候，以便处理突发事件。

2. 总服务台员工将安全处汇报的情况登记在《住户求助登记表》内。一般情况下，急救病人的处理工作可在事情处理完毕后向服务处主管汇报；重大的急救工作应立即向服务处主管汇报；服务处主管认为必要的，可向管理处主任请示后，按管理处主任的指示办理。

(三)咨询的求助处理

1. 对住户提出的书面咨询,总服务台员工应予以登记,报服务处主管两日内以书面形式回复,必要时请管理处主任予以书面回复。

2. 对住户提出口头咨询,总服务台员工应按物业部有关规定立即予以解答,解答不了的,经请示服务处主管后予以回复,切忌不懂装懂。

3. 在回答住户的咨询时要耐心、细致,并注意礼貌用语。

4. 咨询事项涉及公司机密的,应注意保密。

(四)投诉求助的处理

按《住户投诉处理标准作业程序》办理

(五)报修求助的处理

按《报修管理标准作业程序》办理。

(六)盗窃、打架斗殴、抢劫、凶杀、中毒、交通意外求助的处理

按安全处《突发事件处理标准作业程序》办理。

(七)火灾、水浸等灾害事故的求助处理

按安全处《突发事件处理标准作业程序》及《火警火灾处理标准作业程序》办理。

(八)对住户要求物业部提供其他生活或工作上的正常求助

物业部应本着力所能及的原则进行处理。

(九)涉及有偿服务的求助

凡涉及有偿服务的按照《有偿便民服务标准作业程序》处理。

(九)资料归档

《住户求助登记表》于次年年初归入物业部统一归档,保存期两年。

五、记录《住户求助登记表》

(资料来源: http://www.0898jz.com/Html/? 1150.html)

二、服务作业系统

服务作业系统可以从很多研究角度来予以分类,其中从过程形态和接触度来分是两种主要的划分方式。

(一)从过程形态来认识

服务业按其过程形态可以分为以下三大类。

1. 线性作业。所谓线性作业是指各项作业或活动按一定顺序进行,服务是依循这个顺序而产出的。制造业中家电产品的装配线是这种作业过程的标准形态;而在服务业,自助式餐厅是这种作业过程的标准形态。在自助式餐厅,顾客依顺序作阶段式的移动,当然,顾客维持不动并接受一系列服务也并非不可。线性作业的各种不同构成要素之间的相互关系,往往使整体作业会受到连接不足的限制,甚至因此造成停顿现象,比如自助餐厅的结账员动作迟缓,但这也是一种具有弹性的过程,过程中的工作项目,可经由专门化、例行化而加快绩效速率。线性作业过程最适合用于有标准化性质并且有大量的持续

性需求的服务业。

2. 订单生产。订单生产过程是使用活动的不同组合及顺序而制造出各式各样的服务的作业形态。这类服务可以特别设计订制,以适合个别不同顾客的需要,并提供事先预订。餐馆及专业服务业,即属于订单生产过程。虽然这种形态的优势关键在于有弹性,但仍然存在时间不易安排,以及用密集资本取代密集劳动不易的困难,同时也不易估算系统产能。

3. 间歇性作业。间歇性作业是指各服务项目独立计算,做一件算一件,或属于非经常性重复的服务作业形态。比如,各种新服务设施的建造、一个广告宣传活动的设计、一个大型电脑系统装置或制作一部大型影片等,都可说是间歇性作业。这类服务工作浩繁,对管理阶层而言,作业管理是复杂而艰巨的,这类服务最有助于专案管理技术的转移及关键途径分析方法的应用。这类项目的规模及其间断性与前两种方式大不相同。

三种作业服务系统的比较如表 9-1 所示。

表 9-1 三种作业服务系统优缺点对比

	线形作业	订单作业	间歇性作业
优点	可以通过专门化、例行化而加快绩效速率	富有弹性,服务可以特别设计和订制	有助于专案管理技术的转移及关键途径分析方法的应用
缺点	受到连接不足的限制,甚至造成停顿	不容易安排时间和估算系统产能	管理水平不高则容易造成混乱

(二)从接触度的角度来认识

顾客接触度高的服务业作业管理与顾客接触度低的服务业作业管理差别很大。对作业管理者而言,顾客接触度的高低往往影响到他们各个不同层面的决策。按照服务制造过程中和顾客接触的程度来分类,与顾客接触度不同的服务业,在作业上差异较大,从而对管理者的含义也各不相同。

1. 高接触度服务业比较难以控制,因为顾客往往成为服务过程中的一种投入,甚至会扰乱过程。

2. 在高接触度服务业中,顾客也会妨碍到需求时效,同时其服务系统在应付各种需求上,较难均衡其产能。

3. 高接触度服务业的工作人员,对顾客的服务印象有极大影响。

4. 高接触度服务业中的生产日程较不容易编制。

5. 高接触度服务业比较难以合理化,比如用技术取代人力。

6. 将服务系统中的高接触度构成要素和低接触度构成要素予以分开管理将较为有利,还可因此而激励员工们在各种不同功能中尽量专门化,因为各种功能需要的技能并不相同。

第二节 服务流程设计

美国著名管理学家迈克尔·哈默曾提出,对于21世纪的企业来说,流程将非常关键。流程是一个企业所有运作活动的路径和范式,企业通过执行流程来实现其战略决策和经营目标。所以,流程的优劣直接关系到企业运作和管理的效率,进而影响到其最终财务效益。优秀的流程将使成功的企业与其他竞争者区分开来。

一、服务流程与流程再造

服务流程是顾客享受到的,由企业在每个服务步骤和环节上为顾客们提供的一系列服务的总和。企业了解服务生产流程的目的,是在各个阶段跟踪消费者,检查是否对他们提供了合适的服务。

按照再造工程创建者哈默的定义,所谓再造工程就是指重新构建服务企业的经营流程,尤其是对关键流程进行彻底的重建,以使服务企业整体功能发生根本性的转变。服务流程再造是指服务企业或部门,从顾客需求出发,以服务流程为改造对象,对服务流程进行根本性的思考和分析,通过对服务流程的构成要素重新组合,产生出更为有价值的结果,以此实现服务流程的彻底重新设计,从而使企业服务的各个流程给企业带来绩效的巨大改善。流程再造是基于信息技术的、为满足用户需要的、系统化的、改进服务企业流程的一种企业哲学。流程再造以流程导向替代原有的职能导向的服务企业组织形式,为服务企业经营管理提出了一个全新的理念。

二、服务流程设计方法

服务流程设计有以下几种方法。

(一)生产线法

在制造业的生产中时刻都会考虑到对过程的控制,产出受机器速度的影响,每个环节都有明确的任务和职责,为了提高生产率,会使用很多工具和设备。而在服务业中,很多人认为就是一个人为另一个人直接服务,受这种观念的束缚,会阻碍对服务系统的创新。而那些把制造业中的生产线法应用到服务业中的企业就会因此而获得成本领先的竞争优势。

肯德基就是将生产线法应用到服务业的典型。它的一切原料都在别处经过测量和预包装处理,员工根本就不必为原料的多少、质量和一致性而担心,对于半成品有专门的设备来储存。炸鸡的生产就表明了对细节的关注:用重量相等的美国标准的A级肉鸡,均匀分封成9块,用含有11种香草和调料的特殊调料加工。这套系统的整体设计从开始到结束,即从鸡块的预包装到使顾客方便清理餐桌上的废料盒,每一个细节都进行了详细的策划和设计。服务系统设计的生产线方式是成功地从制造业中引进来的,这种成功的关键在于以下几方面原因。

1. 个人只有有限的自主权。流水装配线上的员工任务明确并且只能用规定的工具来完成,员工若拥有一定程度的自主权就会生产出更具个性化的产品,但这样就会破坏产品的一致性。标准化和质量的稳定是生产线的优势,对于标准化的日常服务,服务行为和质量的一致性就会受到顾客的关注。对于承诺在任何一家店间都能获得同样高质量服务的企业,顾客就会要求在任何一家店获得相同质量的服务。

2. 劳动分工。生产线方式会将整个任务分成一个一个简单的步骤。这种分类可以使员工发展专门化的劳动技能,另外在劳动分工的同时实行按劳付酬,这样也就可以节省成本。

3. 用技术代替人力。逐步用机器设备代替人力已成为制造业发展的趋势，这种方法也适用于服务业，比如用自动售货机代替售货员，这样大量的业务就可以通过系统的“软”技术来完成了。超市通过使用计算机管理存货，这样在货物短缺时计算机会自动发出提示或直接向厂家订货，这样就节约了大量的人力、物力，而且一般会相当及时准确。

4. 服务标准化。肯德基有限的几种食品保证了服务的快捷性，限制服务数目种类为预测和事先规划创造了机会。服务变成了事先已设定好的常规工作，这可以使顾客有序地流动。标准化便于控制过程，从而也就有利于服务质量的稳定。特许经营就是充分利用了标准化的优势，在全国建立相同的组织，这样也就保证了服务的一致性。

（二）顾客接触法

按照顾客参与的程度，服务传递系统可以分为高顾客接触和低顾客接触。顾客接触是指顾客亲自出现在服务传递中。顾客接触程度可以用顾客出现在服务活动中的时间与服务总时间的百分比来表示。将服务分成高接触和低接触后，每一个领域都可以单独设计以使服务实现改进。

在低接触服务中，顾客不在服务过程中直接出现也就不会对生产过程产生直接影响。服务的后台活动，就可以像工厂一样运行，在这里，制造业中的所有经营观念和自动化设施都可以使用，而且这样的分类还可以让顾客感受到个性化的服务，同时也可以通过批量生产达到规模经济。这种方法之所以会取得成功是取决于服务生产过程中需要的顾客接触、程度以及在低接触作业中分离核心技术的能力。

在顾客接触高的服务中，顾客通过直接接触服务过程从而决定了需求的时间和服务的性质，服务质量在很大程度上由顾客的感知决定。高度接触的活动需要服务员有较高的人际交往能力，因为在这些活动中，服务的水平和任务是不确定的，顾客在一定程度上决定服务的需求并在一定程度上决定服务本身。

（三）顾客参与法

在大多数服务行业，只有在顾客出现时，服务才能被传递，比如在理发店理发、到餐馆进餐等，这就是说顾客并不是被动的旁观者，当需要的时候，顾客可以是很好的参与者。这样就可以将一些服务活动转交给顾客来提高生产率，也就是将顾客变成合作者。而且顾客的参与还可以提高服务的定制化程度。比如在自助餐厅，允许顾客选择自己喜欢的食物，厨师不需要按照每位顾客的要求做食物，只要提前把相应的食物做好就行。如果一家企业把目标顾客集中在那些愿意进行自我服务的人，那么让顾客参与到服务中来就可以以某种形式来支持成本领先战略。

顾客在服务传递过程中的参与贡献表现在以下几个方面。

1. 用顾客的劳动代替员工的劳动。随着工资成本的提高，越来越多的公司鼓励顾客参与以代替个性化的服务。现在，酒店的门童越来越少，而餐厅的自助服务越来越多。技术的进步也为顾客的参与提供了条件。现今顾客已成为生产的合作者，并且从低成本的服务中得到好处。

2. 理顺服务需求。服务有很强的时间性，比如美容院衡量服务能力的合适标准是为顾客美容的时间而不是美容师的数目。这种方法强调,如果缺少顾客的需求,服务提供者的服务能力就不能体现出来。但是消费者的服务需求是随时间的变化而有所变化的,比如对餐厅的需求就会在一天中随时间而变化,对电影院的需求会在一周内变化、对旅游的需求就会随季节而变化。如果这种需求变化能够理顺,就可降低需要的服务生产能力,也就是能更有效地利用一些服务设施,最终来提高服务生产率。要实施这种理顺服务需求的策略,就必须要有顾客的参与,调整他们的需求时间使其与可获得的服务相适应。要达到这种目的,最好就是能预先约定,这样既可以减少顾客的等待时间,也可以让公司有一定的准备;也可以在服务需求较低的时候通过降价来吸引消费者,调整其需求时间。即使不能理顺服务的需求,也可以通过要求顾客等待来达到较高的服务能力利用率,因为顾客的等待会更大限度地利用所有的资源。

当然,把顾客等待作为服务过程的投入,可能有的顾客就会不满,因为每一个顾客的时间价值观是不一样的。要让顾客参与进来,还要对顾客进行培训,服务效率的提高也需要依靠有知识和自信的顾客。

(四)信息授权法

如今社会已步入信息时代,无论是否愿意,每个人都是其中的一分子。信息技术(IT)已经走进了我们的日常生活,正成为全世界日常生活中的一部分,没有涉及信息技术的领域现在已经很难找到了。没有信息技术,服务也就几乎不可能存在了,信息技术所能提供的也不仅仅是方便地记录保存,事实上,信息技术很重要的一点就是给员工和顾客一定的权利。

1. 员工授权。信息技术最早是用于保存记录,一个企业可以建立包括顾客姓名和地址的数据库,也可以建立包括所有供应商的姓名和地址的数据库,这样方便保持同顾客和供应商的关系。虽然可以快速精确地保存记录,但仍旧只是录入数据,订货员、一线服务员、生产人员还是各自为政。现在相关数据库的发展改变了这种情况,关系或整合数据库意味着每一个人都可以使用一项业务的各方面的信息,一线服务员或生产人员可以通过存货清单来起草订单,从而可以不必通过订货员,这也意味着员工授权的时代已经来临。当然,计算机是保存数据的关键,它是一种功能强大的记录姓名和数字的工具,而且当计算机彼此"对话"时,便出现了新的革命。现在,员工可以通过接口互相影响,甚至可以与其他公司的员工互相联系。

2. 顾客授权。计算机和信息技术可以授权给员工,使其更好地为顾客服务。顾客也可以直接由计算机授权。互联网是一种将全世界联系在一起的强有力的工具。顾客可以不必完全依赖于本地的服务供应者,通过互联网就可以满足在世界范围内购物或者其他的需求。信息技术使顾客以积极的方式参与到服务过程中来,比如可以在网上查看旅馆的房间,得到有关的信息,这样就扩大了选择的范围。人们的日常生活越来越多地受到信息技术的影响,并且这种影响将以周、日或更短的时间来计算。

三、服务流程图设计

(一)服务流程图

服务管理者了解其服务递送过程的一个重要步骤,就是制作服务系统的流程图表,并将服务过程中与顾客互动顺序予以流程化。服务流程图是指把服务表现的关键构成要素用图形来表现,服务流程图涉及的内容包括顾客、服务人员(与顾客接触的和不与顾客接触的)、顾客与服务人员之间的接触、员工与员工之间的接触、顾客看得见的有形展示和看不见的后台活动。服务流程图就要把这些要素串联起来,从整体的角度来描述它们如何把服务表现出来。

任何类型的服务企业管理者在需要更好地了解创造和传递服务的过程时,都可以采用绘制服务流程图的方法,把服务过程以流程图的形式表示出来。具体来讲流程图的作用如下。

1. 提供服务系统的视觉特征,简单明了。在对有关人员的关系上,图解比言语更有效。

2. 容易发现服务过程中可能存在的瓶颈,并可估算每一阶段所需的产能。

3. 可以了解顾客参与的具体环节,以便对互动营销进行管理。

4. 可以确认某个阶段所需要的信息。

(二)服务流程图的绘制方法

绘制流程图需要区分核心服务和附加服务,区分它们与消费者在服务生产过程中的每一个阶段的关系,这些阶段应按照时间顺序反映出来。服务流程图的绘制可以采用不同的方法,常用的方法有服务图法和蓝图法。

1. 服务图法。服务图描述的是一种当前的状况。它从顾客的角度来描绘企业的服务提供过程。服务图既可以简单化,也可以复杂化,这要视具体情况而定。

完整的服务图的绘制方法是:首先要描绘出水平方向的服务过程;接着在每个环节的旁边列出该过程的参与者;之后可以在服务图上画出一条粗线,粗线上方的活动都是顾客可以看到的,它意味着这些环节一般顾客的参与程度较高,服务提供者和服务接受者的互动过程对服务质量影响较大;最后一步是识别出最有可能失败的环节。一般来说,最有可能失败的环节包括:①服务过程中的有些步骤不能增加顾客享受服务时的价值,在大多数情况下这些步骤都是重复的;②服务人员在提供服务前未能有效地调整顾客的期望;③有些步骤中顾客的参与和合作非常重要,但顾客却没有认识到这一点;④有些步骤过分强调员工个人的判断力;⑤服务提供过程本身在某些环节上设计欠佳,或缺乏可靠性。

2. 蓝图法。蓝图法描述的是一个设想的或已经修正的程序以及它应该如何运作的直观图形化设计。根据服务蓝图模型,一项服务所需的每一项工作及各项工作间的相互关系都被描述出来,同时它还要指出该服务的所有步骤和变化点,分析出使用资源时的动态变化将如何影响服务过程及其结果,并应该指明可能出现错误并破坏被感知的服务质量的失误点,以便在计划过程时采取预防措施。

制作蓝图首先要确定特定的顾客在使用特定服务的过程中,同服务企业发生的每一种相互作用,这里需要区分出核心服务和附加服务要素。接着把这些相互作用的活动按发生的时间顺序进行排列,之后把为每一个前台活动提供支持的后台活动画成框图,最后描述出每个环节中顾客真正需要的价值,以及该环节中容易出现的失误。

案例链接

一汽轿车销售服务工作流程图

此案例展示的是一汽轿车销售服务工作流程图，如图9－1所示。

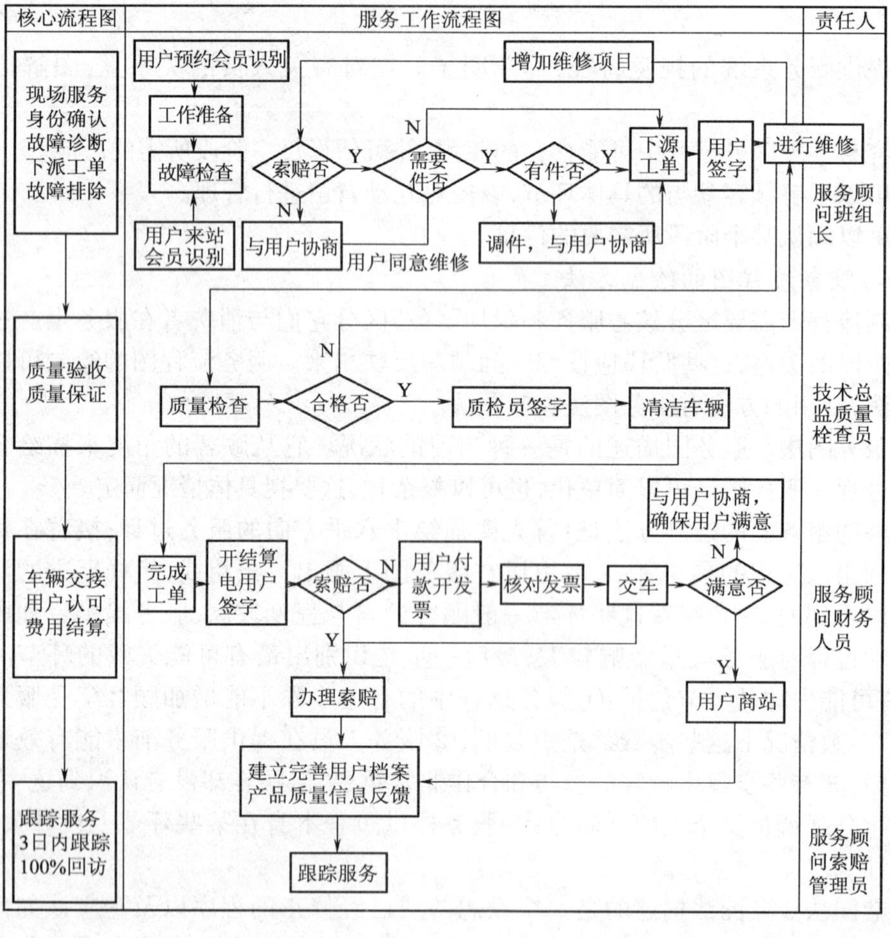

图9－1

（资料来源：http://car.faw.com.cn/car/service.jsp）

第三节　服务过程的管理与控制

一、服务过程管理与控制工作内容

（一）服务过程分析

服务过程分析是对服务过程中影响服务质量的各种因素进行分析，找出关键性因素，分析关键性因素的影响方式、影响程度以及这些因素与产品质量特征之间的关系，建立过程因素的控制标准或质量控制计划，为开展过程质量控制活动提供标准依据和要求。质量的过程分析主要有一线服务流程分析、服务提供过程分析、顾客需求的满足过程分析和二线辅助服务过程分析等。服务过程分析要着重对服务过程中的主要瓶颈进行分析，企业服务过程中的常见瓶颈，如表 9－2 所示。

表 9－2　服务过程中的主要瓶颈分类

突发性瓶颈	机械故障	这是最危险的情况，有些机械故障不可避免，但很多机器故障是可以通过有计划的预防维护来避免的
	物料短缺	最常见的物料短缺是在流程的某处缺少原料或工具
	劳动力短缺	不可预料的短缺、辞退或辞职，此瓶颈特别存在于那些拥有大量临时工的企业
慢性瓶颈	物料方面的问题	订购错误的物料或物料供应不足 物料搭配需求经常变化
	流程方面的问题	能力不足 质量问题 不恰当的设施布置 缺乏柔性流程

服务过程分析一般采用质量管理常用的统计方法，按下列步骤进行。

1. 分析过程质量因素的状态。
2. 选择过程质量特性值。
3. 分析影响质量特性值波动的因素。
4. 确定关键性因素的控制标准。
5. 实施控制，验证效果。

（二）服务过程质量控制

服务过程质量控制是指为把服务质量控制在规定的要求范围内，保证服务质量稳定并使顾客满意而开展的各种技术运作和活动的总称。服务质量既强调服务过程的质量控制，也重视服务结果的质量效果。服务过程质量控制需要以下基础性工作。

1. 制定服务过程质量控制所需要的各种程序和标准，包括服务程序和服务标准、物品标准、环境标准和设备保证标准等。

2. 建立一套灵敏、快捷的信息反馈系统，以掌握服务过程控制标准的实际执行结果及可能发生情况。

3. 制定能纠正实际执行结果同原有标准之间产生偏差的措施。

（三）服务过程改进

服务过程改进是在过程分析的基础上，根据过程质量控制中发现的问题和对问题的分析，提出对原有生产服务过程进行修正和改良的活动。对服务性企业来说，服务过程的科学性和有效性是服务质量的基础和保证。科学和有效的服务过程不仅具有提供优质服务的能力，而且能够保证服务质量稳定并得到不断的提升。

二、服务过程管理与控制的难点

（一）服务业目标和产能的利用

对于某些服务业，是不能使用传统的利润和投资报酬率方式加以衡量的（如交通运输等公共服务业），而必须采用其他方式，尤其是在非营利性服务业及社会性服务业部门，必须建立与其性质相适应的服务业目标。

服务的非实体性，意味着建立库存具有很多限制。当然，从某种程度来说，服务人员及其技能是可以储存的，设备也可以储存（必要时可提供额外的产能）。但一般而言，在服务业，今天没有用完的或闲置的东西往往就必须废弃，而不能留给以后的超负荷需求来使用。因此，服务作业管理中要进行的最基本的决策难题是：想要提供的产能水平是多少？过多产能可能会造成作业的不经济，过少产能则在服务递送时造成瓶颈，而效率不足会导致顾客反感。

（二）顾客的服务过程参与

顾客往往可以通过与服务人员关系的质量来判断服务质量，并从中获得满足。显然，服务人员的自我态度、训练的质量与其服务的知识水平，对于顾客的需求满足与否影响甚大。但是，服务人员毕竟只是服务系统的构成要素之一，他们虽然可以尽其所能协助顾客，但却无法完全补偿整体性服务系统的不完善和低效率。

就作业管理而言，服务人员和服务系统之间存在相互交替作用。如果将服务人员的自由决策权去除的话，可能会使服务系统的运作更经济，并形成较为统一的质量。但是，这样却会牺牲服务人员的工作满足感。因为工作一旦例行化、制度化，将降低服务人员能力的发挥，并减弱他们的工作动机，而且，可能妨碍到他们最终向顾客提供服务的质量。

在高接触度服务业，顾客也参与服务递送过程，因此服务系统的设计，也必须考虑到顾客的反应和动机。顾客对服务企业的要求，会影响到服务表现者的行为。要调整对服务系统的管理，可能要先调整顾客的行为，或者将顾客行为从服务系统中完全除去。即改变消费者与服务生产者的互动方式。在改变服务系统时，必须采用营销的观点。因为，只要作业管理在传统的服务产业部门引起各种变迁，就会直接影响到顾客，但顾客是否接受这些变迁则不可知。此外，顾客的抗拒心理往往也是采取合理方法进行改善的一大阻碍。将服务系统，尤其是高接触度服务业区分为技术核心与个人化接触两个部分，或许可以缓和上述的顾客抗拒问题。使用这种方式，大量的生产可以在技术核心内实现（如计算机化银行交易）。但是，顾客仍然和技术核心的作业有若干程度接触，因此，对顾客反应保持高度敏感仍然很必要。

为促成作业管理变迁的成功实施，可将对顾客的服务分解为以下七个步骤。

第一步，取得顾客信任。顾客接受变迁的意愿，是服务业公司被顾客认为值不值得信赖的一种函数。

第二步，了解顾客习性。这一点有助于对任何变迁的合理性作更成功的展现。

第三步，测试新的服务程序和设备。通过实地试用获取顾客对其了解与反应的评估。

第四步，了解消费者行为的决定因素。了解消费者为何会采取某种行为。

第五步，教导消费者如何运用服务的各种创新。顾客可能会对变迁有所抗拒，尤其是对服务的器械化，因此需要对他们进行训练和辅导。

第六步，利益促进及试用激励。接受度通常是顾客对各种利益观念的一种函数，如果接受度不明显，则设法促进很重要。

第七步，监测并评估成效。服务企业应持续不断地对作业管理进行监测、评估和修正。

（三）服务系统的组织内冲突

服务业的有些经营包括对许多小单位即多地点作业形态的管理。这些小单位往往分散于不同的地理位置。中央作业可能仅限于策略性决定事项，如选择新服务处所、规划未来服务产能、建立人事与训练政策以及采购控制与财务控制。但分支单位经理必须管理该处所的整个服务系统，他们的职责包括：营销、作业和人事。即是使该处所的作业更具有整体管理的角色，而在该处所具有高度独立性的作业系统中，各项功能之间的影响与相互依存性往往造成冲突问题。例如，每当一种创新服务被引进时，某一作业处所管理者想要均衡作业和营销上的需求，或者想要均衡作业上和人事上的需求时，营销上和作业上总会出现功能间冲突。

1. 服务系统的组织内冲突原因。据调查，造成这种功能间冲突的原因主要来自以下四点。

（1）变迁的各种动机不同。在不同的功能部门，对于系统变迁各有不同的动机（如作业方面，可能根植于技术上的开发进展，而营销方面，则可能根植于提高市场占有率的可能性）。

（2）成本收益取向。作业经理人往往关心提高效率和降低成本，营销经理则追求营业额与收入增加的机会。

（3）不同的时间取向。营销人员往往采取短期导向，关注于短期性的情况，而作业人员则着眼于新技术及新作业程序引进的长期导向。

（4）对既有作业中加入新服务适度的认同。自营销观点引进的新服务产品并不一定是相容的，而且不一定与既有的作业系统相适合。

2. 服务系统组织冲突克服的方式。如何克服功能间的冲突呢？一般可采取以下几种方式。

（1）功能间转移：用工作轮调的方式让员工能在不同功能组织间保持流动。

（2）任务小组：可成立任务编组，以整合各种不同功能性观点，并解决功能间冲突。

（3）新任务新员工：为现有员工重新定向，并从其他单位甚至是企业外引进新人。

（4）在工作现场培养营销导向。

组织内冲突通常源于服务作业的性质及其结构，比如说，多数多地点作业的服务业都采用直线与小组的组织方式。即每一作业地点都有一个经理人负责，每一经理人的激励，当然会受到每一作业地点决定权的大小以及总公司的控制程度与影响力来决定。有些服务业需要给予分店营运经理以较高程度的授权，以及其自身高度的自发性和机动性。另外，有些从事较为标准化类型的服务业，则可能需要严格奉行总公司制定的程序和标准，并不需要分店经理人拥有太多的自主权。

三、提高服务生产率的途径

（一）服务业生产率的特点

生产率的定义通常是指一种生产过程的产出相对于投入总值的比率。传统观念中的生产率是把生产过程和社会背景因素全然分开，将生产率看做是一种封闭体系的性质。衡量服务业生产率的问题，应考虑影响到生产率评估的某些重要的服务业特性及营销方式，许多服务业是属于会受外来因素影响的开放系统而非封闭系统。在许多服务业，其生产率往往有一部分依赖于消费者的知识、经验和动机。消费者在服务生产过程中通常扮演一定角色，此项投入的质量也会影响到服务的生产率。

服务业生产率衡量，应该从数量层次和质量层次两方面加以探讨。事实上，对许多服务业而言，服务产品（如餐厅、企业顾问等）的质量层次是其生产率的基础。此外，我们可以将服务业的主要类型按照质量数量组合做出假设性的定位。此外，服务业衡量生产率的另一个困难是：某些服务业的需求和其他厂商或机构的产出需求具有相关性。

（二）提高服务生产率的途径

提高生产率对于各种服务营销公司都是一项重要的工作。利润是服务业公司经营的目标，服务企业必须改善生产率以维持市场地位，避免因价格过高而失去市场。提高服务生产率的主要方式有以下几方面。

1. 提高服务员工的素质。利用更好的招聘、训练、发展和激励制度，对有关服务递送与表现的新旧员工，在知识、技能、态度和行为方面进行改进。特别要对那些与顾客接触并处理有形服务要素的员工进行训练，使其可以处理疑难和抱怨，拥有产品的有关知识，并会操作内部系统。企业还要采取兼顾产出与利益分享的生产率保证方案，作为奖励提高生产率的方法。换言之，可以用激励方式使员工工作更努力。

2. 采用系统化科技。在服务业方面多利用一些制造业的方式是必要的。一般而言，一提到服务业的改善问题就往往拘泥于从改善服务员工的技术和态度上去解决，而从不考虑其他改善的可能性，这可说是一种自我限制。因此，欲改善服务的质量效率，服务业公司必须采取科技化思维方式。采取此方式的许多其他行业，往往可以把高成本的精确度不够的手工技术，用低成本的、质量可预知的大规模制造来取代。

服务业公司要想在生产率增进方面有所收获，只要他们能采用更系统化和技术的方法，把任务视为一个整体来看，即寻找出关键性作业及其他可选的表现方法配合使用，去除非必要的作法，改善整个体系内的合作方式，变换陈设布局、改善设计，并考虑系统整体成本，就能体现系统化管理的特色，取得良好的服务效果。

服务业系统化管理的应用有三种方式：采用硬件技术、采用软件技术和采用混合式技术。

（1）硬件技术是指以器械和工具取代人力（如自动洗车、机场 X 光检验设备、自动停车场、自动销售设备、视听设备、电脑）。

（2）软件技术是指预先计划系统。这个系统通常包括利用某些科技，但其基本的特点是系统本身是为获得最佳成效而设计的。

（3）混合式技术是指硬件技术和软件技术相结合，以使服务过程更合理、更快速及更有效率(如限额服务、快速汽车轮胎修理设备及刹车器修理)。

3. 减低服务层次。服务生产率的改进,也可通过减少服务数量或者降低服务质量来实现,但这种方式具有一定的危险性,尤其是对于过去曾经承诺递送较高层次服务的公司更是如此。此外,竞争者也往往以其服务数量和质量的扩充与升级来差异化其服务产品。

4. 用产品替代服务。生产率也可以通过以产品替代服务的方式而获得改善。

5. 引入新服务。设计一套更有效率的服务来消除或减少对效率较低服务的需求。例如,目前的横跨大西洋旅行,航空飞行几乎已全部取代了航海;信用卡也取代了其他的银行透支的方式。

6. 改变顾客互动性。改变顾客与服务提供者之间的互动性,也可以改进服务业生产率,尤其是高接触度服务业。在生产过程中,需要顾客参与的程度愈高愈要了解顾客行为及其背后的种种原因。因此,必须发掘更多的方法,以便能更好地掌握顾客。由于消费者或主动或被动地参与服务递送过程,因此,可以利用服务递送产生的利益来教导及说服其转变行为,争取并保持消费者在生产过程中的合作与配合,从而激励其购买服务。

7. 减少供需间的错位。许多服务业公司的一大问题是其供需之间往往存在错位现象。服务业的营销目标是:更有效地控制供给与需求,使两者之间趋于均衡。服务营销者面临着增高需求(如用尽备用产能)、减低需求(如存在超额需求情况)、取得更均衡的服务供给(即符合波动需求形态)的问题。

本章小结

服务过程是指一个产品或服务交付给顾客的程序、任务、日程、结构、活动和日常工作,也称为服务作业过程。服务作业程序的工作任务和内容具有较强的复杂性。服务作业系统可以从很多研究角度来予以分类,其中,从过程形态和接触度来分是两种主要的划分方式。服务流程是顾客享受到的,由企业在每个服务步骤和环节上为顾客们提供的一系列服务的总和。流程再造以流程导向替代原有的职能导向的服务企业组织形式,为服务企业经营管理提出了一个全新的理念。服务流程设计方法与服务流程图设计是流程再造的基本要素。服务过程的管理与控制是提高服务生产率的基本保障。

关键词

服务过程　服务流程　服务过程的管理与控制

思考题

1. 什么是服务作业程序与系统?

2. 什么是服务流程与流程再造？
3. 服务流程与流程图的设计方法有哪些？
4. 服务过程管理与控制包含哪些工作内容？如何提高服务生产率？

案例分析

一杯咖啡与100万美元

65岁的美国妇女史特拉，一次带着外孙出去逛街。吃午饭的时候，她从麦当劳买了一些食物带到汽车上。史特拉拿出一杯热咖啡，正要喝的时候，她的孙子吵着打不开汉堡的包装纸，史特拉只好放下咖啡帮忙。因为车里没有什么平的地方可以放咖啡杯，史特拉只好把杯子放在两腿之间夹住，以腾出双手来帮自己的小孙子。意外的是，咖啡的温度相当高，烫伤了史特拉腿上的一块皮肤。

史特拉对此十分抱怨，不过她只把这当成生活中一般的小插曲，并没有过分在意。几天以后，她和她的律师闲聊的时候说起了这件事情，她只不过是一个上了年纪的老太太，想找个人说一下话，并没有别的想法，但是史特拉的律师却不这么认为。他详细地询问了整个事件发生的过程并记录了下来，第二天，他来到史特拉买咖啡的那家麦当劳，很礼貌地请他们的经理出来。经理是一个很开朗的人，两个人的谈话“很愉快”。

当律师问到店里的咖啡是不是有一点烫的时候，这位经理是这样解释的：根据科学研究，咖啡在某个温度的时候，散发出来的香味是最浓的，这样就能吸引更多的顾客。

律师继续问：“那顾客会不会因此而烫伤？”经理回答：“这个就需要大家自己小心了。”这个单纯的经理完全没有想到这次看似简单的谈话会带来怎样严重的后果。

一个星期后，麦当劳公司接到了法院的传票。在法庭上，史特拉的律师慷慨激昂，那次谈话成了对麦当劳最不利的证据。律师在法庭上说：“麦当劳完全知道所出售咖啡的温度对人体可能会造成伤害，但是他们仍然这样做了，这是赤裸裸地漠视顾客安全。在咖啡的包装上和麦当劳店里，没有任何提示说他们所出售的咖啡可能会烫伤人，而他们的负责人却说：‘这只能需要大家自己小心。’”

最后，史特拉成功地打赢了这场官司，并获得了高达百万的赔偿，当然这位律师也获得了不菲的律师费。

这个案件的影响非常巨大。此后，麦当劳在全世界的分店里都把咖啡的温度下调了，而且在显著的位置上提醒：“温度高，小心烫伤。”

（资料来源：学优网）

案例讨论：

1. 思考并描述麦当劳的服务流程图是怎样的？
2. 调查快餐行业的服务流程并选择两家企业做对比。

第十章　服务人员

学习目标

Learning Objectives

1. 了解服务企业中服务人员与顾客
2. 掌握内部营销的动因与战略内容
3. 掌握服务人员的内部管理
4. 理解服务人员的培训并学会运用

引导案例

联邦快递:让员工与企业一起成长

每一位进入联邦快递的员工都会发现:培训是生活和工作中不可缺少的一部分——你的笑容、仪表、举止,说话的轻重急缓都会得到专门的训练。另外,道德操行方面,公司也有一整套培训测评。

受训员工被要求递送一件客人急需的物品,途中目睹了一起车祸(事先设计的),先去送物品,还是先把受伤者送往医院?如果简单地选择了前者而置受伤者不顾,你可能会“不及格”甚至“下课”。如果你妥善处理了受伤者,又想别的办法把物品及时送到顾客手中,你就可能得“满分”——这是联邦快递人力资源主管告诉我们的一个关于培训的小故事。

培训是没有贵贱的。即使最普通的员工每年都能得到2 500美元去念书,每个速递员在递送第一件物品前,都要接受40个小时的“刚性”培训。

联邦快递亚太区副总裁陈嘉良先生谈到,快递行业的饭不好吃——全球快递业的前15名已有13个进驻中国,中国邮政手里还捏着“特快专递”这张王牌,中国快递业的开放之门仍半开半掩。市场竞争如此激烈,而联邦快递却能业绩骄人,成为“领跑者”,靠的就是“人性化服务”。“服务人性化,靠的就是人和其心智,而这些很大程度是能通过培训得到的。”

联邦快递公司在中国的本土化程度相当高,在中国600名员工中,外籍人员不足10人。陈先生感慨,在服务化程度不算太高的中国,公司花费了大量的培训成本对员工进行服务意识的培训。

每时每刻,联邦快递都有3% ~5%的员工在接受培训,它在员工培训方面的花费每年约有1.55亿美元,成为美国在培训方面投入最大的企业之一。

(资料来源:从白手起家到百万富翁,世界创业实验室)

在服务营销的7PS组合中,人在服务的生产与营销中,扮演着一个相当独特的角色。

服务人员和顾客是服务营销组合中“人”的要素的两个方面。本章着重讨论服务企业员工的问题,即服务企业内部营销。服务营销的成功与人员的挑选、培训、激励和管理的联系越来越密切,人员在服务营销中的作用越来越显得重要。

第一节　服务人员及内部营销

一、服务企业中的服务人员与顾客

(一)服务人员

在提供服务产品的过程中,服务企业的员工是一个不可或缺的因素,尽管有些服务产品是由机器设备来提供的,如自动售货服务、自动提款服务等,但企业的员工在这些服务的提供过程中仍起着十分重要的作用。服务业公司与制造业公司的一大区别是,顾客所接触的服务业人员的主要任务是实现服务,而不是营销服务。在工业产品市场,顾客与操作层次的接触很少,对于整个产品的提供顾客不可能有任何责任。但在服务业市场,接触机会就大得多了。绝大多数的公司员工都与顾客有某些形式的直接接触。

一般而言,对服务企业的人员可分为两类:必须与顾客接触的员工与不需与顾客接触的员工。对于那些要依靠员工直接提供的服务,如餐饮服务、医疗服务等来说,员工因素就显得更为重要。一方面,高素质、符合有关要求的员工的参与是提供服务的一个必不可少的条件;另一方面,员工服务的态度和水平也是决定顾客对服务满意程度的关键因素之一。一个高素质的员工能够弥补由于物质条件的不足而可能使消费者产生的缺憾感,而素质较差的员工则不仅不能充分发挥企业拥有的物质设施上的优势,还可能成为顾客拒绝再次消费企业服务的主要缘由。

(二)顾客

由于服务的无形性特征,顾客缺乏有形实体作为评价服务质量的基础,往往将服务组织的工作人员等同于服务本身。顾客对所接受的服务质量评价通常包括两个要素:技术性质量和功能性质量。技术性质量是指顾客在他与服务业公司之间交易后所得到的实质内容,如大饭店的房间、餐厅的餐饮、搬家公司的搬运服务等。技术性质量可以通过客观方式加以评估,并成为任何顾客对某项服务评价的重要依据。功能性质量是指服务的技术性要素是如何被移交的。服务的功能性要素有两项最重要的构成,即过程和服务体系中的人。功能性质量虽不易于进行客观的评估,但也是顾客对服务评价的重点。功能性质量包括以下要素:员工的态度、员工的行为、员工间的关系、与顾客有接触经验员工的重要性、服务人员的外观、服务对于顾客的可及性、服务人员对于服务的态度。

对服务公司的营销活动产生影响的另一种因素是顾客们之间的关系。一位顾客对某项服务量的感受,很可能会受其他顾客意见的影响,这与受服务业公司员工的影响,在道理上是一样的。顾客总会与其他的顾客谈到服务公司,或者当一群顾客们同时接受一项服务时,对服务的满足感往往是由其他顾客的行为间接决定的。

二、内部营销

内部营销起源于这样一个观念,即把员工看做是企业最初的内部市场。内部营销的概念形成于20世纪80年代,依据科特勒的观点,内部营销即为成功地雇用、训练和尽可能激励员工很好地为顾客服务的活动。内部营销是指服务公司必须有效地培训和激励直接与顾客接触的职员和所有辅助服务人员,使其通力合作,并为顾客提供满意的服务。

(一)内部营销产生的动因

考虑到人的因素在服务营销中的重要性,克里斯蒂安·格隆罗斯(Christian Gronroos)提出,服务业的营销实际上由三个部分组成,即内容营销、外部营销、互动营销,见图10-1。

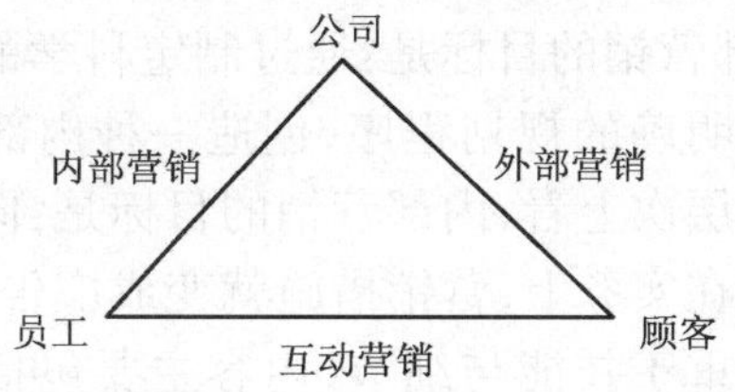

图10-1

其中,外部营销包括服务企业提供的服务准备、服务定价、促销、分销等内容;内部营销则指企业培训员工及为促使员工更好地向顾客提供服务所进行的其他各项工作;互动营销则主要强调员工向顾客提供服务的技能。服务性企业对员工从事内部营销,对顾客则从事外部营销,而员工之间则交互营销,共同为顾客提供服务。因此,服务性企业的营销不仅施之于顾客,而且还要针对内部员工身上,这不同于有形产品的营销。实际上,坎普顿(Compton)等人曾直率地指出:内部营销策划是外部营销的先决条件。越来越多的服务企业认识到内部营销的重要性,内部营销已被当做是外部营销成功执行的先决条件。

对大多数服务来说,服务人员与服务是不可分的,会计师是财会服务的主要部分,医生是健康服务的主要部分。服务首先是一种行为,这种行为又是劳动密集型的,因此,服务企业特别是劳动密集型的服务公司,员工的素质影响服务的质量,进而影响服务营销的效率。为了成功地实行服务营销,服务公司首先必须进行成功的内部营销,对待内部顾客要像对待外部顾客一样。内部营销是和服务保证的观念相联系的,向潜在的顾客作出保证说提供的服务将充分满足他们的需要,正在成为一种吸引顾客的手段。但在实践中如果没有适当的内部营销工作,那它是难以成功的,内部营销强调的是公司在成功达到与外部市场有关的目标之前,必须有效地进行组织与其员工之间的内部交换过程。进行内部营销的最终目的是使外部的顾客对企业感到满意,并且不断地购买企业的服务。如果服务和沟通行动在针对内部目标群体时不能很好地市场化,那么,最终针对外部顾客的营销活动也不可能取得成功。内部营销的主要目的在于鼓励高效的市场营销行为,建立这样一个营销组织,通过向内部人员提供良好的服务和加强与内部人员的互动关系,以便一致对外开展外部的服务营销,使其成员能够而且愿意为公司创造"真正的顾客"。

(二)内部营销战略

内部营销是一项管理战略,其核心是发展对员工的顾客意识。在把产品和服务通过营销活动推向外部市场之前,应先对内部员工进行营销。只有进行恰当的内部营销,企业在外部市场上进行的经营活动才可能获得最终成功。“有效的服务,要求有理解服务观念的员工。”在员工不太情愿销售一种他们本身就不太接受的服务产品的情况下,内部营销就更加重要。内部营销过程实际上就是对服务营销组合中人员要素的管理过程。

从管理哲学的角度来分析,内部营销功能主要是将目标设定在争取自发而又具有顾客意识的员工。因此,内部营销计划可划分为两个层次:策略性内部营销与战术性内部营销。从策略层次上看,内部营销的目标是:通过制定科学的管理方法、升降有序的人事政策、企业文化的方针指向、明确的规划程序,创造一种内部环境,来激发员工主动为顾客提供服务的意识。从战术层次上看,内部营销的目标是:向员工推销服务、宣传并激励员工更好地开展营销工作。在实务上,营销措施就变成广告活动,不但是为了影响顾客,同时也为了影响员工。它侧重于技能与细节,内容主要包括:定期或不定期地举办培训班、内部相互沟通,召开情况介绍会、座谈会、茶话会;内部全员沟通,如定期出版报纸或快报;情况调查,确认员工需求等。

第二节　服务人员的内部管理

一、服务利润链与服务人员内部管理的重要性

(一)服务利润链

在服务营销组合中,处理好人的因素,就要求企业必须根据服务的特点和服务过程的需要,合理进行企业内部人力资源组合,合理调配好一线队伍和后勤工作人员。以一线员工为“顾客”,以向顾客提供一流的服务为目的,开展好企业内部营销工作。前已述及,顾客对企业服务质量评价的一个重要因素是一线员工的服务素质和能力,而要形成并保持一支素质一流、服务质量优异的一线员工队伍,企业管理部门就必须要做好员工的挑选和培训工作,同时要使企业内部的“二线”、“三线”队伍都围绕着为一线队伍的优质服务提供更好的条件这一中心展开。只有为一线员工创造了良好的服务环境,建立了员工对企业的忠诚,进而才能实现为顾客服务的热忱,通过较高的服务质量赢得顾客对企业的忠诚。服务利润链(Service - Profit Chain)对这一思路做出很好的说明,如图 10 - 2 所示。

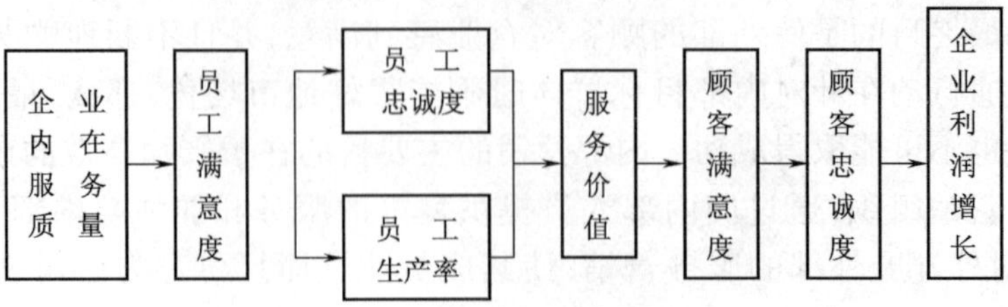

图 10 - 2

服务利润链最初是由哈佛大学商学院的 Heskett 等几位学者在探究了大量服务企业成功经验的基础上,整合市场营销、人力资源等多学科知识,提出的一种服务管理模型。服务利润链理论源自于以下三个理论研究的成果:一是詹姆斯 · 赫斯科特(James. L. Heskett)的战略服务观理论;二是阿尔 · 萨塞(Earl W. Earl. Sasser)的顾客忠诚度理论;三是李奥纳德 · 施莱辛格(Leonard Schlesinger)的员工及顾客忠诚度决定因素理论。1997 年,他们三人合作出版了《服务利润链》一书,书中综合了战略服务理论、顾客忠诚度以及员工忠诚度与企业利润的关系,提出了"服务利润链 "这一观点。

(二)服务人员管理的重要性

服务利润链表达的"公司—员工—顾客"之间的链式关系说明了员工在服务营销中的地位和作用。在服务组织内部的人力资源管理比一般的人力资源管理起着更为重要的作用,这一重要性主要体现在如下关系上。

1. 员工的满意程度与企业内部质量相关。

2. 员工的忠诚度与员工的满意度相关。

3. 员工的生产效率与忠诚度相关。

4. 服务的价值与员工的生产效率相关。

这一系列的关系说明内部质量是基础,可以通过评价员工对自己的工作、同事和公司的感觉而得到。最主要的是来自于员工对自己工作的评价,而员工对企业内其他人的看法和企业内部人员互相服务的方式也对内部质量产生影响。换句话说,企业内部对人力资源的管理影响着员工的满意程度,从而最终导致企业服务价值的实现。服务是通过服务人员与顾客的交往来实现的,服务人员的行为对企业的服务质量起着决定性作用。因此,在服务营销中企业对员工的管理,尤其是一线服务人员的管理相当重要。

二、服务人员内部管理过程与原则

(一)服务人员内部管理过程

在服务营销中,有两句格言流传甚广,经常为人们所引用,其一是:"你希望员工怎样对待顾客,你就怎样对待员工。"其二为:"如果你不直接为顾客服务,那么,你最好为那些直接为顾客提供服务的人提供优质服务。"这两句格言提示了两个原则:对人的尊重和树立团队精神。因而,内部营销被用来对企业员工推销服务理念与正确的价值观。企业可以通过内部营销,使"顾客至上"观念深入到员工的心坎,从而使服务提供者更好地履行自己的职责。

内部营销管理作为一种管理过程,能以两种方式将企业的各种功能结合起来。首先,内部营销能保证公司所有级别的员工理解并体验公司的业务及各种活动;其次,它能保证所有员工准备并得到足够的激励以服务导向的方式进行工作。这就意味着内部营销有两种类型的管理过程:态度管理和沟通管理。首先,员工对顾客意识和服务观念的态度和动机需要进行管理。态度管理经常支配着企业内部营销中为取得竞争优势而推行的服务战略。其次,经理、接待员和支持人员需要大量的信息,以使其能执行作为领导或经理或是内部和外部顾客的服务提供者的任务。这些信息可能包括工作计划、产品和服务的特征、对顾客的承诺(如广告或推销员所做出的承诺)等。

案例链接

海底捞的服务利润链

海底捞的服务让所有人印象深刻,但优质的服务就是海底捞的一切吗?海底捞究竟是如何将人性化服务与标准化管理相结合,并成功实现复制的?爱吃火锅的人没有不知道"海底捞"的,15 年前从四川简阳街边的一家麻辣烫摊子起家,到如今分布于全国共三十七家直营店、年营业额超过 3 亿元的火锅连锁,海底捞的成功不可谓不独特。

海底捞的服务很多时候让第一次来消费的顾客瞠目结舌,据说曾经有个顾客在就餐时打手机打到欠费了,不经意嘟哝了一声,"这儿要是有充值卡卖就好了",结果几分钟后,气喘吁吁的服务员真拿着一张充值卡出现在顾客面前。海底捞的服务让人印象深刻,它的内部管理也一样与众不同。

在海底捞,员工可以享受一个特权:基层服务员可以享有打折、换菜甚至免单的权利,只要事后口头说明即可。在每一间海底捞的办公室里,墙上都会贴着一张"金点子排行榜",这就是海底捞思想火花的来源。每个月,由各大部长、片区经理组成的创新委员会,会对员工们提出的创意服务作出评判,一旦评上就会推广到各个分店,员工可以获得200 元~2 000 元不等的奖励。

海底捞的员工宿舍离工作地点不会超过 20 分钟,全部为正规住宅小区,且都会配备空调,有专人负责保洁以及洗衣服;公寓甚至配备了上网电脑;如果员工是夫妻,则考虑给单独房间……仅是住宿一项,一个门店一年就要为此花费 50 万元。海底捞在简阳当地赞助了一家学校,海底捞员工子女在该学校上学,全部都是寄宿制管理。为了激励这些大多来自农村的员工的工作积极性,海底捞有一个传统,就是将员工奖金中的部分直接寄给他们的父母亲人,虽然每月只有400~500 元,但这让员工的家人也分享到了这份荣耀。海底捞有近 6 000 名员工,流动率一直保持在 10% 左右,而中国餐饮业的平均流动率为 28.6%。海底捞考核一个店长或区域经理的标准只有两个——顾客满意度和员工满意度,而这样一个"没人对营业额负责"的企业,2008 年的收入却达到了 3 亿元。

自从海底捞名声大噪以来,不少人士对它做过体验和研究,甚至还通过卧底来获得第一手资料。2006 年 6 月 23 日,国际著名餐饮集团美国百胜集团(百胜餐饮集团是肯德基和必胜客的母公司)将上半年度"(中国)区域经理大会"的一个环节放在海底捞进行,全体参会人员 200 余人,齐齐涌入海底捞北京牡丹园店。当然,与其他客人不同的是,他们这顿饭的目的是"参观和学习海底捞的服务,提升管理水平"。为什么海底捞会有如此让人印象深刻的服务?

1994 年,身为四川拖拉机厂电焊工的张勇,在简阳的街边摆起了四张桌子的麻辣烫摊位,初次创业的张勇不懂麻辣烫制作,于是现学现做,如此出来的麻辣烫口味肯定不理想。张勇说:"想要生存下去只能态度好些,别人要什么快一点，有什么不满意多陪笑脸。”张勇奇迹般地发现，即使明明口味不怎么样的麻辣烫，但在经过他热情服务过后，客户居然也会连连点头称“味道不错”。

此后在市场拓展的过程中，尤以海底捞第一次扩张——西安分店开设的经历让张勇再一次坚定了“服务高于一切，服务是海底捞最大的特色”的理念。1999 年，当西安分店刚开业时，因为成本高，西安的合伙人对成本控制得非常严格，导致海底捞的很多特色完全丧失，接连亏损，形势十分不利。在危机时刻，张勇痛下决心，把西安方面合伙人的股份回购，完全由海底捞自己来运作，不到两个月，海底捞声名鹊起，扭亏为盈了。

要想服务做得好，就需要员工首先乐意为顾客服务，所以从一开始，善待员工就是张勇在内部管理中的一个导向。年轻时阅读过卢梭的《社会契约论》等书，平等、自由的观念早已在他心里留下深深的烙印，所以，张勇才会说“平等的意识将激发员工更大的工作热情，把海底捞当做自己的事业来做。”用中国式管理来定义的话，张勇对员工的管理及对客户的服务均可谓之“人性化”，这个价值转移的过程简而述之，就是“企业对员工好—员工有干劲—员工对客户好—客户体验良好—忠诚顾客再次消费和口碑推广—企业获利”这样一个很简单的逻辑。其实，在西方服务营销理论中，早就有一个对应的概念——服务利润链。

在企业中，员工的满意度、忠诚度和生产率，与企业的赢利能力和客户忠诚度有着很强的因果关系。如果能够以一线员工和客户为中心，最终企业将获得收入的增长和胜人一筹的赢利能力。这个因果关系，就构成了一条如今已被很多企业奉为圭臬的“服务利润链”。

这个链条上的各个环节及其因果关系是这样的：利润和增长主要由客户忠诚度来驱动，客户忠诚度是客户满意度的直接结果，客户满意度在很大程度上受到客户得到的服务价值的影响，服务价值是由满意、忠诚而且生产率高的员工创造的，而员工满意度的又主要来自高质量的支持性服务和政策，这些服务和政策使员工们能够为客户创造价值。

（资料来源：http://www.cs360.cn/shichangyingxiao/yxjq/glal/1530856/）

（二）服务人员内部管理原则

顾客在与前线员工接触时，往往把这些员工作为整个企业的代表，把与这些员工交往得到的感知服务质量作为整个企业所提供的服务质量；同时在服务的过程中，企业无法直接控制员工的行为。所以，服务人员管理应该涉及服务工作表现的管理，因为服务人员的各种不同表现，对于所提供服务的质量有着重要的影响。此外，服务的实现方式，对服务业公司员工与顾客间的关系的性质也会有一定影响。

在对企业员工进行内部管理时，应该注意以下总体原则。

1. 认真挑选并训练服务人员。

2. 正确开展内部营销。

3. 确保服务行为的一致性。

4. 确保一致化的外观。

5. 降低个人化接触的机会。

6. 加强服务人员的考核控制。

三、管理人员对员工的管理

对于服务组织来说,“把员工作为自己的顾客”和“顾客与员工关系反映”指出了管理人员如何在平时的工作交往中加强对员工的管理。顾客关系反映了员工关系,即组织(尤其是管理人员)如何对待员工,员工就将怎样去对待顾客。当管理人员把手下员工作为自己产出(管理工作)的顾客时,就会去了解他们的需求,而当管理人员满足员工的需求之后,员工往往能够很好地完成工作。为此对员工的管理应加强以下工作要点。

(一)关心员工遇到的问题并帮助解决

管理人员应关心影响员工工作的问题,包括公事也包括私事。这并不意味着管理人员无条件地去关注其下属的所有问题,要做到这一点,管理人员在与下属交往时应尽量避免显示自己的权威性,不要使员工时时感受到与管理人员之间的距离,要使他们有可以畅所欲言的环境,同时可采取一些显而易见的措施。比如:办公室不设门,能使员工感觉如果有难题可以直接找管理人员并得到解决;企业为员工提供一些福利性的帮助,比如说通过赞助援助员工的计划和为员工作信用担保等方式以表示对员工需求的关心;企业还可制定一些支持员工的计划,包括提供服务、职位阶梯和分享企业利润等。

(二)使员工了解组织内部发生的事

如果管理人员定期举行与基层员工的会议,通报关于销售、利润、新产品、服务和竞争的综合情况以及企业在实现目标上的最新发展及完成任务的情况和其他部门的活动等,让每个员工都了解组织内部发生的事,则可以使高层管理人员从这些普通员工中得到建议,会使企业在对顾客的服务过程中得到好处。因为,如果在服务中有一时无法处理的情况发生,员工会很快找到答案或让能处理的员工来完成对顾客的服务。

(三)树立组织的整体观念,增强员工责任感

培养员工共同的责任感应始于新员工加入时,新员工需要学会的是对顾客和对其他员工的责任感。要使这项工作持续进行还需要关注顾客对负责任的员工的反馈信息,要经常回顾工作中员工表现出责任感的行为并对那些很好地为顾客服务的员工进行当众表扬。

(四)给予员工决定的权力并支持员工做决定

管理人员对员工给予充分的支持会令员工做得更好,下放一部分权力会使员工更加主动、积极地为顾客提供服务。在服务提供过程中更快速地对顾客需求作出反应与补救。当然,支持员工是在一定范围内的,比如说在为下属所犯的错误承担相应领导责任的同时,也应对下属员工进行一定的责罚。

(五)正确地对员工进行评价与奖惩

管理人员所要面对的员工各不相同,并非每个员工都能很好地完成自己的工作。在这种情况下,管理人员应学会帮助员工改变做法,做好工作。而对于员工来说,为了更好地服务顾客,他们往往需要知道自己做得怎样,他们需要来自管理人员的反馈信息,无论这种信息是正面的还是负面的。因此,管理人员应及时评价员工的工作并帮助他们改正

错误。

对员工在工作中取得的成绩，管理人员应及时给予表扬，无论是对员工还是对顾客都将产生巨大的效果。管理人员在表扬员工时应记住这样一条有关人的行为的观点："当人的某个行为做出后立即被奖励，他将乐于再做出这一行为。"这一观点在管理实施中的启示是：当管理人员称赞手下的员工时，员工们会把这种称赞与自己刚才所做的联系起来，他们很可能在未来的工作中仍然这么做。但作为管理人员也不能滥用表扬，应把对员工的表扬用在较为关键的方面，如当员工的行为一直都符合甚至超过企业所要求的行为标准时、员工取得进步时（无论进步的大小）等。但是，当员工的工作出现差错时，管理人员应以谨慎的态度对待员工的差错，员工在这时的心态是很敏感的，如果管理人员处理不当，可能会适得其反。管理人员的谨慎首先表现在他对待员工错误的态度上，管理人员应对员工错误持理解的态度，在帮助其改正的实施过程中应避免触发员工的敌对情绪（因为员工在犯错误之后的心态是敏感的，而这敏感容易转化为敌对情绪）。管理人员应做到的是当错误发生后，迅速给予关注，冷静地分析每一种可能的情况，迅速对所有违反规则的行为作出处理。同时应考虑员工的感受，公平地对待每一个员工，相信员工有作出必要改变的能力，仔细向员工解释所犯错误的本质及管理人员期望的改正效果，并告知员工惩罚措施的目的。

第三节 服务人员的培训

在探讨企业内部培训之前，先要介绍企业的人员招聘，这是企业进行员工培训的基础，人员招聘工作质量的好坏对培训工作的效果有着直接影响，本节着重讨论前线员工的选择与所有员工的培训。

一、人员招聘

招聘高素质人才，聘用尽可能优秀的人来实施服务是服务营销的关键。在人才招聘时要确定恰当的选择标准（特别要有适当的激情、相应的证书和许可证），使用多种方法获取目标员工。由于员工的顾客导向对一个服务公司的成功至关重要，在选择服务人员时，不能像招聘普通员工那样只看重经验和技能，而更应考察态度、资质和个性等能为服务人员带来成功的因素。新员工的筛选要依据他们顾客导向的程度。

案例链接

某公司导购员的招聘标准

（1）首先应具备一定的文化素养、优秀的思想品德、较好的口头表达能力、良好的心理素质，这是基本条件。而且还要勤奋敬业、热情大方、充满自信。

（2）其次要考察其工作经历，频繁跳槽的人最好不要聘请，因为有这种习惯的人忍耐力不强，目光短浅，日后很可能为了蝇头小利而背你而去，对企业的损失无法估量。

(3)再次要了解其有无上进心、事业心、责任感，对导购员是否有激情，为人是否热情。

其他的对年龄、形象等可以作适当的要求。

（资料来源：理财之家 - LicaiHome_Com. htm）

一般的招聘方法不适用于选择服务人员，因为在这些招聘过程中，招聘人员的决定常常只是根据他们的直觉和应聘者的书面材料而做出的。调查资料显示，60% 的简历中有不真实资料，大多数推荐信只提供正面的意见，面试也不是一种可靠的方法，通常“面试”仅为了判断一个人能否适合于公司的文化，比如看候选人着装、言谈以及行为举止是否合适。这种面试策略仅能减少工作群体的多样化程度，招聘人员通过面试只能了解应聘者的外表及在面试中的表现，但得不出是否有顾客导向这一问题的答案。因此，选择服务组织的服务人员需要更科学的方法。

通过计算机化的问卷测试来进行人员选择通常被认为是现阶段较为科学的方法，具体步骤如下：

一是研究人员决定一个合格的服务人员所应有的素质。这项工作是通过与管理人员的交谈以及通过对原有的顾客满意度研究进行总结，大致勾勒出符合企业需要的有利于顾客服务的方面。

二是从中选出对企业成功有重大影响的行为，针对这些行为制定标准化的测试内容。

三是在企业内选几个工作出色的员工进行测试，对测试结果进行分析，选出得分高的条款综合而成最终的测试内容。

二、服务人员培训

(一)服务人员培训的作用

服务人员的培训与发展是服务组织充分挖掘人力资源潜力的一项重要活动。员工招聘只是企业人力资源管理的开始，如何使新员工成为符合企业要求的服务提供者，这是企业内部培训要解决的问题。虽然不同的组织(部门)有不同的培训需求，组织内部的不同人员的培训需求也各不相同，但是培训的最终目的是一致的，那就是通过传递和交流知识(信息)，提供给有关人员必要的技能与沟通技巧，使其真正接受企业的价值理念，成功有效地实施和运营服务管理流程。具体来说，对所有服务企业而言良好的培训至少有以下作用。

1. 提高工作效率，降低无谓的损失及浪费。员工的使用配备应以合理经济为原则，通过培训让员工熟悉、掌握工作过程与规范，可以提高工作效率，充实工作内容。对提供服务的相关设备性能与工作程序不了解的员工常常会损坏设备的零部件或造成材料的浪费，也可能由于服务的不礼貌，对客人态度不佳，而影响企业的声誉，通过培训可以使上述现象大大减少从而提高员工的劳动生产率。熟悉服务操作规范的员工能够按照正常规则操作各种设施设备，正确对待顾客，意外事故的发生率可大大降低。培训可以产生素质良好的员工，从而使企业提供的产品品质与服务水平得到保证及提高。

2. 提高员工的士气，减少员工流失。员工通过培训可以学习到许多方面的知识，能够掌握各式各样的技巧，对工作更加熟悉，员工的自信心自然得以增强。同时培训可以让员工对企业及各部门工作加深认识，协调各部门间的关系，从而促进改善员工关系。

3. 减轻管理人员负担。员工经过培训后，对自己的工作更加熟练，工作水平随之提高，因而管理人员无论在监督工作方面还是指导工作方面，都可相应地减轻负担。

（二）服务人员培训的主要内容

员工培训的核心任务是服务导向价值观培育，向员工灌输企业的价值观，并使员工对与企业发展战略有关的问题给予更多的关注；培训的重点是态度培训与知识导向的培训。许多企业为培训员工开办了专门的学校，比如假日酒店大学、麦当劳的“汉堡包大学”等，这些学校为本企业的员工培训制定专门的培训计划，配置专门的培训人员。学校的一切活动都围绕着培训企业需要的人，只要是企业的需要，哪怕是细微的方面也会配合以精心的计划。这些机构的主要任务之一是对员工进行技能培训（针对某些特定的事务），比如说关于酒店的会计系统、现金管理技术等。这些培训内容主要是一些行为准则，一般是针对那些新加入公司的员工。进行这样的培训是为了让新员工能在今后的工作中以符合标准的行为高效地完成本职工作，并与其他员工协调好关系，更好地工作。企业除了对员工进行技能培训外，还应对员工进行交往培训。由于员工在与顾客交往中可能遇到的问题难以预先料到，因此很难在培训中对这些问题加以模拟解决。所以，在服务组织的培训中，交往技巧的培训在某种程度上比技能培训更困难。许多航空公司对乘务员进行事件分析培训，以帮助乘务员在意想不到的情形下处理好顾客提出的苛刻要求。还有一些企业把角色扮演、创造性技巧和冲突的模拟作为培训方法。根据服务组织类型的不同，可以对技能培训或交往技巧培训有所侧重，如麦当劳采用“工业化”和服务标准化的措施，以低成本产出符合标准的服务质量。

（三）服务人员培训的层次

通过服务利润链所表达的“公司—员工—顾客”的关系来理解员工的作用，实际上是把“顾客”与“供应者”的概念加以引申。企业所有的工作都是由投入、过程、产出三部分组成，在企业提供服务的过程中，上一环节为下一环节提供投入的员工即是下一环节的供应者，同时下一环节员工又是上一环节的顾客，因为他们得到了上一环节的产出。因此，“供应者—顾客”这对关系不但说明企业与最终用户的关系，也说明了企业内部各工作环节之间的关系。所以，企业的员工培训应该是针对企业所有人员的。

为员工精心设计的培训计划对整个企业的运作产生深远、积极的影响。在设计内部员工培训计划过程中，首先应考虑的是企业内不同层次的业务需要。这里所说的业务需要指的是企业各级部门的工作目的、工作内容及所应达到的要求等，要在分析各级部门业务需要的基础上制订培训计划以满足这些需要。在制订培训计划时还应注意对不同部门的员工、不同职能和不同地区的部门及组织内不同级别之间相互影响、相互联系的领域进行研究，使制订出的培训计划增进彼此间的联系，并在公司遇到的问题与业务流程方面建立起员工之间、部门之间、地区之间的理解。

企业内部全面的培训一般从以下四个层面展开。

1. 最高管理层。对最高管理层的培训以宏观的管理为特色内容，主要在于如何制定、实施以顾客为导向的管理战略。高层管理人员还应学会如何加强管理并以身作则，以建立以服务为导向的企业文化。

2. 经理和主管。一般的管理人员需要在下放权力、团队建设、做手下员工的顾问等方面学习如何扮演好自己的角色。管理人员还应掌握必要的技巧使整个组织的计划相互协调以形成整体。这样的培训在许多组织中几乎是强制性措施，是每一位管理人员必须学会的。

3. 前线与顾客接触的员工。前线员工在培训中应学会有关帮助顾客、为顾客作出安排、把顾客需要放在第一位的态度、战略和技巧。前线员工最常犯的错误就是对顾客的“打扰”（事实上接待顾客的“打扰”正是前线员工的工作）感到厌烦，而当这种感觉反映到态度和行为中时就会把顾客吓跑。

4. 公司里的其他员工。培训计划应使这些员工知道优质服务给公司、给他们自己的事业所带来的好处，并使他们意识到自己在服务提供过程中的重要性，同时帮助他们理解“内部顾客”的含义，最重要的在于使这些员工学会如何在工作中支持、帮助前线员工。

在这四个层面的培训中，经理和主管以及前线员工这两个层面较为重要，服务组织中经理和主管的培训与其工作特点密切相关，员工对顾客提供服务的过程不仅受管理人员如何对待员工的影响，而且也受到管理人员如何对待顾客的影响。管理人员都应该理解自己的行为对下属具有怎样的影响力，同时也应了解在建立以服务为导向的企业文化中自己应扮演的角色和应有的行为。管理人员在平时的工作中要具有表率意识，他们应以顾客为中心，管理人员还应学会如何培训和发展自己手下的员工同样关心顾客。

案例链接

某汽车4S店服务人员培训制度

一、目的

我公司在不断提高售后服务质量的同时，还应注重对员工的培训及再教育工作，为有目的地开展培训工作，使培训工作制度化、系统化以及提高培训工作的效率，特制定本制度。

二、培训类型

1. 根据培训内容分为以下三种。

（1）基础培训：行政部对新员工上岗前进行基础教育，包括公司概况、纪律、规章制度、服务意识、服务要求、相关法规等。

（2）技能培训：部门负责人对人员上岗前进行技能培训，包括相关作业文件、操作规程、设备性能、安全措施等。

（3）特殊培训：根据必须持证上岗的培训要求和汽车公司确定的培训要求，由行政部负责组织好相应的培训工作。

2. 根据培训地点分为以下两种。

(1)内部培训:邀请外来导师培训或我公司自行举办的各种业务培训及技术培训。

(2)外部培训:依据公司举办的各种业务培训及技术培训或因工作需要委派店外培训。

三、培训计划的制定、审批和实施

1. 各部门负责人应根据业务需要制定店内培训计划书并于每月月底以书面形式报告总经理审批,经总经理批准后应严格按照计划展开店内培训。参加店外培训的人员学成归来后必须举办店内培训,同时纳入店内培训计划并报总经理批准。

2. 行政每年12月份,根据本年度各部门《培训申请表》及反馈意见、培训要求和公司发展方向,制定下年度的《年度培训计划》(包括培训对象、内容、时间、教材、老师、考核方法等内容),报管理者代表审核、董事长/店长批准后,组织实施。

四、培训注意事项

1. 每次培训要求填写培训部门《培训记录表》(包括时间、地点、内容、授课人员、考核成绩、主办者等)。

2. 选派参加店外培训人员必须与公司签订《委派培训协议书》。受训人员在受训期间应从公司整体利益出发,认真学习,勤做笔记,妥善保管培训资料,培训完成后回来应向公司汇报受训情况及针对培训内容召集相关人员展开店内培训。对公司外部的培训,参加人员应将获得的有关培训资料、证书、记录汇总交行政部,行政部根据培训性质归入员工档案或汇总存档。

3. 参加店内培训的授课人员必须认真地进行备课,精心准备上课所需的材料及展示用品,做到诲人不倦、言之有物,并将所掌握的技术知识或业务技巧毫无保留地传授给受训学员。参加店内培训的受训人员及旁听者必须认真听课、勤做笔记、遵守课堂纪律、尊重授课人员的劳动。对公司内部的培训,主办部门应将培训签到表、记录表、试卷、考核记录等汇总交行政部存档。

4. 根据店内培训的培训内容不同,公司确定与培训内容相关的人员都必须参加,其他对培训内容感兴趣的人员经举办培训部门主管同意后,可以以旁听者的身份参加。

5. 行政部将每个员工的培训连同学历证明、资格或职称证书复印件、工作简历等资料放入员工档案,保存期为员工离职后一年。

五、培训有效性评估

1. 每年年底,行政部组织各部门负责人评估培训有效性,征求改进意见和建议,以便更好地制定下年度培训计划,开展培训工作。

2. 业务部门在培训完成后依据每次培训的目的和内容,决定该次培训有效性评估的方法、内容和要求。例如,采用笔记、现场提问、写出心得报告以及工作绩效等方法进行考核、评估。

3. 行政部针对当年开展培训情况,结合公司实际,调整评估项目,征求各部门意见进行综合评估，填写《培训有效性评估表》，采取必要措施，改进培训有效性。

4. 行政部协助各部门对员工进行必要的考核，发现不能胜任本职工作的员工，可安排补充培训或换岗等措施，使其能力与岗位工作相适应。

（资料来源：http://www.chinavalue.net）

本章小结

对于服务企业来说，人的要素包括两个方面的内容，即服务员工和顾客。内部营销是一项管理战略，其核心是发展对员工的顾客意识。服务利润链表达的“公司—员工—顾客”之间的链式关系说明了员工在服务营销中的地位和作用。为了成功地实行服务营销，服务公司首先必须进行成功的内部营销，对待内部顾客要像对待外部顾客一样。为此企业要加强服务人员的管理与培训。对于服务组织来说，“把员工作为自己的顾客”和“顾客与员工关系反映”指出了管理人员如何在平时的工作交往中加强对员工的管理。对员工的管理应加强关心员工遇到的问题并帮助解决、使员工了解组织内部发生的事等工作要点。服务人员的培训与发展是服务组织充分挖掘人力资源潜力的一项重要活动。员工招聘只是企业人力资源管理的开始，如何使新员工成为符合企业要求的服务提供者，这是企业内部培训要解决的问题。员工培训的核心任务是服务导向价值观培育，培训的重点是态度培训与知识导向的培训。企业的员工培训应该是针对企业所有人员的全面培训。

关键词

服务人员　内部营销　员工培训

思考题

1. 什么是内部营销与内部营销战略？
2. 如何理解服务利润链？
3. 管理人员应如何加强对员工的管理？
4. 员工培训的作用与主要内容是什么？

案例分析

国际酒店的服务规范

王云和她的朋友乘坐的出租车刚刚停在国际大酒店大堂门口，面带微笑的门童立刻迎上前去，并躬身拉门问候道："欢迎光临！"王云和她的朋友谈笑风生地走下了出租车，当门童正准备关门时，忽然发现前座上遗留了一部漂亮的手机，于是扭头对正准备进酒店的王云说："女士，您是否遗忘了手机？"王云一听，停止了说笑，忙说："哎哟，是我的手机，谢谢！谢谢！"门童将手机递还给客人，同时将一张小卡片递给了王云，这张小条上写着这辆出租车的号码，然后门童迅速引领客人了酒店大堂。

王云来到前厅接待处，接待员礼貌地问候道："你们好，欢迎光临国际大酒店，请问有没有预订？"王云说："我们早在10天前已经预订了一个双人间。"接待员随即请王云出示证件，并熟练地查阅预订，立即为客人填写了入住登记表上的相关内容，并请王云预付押金和签名，最后说："女士，您住在1501房，这是您的房卡，祝您入住愉快。"

在王云办理入住登记手续时，行李员恭立在她们的身后，为客人看护着行李箱。

行李员带着客人刚来到1501房间的门口，客房服务员便迅速走了过来，笑容可掬地躬身说，"你们好，欢迎光临，请出示房卡"，"请这边走"，服务员来到1501房门口敲门并报："Housekeeping，Housekeeping，Housekeeping "，王云诧异地说："不是没有人吗？""这是我们的服务规范。"客房服务员打开房门后，开始介绍客房设施与服务，行李员将客人的行李放到了行李架上，同时发现客人将西装脱下随手扔在了床上，便走过去将客人西装挂进了壁橱。客房服务员和行李员询问道："王女士还有何需要帮助？"王云高兴地说："不用了，谢谢你。""祝你们在本酒店居住愉快！"然后两个服务员告辞退出。

王云和她的朋友经过了一天的旅行，已经非常疲惫了。当她们躺在柔软的床上，听着悠扬的音乐，欣赏着舒适豪华的室内装潢，回忆着进入酒店的整个过程时，王云满意地对朋友们说："这真是星级酒店的服务啊！我们要的不就是这种感觉吗？"

案例讨论：

1. 案例中给王云带来强烈满意感觉的服务过程基本程序有哪些？

2. 你认为让客人有一种"满意"的感觉会很难吗？如何才能让每一位顾客都有一种"满意"的感觉呢？

第十一章　服务质量管理

学习目标 Learning Objectives

1. 理解服务质量的概念、内容和属性
2. 掌握服务质量的评估模式与管理方法
3. 熟悉提高服务质量的方法与策略
4. 了解全面服务质量管理的内容

引导案例

福特汽车公司的硬标准和软标准

福特汽车公司根据对 2 400 名顾客进行的市场调查，了解到他们对汽车销售和服务的期望，建立了下面 7 条对顾客至关重要的服务标准：

(1) 顾客对服务的预约在约定日期一整天都有效。

(2) 必须在 4 分钟内接待顾客。

(3) 礼貌地指出顾客需要的服务，准确地记录到修理单上，并且与顾客逐一核对。

(4) 每次进行服务一定要正确。

(5) 顾客询问后的 1 分钟内提供服务的基本情况。

(6) 在约定的时间将替代车准备好。

(7) 提供详细的作业、保险范围和收费说明。

一、硬标准和尺度

上面有几项标准属于硬标准，它们可以被计数、计时或通过核算观测到，如第 2 条标准和第 5 条标准，可以由员工在开始服务时计时。硬标准可以是：达到某种标准时间次数的频率或者百分比；次数的平均数（如开始接待顾客的平均时间）。其他可以计数或者核算的标准有第 1 条、第 4 条、第 6 条。接电话的服务员可以记录下顾客预约服务在一整天都有效的天数。顾客重新拜访的次数可以计算出来，从而作为衡量第 4 条的尺度。在约好的时间准备好的替代车的数量也可以在顾客取车时清点得到。

二、软标准和尺度

正如阿尔伯特·爱因斯坦曾经说过的："并非所有有价值的东西都可以计数，也并非所有能够计数的东西都有价值。"看看第 3 条和第 7 条标准，我们就会发现它们与刚刚讨论过的其他标准不同。因为不能被计数或计时，这些标准代表着一些被需要的软行为。标准 7 要求一种不同形式的衡量尺度：顾客对这些行为是否有恰当的感知与看法。这并不是说软标准不能被衡量，相反，它们必须以一种不同的方式来衡量。

软标准在员工满足顾客需求的过程中提供指导、准则和反馈，并且通过测量顾客的理解与信任得以度量。这些标准对于人际互动性服务，如专业服务中的销售和提供过程尤为重要。

（资料来源：阳林，服务营销）

第一节　服务质量概述

一、服务质量的含义

服务是服务营销的精髓，而服务质量则是服务营销的关键和核心。无论是生产有形产品的生产企业还是生产无形产品的服务企业，服务质量都是企业在竞争中制胜的法宝。服务质量对服务企业搞好市场营销活动有重要意义。随着服务业的不断发展，服务业在国际经济全球化浪潮的冲击下，也有一个开放与国际化问题，这必将使服务业的市场竞争更趋激烈，服务企业必然在服务项目、服务水平和服务形式上展开全面竞争。谁的服务质量好，谁的信誉就高，谁就能在竞争中求得生存与发展。加强服务质量管理是服务企业提高服务质量、实现优质服务的必由之路。

服务质量是指顾客对服务生产过程、服务效用感知认同度及对其需求的满足程度的综合表现。服务产品的质量水平并不完全由服务企业所决定，而同顾客的感受有很大的关系。即使是被企业自认为是高标准的服务，也可能不为顾客所喜爱和接受。所以，从某种意义上讲，服务质量是一个主观概念，要全面理解服务质量这一概念，必须要注意以下三个方面要点。

一是服务质量较有形产品的质量更难被顾客所评价。

二是顾客对服务质量的认识取决于他们对服务的预期质量同其实际感受的服务水平（即体验质量）的对比。

三是顾客对服务质量的评价不仅要考虑服务的结果，而且涉及服务的过程。

服务质量既是服务本身的特性与特征的总和，也是消费者感知的反应，因而服务质量既由服务的技术质量、职能质量、形象质量和真实瞬间构成，也由感知质量与预期质量的差距所体现。

二、服务质量的内容

从服务质量概念中可以得知，既然服务质量与服务结果、服务过程有关，那么顾客实际经历的服务质量就包括技术质量和功能质量两项内容。

（一）技术质量

所谓技术质量是指服务的结果，即顾客从服务过程中得到的东西。服务企业能为顾客提供什么服务结果，当然会影响顾客对服务质量的评估。旅馆为顾客提供客房和床位,餐馆为顾客提供食品和饮料,银行为客户提供贷款,这些服务的结果是顾客接受服务的整个经历的一个组成部分。对于技术质量顾客容易感知,也能比较客观地评估。不过,技术质量并不能概括服务质量的全部。既然服务是无形的,而且服务推广的过程也就是顾客同服务人员打交道的过程,那么服务人员的行为、态度、穿着等将直接影响到顾客对服务质量的感知。

(二)功能质量

功能质量是指服务推广的过程中顾客所感受到的服务人员在履行职责时的行为、态度、穿着、仪表等给顾客带来的利益和享受。功能质量完全取决于顾客的主观感受,难以进行客观的评价。技术质量与功能质量构成了感知服务质量的基本内容。所以,顾客对服务质量的感知不仅包括他们在服务过程中所得到的东西,而且还要考虑他们是如何得到这些东西的,这就是服务质量的功能层面,所以功能质量是指服务过程的质量。

服务过程的质量不仅与服务时间、服务地点、服务人员的仪态仪表、服务态度、服务方法、服务程序、服务行为方式有关,而且与顾客的个性特点、态度、知识、行为方式等因素有关。此外,顾客对功能质量的看法,也会受其他顾客的消费行为的影响。顾客对功能质量的评估是一种比较主观的感受,难以被客观地评价。技术质量与功能质量构成了感知服务质量的基本内容。

既然服务质量包括技术质量和功能质量,那么服务企业在提高服务质量过程中,一方面要重视提高技术质量,采取"服务工业化"措施,精心设计服务体系,采用现代化设备,提高服务的技术质量;另一方面还必须重视功能质量,重视服务人员与顾客之间的相互交往,加强服务过程的质量管理,采取优质服务策略,使服务人员的意识、态度、行为等与企业的理念、形象、营销策略相一致。

案例链接

旅馆业的服务项目

从阿拉斯加到坦桑尼亚,世界各地都有高质量的旅馆。它们的"星"是靠房间的规模、装饰的豪华和舒适的程度赢得的;不仅如此,它们由于各自的鲜明特色而令人难以忘怀。旅途,或是一种困难,或是一种乐趣,这在一定程度上依靠旅馆的服务。有远见的管理者不辞辛劳地从小处着手,创造宾至如归的氛围。

阿姆斯特丹的阿姆斯泰尔洲际旅馆以其热情、周到的服务而著称。该旅馆主动为客人办理海关手续和提取行李,客人就像国家元首一样,走下舷梯就受到迎接,一身轻松地坐上劳斯莱斯或奔驰轿车来到旅馆。房间里CD唱片播放的高雅音乐使客人顿消旅途疲惫,客人还可以读到他所指定语言的最新报纸。

激烈的市场竞争促使旅馆业不断创新,争取顾客的回头率。有位女士成了伦敦道斯特酒店的常客,每月都来住一次。旅馆尽力使一个固定房间成为她的"家",在她到来之前重新布置,按照她的喜好安排家具和装饰品。道斯特酒店还建立起房客的档案,记录下客人们的好恶,从喜爱紫罗兰还是郁金香到对某种酒的偏好,以保证提供客人最满意的服务。

著名的里兹·卡尔顿连锁店也有完善的顾客认知程序,记录了客人的特别要求:楼层、硬床,乃至不出名的法国酒。正是这种顾客至上的精神使其连锁店规模不断扩大。

有的旅馆提供详尽的商业资料,供顾客中的经理查询。香港的香格里拉饭店图书馆储备有丰富的信息资料。客人可舒适地坐在沙发上聆听尽职尽责的图书管理员介绍有关图书,还可查阅大部头的英文、法文、中文、意大利文和日文的指南和白皮书。当然,休闲性的文学作品是应有尽有的。

保持身心愉快是每个旅行者所希望的,但是在繁忙的大都市做到这点很不容易。各地的旅馆创造出有本民族文化特色的休闲方式,巴黎的皇家蒙梭旅馆则提供富有罗马风味的温泉浴,在经过资格认证的治疗师的监护下,客人们尽情享受桑拿、按摩、蒸浴带来的彻底轻松和愉悦。

有些顾客喜欢清晨慢跑以消除时差造成的不适,而在一个陌生的城市跑步是容易出危险的。这一要求在东京传奇般的帝国旅馆得到重视,它免费提供各种型号和尺寸的跑鞋以及详尽的地图,上面标明沿途的风景、地形和距离,极大地方便了顾客。另一个同样充满人情味的服务项目是,帝国旅馆的服务员在客人走后的房间中发现任何私人物品,都必须保存一个时期,包括垃圾箱里的东西。此举意在防止个人无意丢弃了有价值的物品。

(资料来源:郑吉昌,服务营销管理)

三、服务质量的基本属性

人们对服务质量的认识是通过对它的属性的感知来获得的。在有形产品的质量管理中,产品的质量属性有许多是可操作的量化标准。通过测量、比较和分析,人们可以比较客观而准确地评价有形产品质量的好坏。由于服务产品的无形性,服务质量的属性并不像有形产品那样,可以用比较客观的量化标准对它进行描述和测量,这也是导致顾客往往采取主观性很强的预期质量去评价服务质量的直接原因。

近年来,国内外许多学者对服务质量的属性进行了较深入的研究。其中,普遍为人们所接受的是美国营销学家巴拉苏罗门、贝利等人提出的观点。他们认为,顾客评价服务质量主要是从服务所具有的十项基本属性来进行考虑的,即可感知性、可靠性、反应性、胜任能力、友爱、可信性、安全性、易于接触、易于沟通以及对消费者的理解程度。通过进一步的研究,他们又把顾客感觉的服务质量属性归纳为五个:可感知性、可靠性、反应性、保证性和移情性,并在此基础上建立了一套服务质量模型来评价企业的服务质量。

(一)可感知性

可感知性是指服务产品中的"有形部分"可以为顾客所感知,如照相馆的场景设计,图书馆的计算机检索系统,汽车维修专业化的设备与厂房以及服务人员的仪态、仪表等。尽管从本质讲,服务产品并不是某种实物,而是一个行为过程,具有无形性的特征,但是,顾客可以借助这些有形的、可视的部分去感受服务质量的基本水准。一方面，这些可视的部分提供了有关服务质量的有形线索；另一方面，它们又直接影响到顾客对服务质量的感知程度。例如，五星级酒店清洁、典雅的人文环境，规范而完善的服务设施，服务人员自然大方而彬彬有礼地为顾客提供周到的服务等，既可显示出五星级的服务水准，又能使顾客在其感受服务质量时给予较高的评价。

（二）可靠性

可靠性是指企业准确无误地完成自己承诺的服务。许多以优质服务著称的企业都是通过可靠的服务来建立自己的声誉。比如，麦当劳的顾客会发现，在去除文化背景因素之后，无论在美国还是在中国，你都能够吃到具有相同质量水平的汉堡包。可靠性实际上是要求企业避免在服务过程中出现差错，因为服务差错给企业带来的不仅是直接意义上的经济损失，而且可能意味着会失去大量的潜在顾客。“十一”黄金周对许多人来讲，是旅游的好时机，某旅行社在此期间因某种原因而没有按事先设计的线路组织顾客旅游观光，从而导致了顾客向消费者协会投诉，并将此事登在当地的报纸上。旅行社不仅要赔偿顾客的经济损失，更重要的是企业的形象遭到了严重的损害，导致了游客的大量流失。

（三）反应性

反应性是指服务企业随时准备为顾客提供快捷、有效的服务。企业能否及时而有效地满足顾客的要求，体现了企业经营的指导思想，即是否把顾客利益放在第一位，一切以满足顾客需求为出发点。服务效率的高低是服务质量的一种具体表现，它将直接影响到顾客对服务质量的评价。有研究表明，在服务传递过程中，顾客等候服务的时间是一个关系到顾客的感觉和印象、服务企业形象以及顾客满意度的重要因素。许多现代女性喜欢花费大量的时间逛商店，但对最后用较长时间去等候结账服务不满意。所以，服务企业应通过尽可能地缩短顾客等候时间、提高服务效率来优化企业的服务质量。

（四）保证性

保证性是指服务人员的友好态度和胜任工作的能力，它能增强顾客对企业服务质量的信心和安全感。礼貌、友好、和蔼的服务态度是顾客与服务人员进一步交往与沟通的基础；而服务人员高超的专业技能则是服务质量的可靠保证。前者给顾客带来可信任感；后者则给顾客带来享受服务的安全感。很显然，二者缺一不可。缺了前者，会让顾客产生不愉快的感觉；而缺了后者，服务人员不能提供优质的服务，从而使顾客产生不满足感。在服务产品不断推陈出新的今天，服务人员更应该努力提高自己的专业能力和知识水平。

（五）移情性

移情性是指企业要真诚地关心顾客，了解他们的实际需要（甚至是私人方面的特殊要求）并予以满足，要求服务人员站在顾客的角度，想顾客所想，急顾客所急。汽车大王福特曾说过：“如果我有什么成功的秘诀，那就是站在别人的立场，也就是不从自己的立场看事物，而从别人的立场看事物。”商品交易虽是商品与货币之间的交换，但绝不仅仅只包含商品与金钱之间的关系。任何商品都要通过人去销售，也要通过人去购买。这其中所包含的人与人（销售者与购买者）之间的关系处于什么样的状态，直接影响到销售工作的成败。购买感受和体验也是无形产品的重要组成部分。

第二节 服务质量评估与管理

一、服务质量评估

现代市场经济的竞争特性要求企业必须为顾客提供优质服务,以获取较大的竞争优势。然而,“优质”对服务来讲,却是一个难以把握的相对的概念。它既要符合企业制定的服务标准,又要较好地满足顾客的需要;既要考查服务的结果,又要评估服务的过程。而服务标准的制定又必须以顾客满意为指导。因此,现实生活中顾客对服务质量的评估是一个相当复杂的心理判断过程。如图 11-1 所示,顾客感受到的整体服务质量不仅与顾客所接触到的服务经历有关,而且与顾客对服务质量的期望有关。顾客实际经历的服务质量符合或超过他们的期望,他们感受到的整体服务质量就好;反之,如果顾客实际经历的服务质量达不到他们的期望,他们感受到的整体服务质量就差。

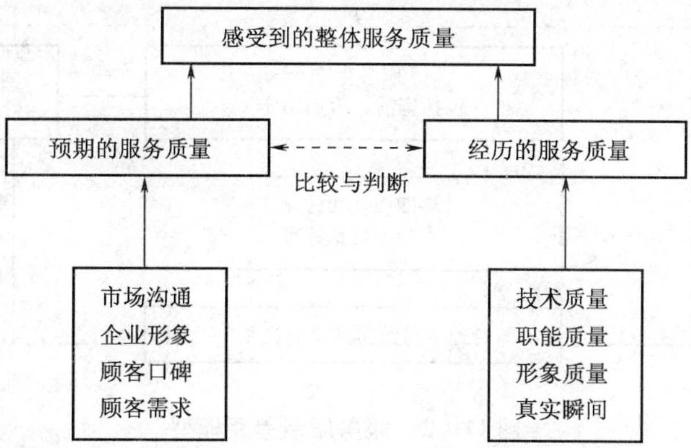

图 11-1 顾客感受到的服务质量

预期服务质量是影响顾客对整体服务质量感知的重要前提。如果预期质量过高,不切实际,则即使从某种客观意义上说顾客所接受的服务水平是很高的,他们仍然会认为企业的服务质量较低。预期质量受四个因素的影响:市场沟通、企业形象、顾客口碑、顾客需求。

市场沟通包括广告、直接邮寄、公共关系、人员推销、营业推广等促销活动。这些方面对预期服务质量的影响是显而易见的。如果企业做的广告过分夸大自己的产品及所能提供的服务,会导致顾客产生很高的预期质量。然而,当顾客一旦接触企业,若发现其服务质量并不像广告宣传的那样,会使顾客对其感知的服务质量大打折扣。

企业不能直接控制顾客口碑和企业形象,但能够通过各种促销活动来影响顾客心目中的企业形象和创造良好的“口碑效应”。尽管如此,顾客主要还是根据自己从前在服务企业接受服务的实际经历,向亲友或他人介绍服务情况,并形成、加强或改变自己对企业形象的看法。

顾客需求是企业的不可控因素。顾客需求的千变万化及消费习惯、消费偏好的不同,决定了这一因素对预期服务质量的巨大影响。

二、服务质量差距管理

美国营销学家巴拉苏罗门等学者通过对不同的服务行业的考察,在认真分析了服务传递过程中所涉及的各主体沟通差距的基础上,于 1988 年系统地提出了一种服务质量差距模型(见图 11 - 2),并用它来评估企业的服务质量。他们认为,企业服务质量低下的原因在于服务过程中存在着五个差距,这些差距共同决定了顾客对服务质量的满意程度(见图 11 - 2)。

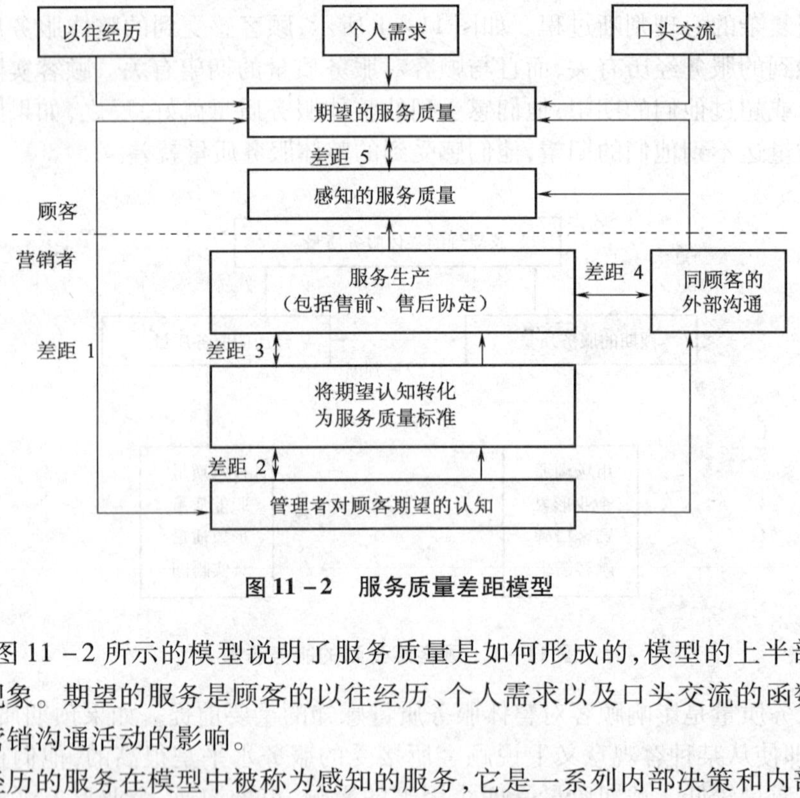

图 11 - 2　服务质量差距模型

首先,图 11 - 2 所示的模型说明了服务质量是如何形成的,模型的上半部涉及与顾客有关的现象。期望的服务是顾客的以往经历、个人需求以及口头交流的函数,另外,也受到企业营销沟通活动的影响。

实际经历的服务在模型中被称为感知的服务,它是一系列内部决策和内部活动的结果。在服务交易发生时,管理者对顾客期望的服务质量差距模型的认识,对确定组织所遵循的服务质量标准起到了指导作用。

当然,顾客亲身经历的服务交易和生产过程是作为一个与服务生产过程有关的质量因素。生产过程实施的技术措施是一个与服务生产的产出有关的质量因素。

一般来说,无论公司做了多大的努力,顾客感受到的服务质量与其期望之间总是不可避免地存在着差异。为什么呢?是否公司对此就无能为力了呢?图 11 - 2 所示的服务质量差距模型有助于辨别顾客所得到的、感觉到的服务质量和他们所期望的服务质量之间的差距。

差距 1:顾客期望与管理者对顾客期望认知之间的差距。

差距2:管理者对顾客期望的认知与服务质量标准之间的差距。

差距3:服务质量标准与实际交付的服务质量之间的差距。

差距4:服务交付与顾客的外部沟通之间的差距。

差距5:顾客所期望的服务与感受到的服务之间的差距。

差距5是顾客看到的服务质量的不足,而差距1至差距4是服务机构内的不足,这些差距存在的最后结果集中反映为差距5。可以看出,质量差距存在是由质量管理前后不一致造成的,最主要的差距是期望服务和感知服务(实际经历)之间的差距(差距5)。

五个差距以及它们造成的结果和产生的原因分述如下。

(一)差距1:管理者认识的差距

差距1是指顾客期望与管理者对顾客期望认知之间的差距。研究显示,金融服务机构通常认为隐私和保密性相对不太重要,而顾客则认为它们非常重要。当受到不好的服务时,更多的顾客不善于投诉,而是倾向于带走公司的顾客。如果管理部门没有收到不佳服务质量的反馈,那么管理者往往就确信他们已经满足了顾客的期望。在现实生活中,管理者并非都能理解顾客对服务到底有什么期望,什么样的服务水平才能与顾客的期望保持一致。很显然,这种差距是管理者对期望质量的感觉不明确而导致的。例如,酒店的经理可能认为顾客期望就是在酒店里吃好一点、喝好一点,而现代人的健康意识很强,他们更注重酒店的卫生条件和舒适的就餐环境。

从管理学的角度来讲,缩短这一差距的正确方法是管理者更新观念,重新认识顾客对服务质量的期望。

(二)差距2:质量标准差距

差距2是指管理者对顾客期望认知与服务质量标准之间的差距。管理者设置的服务质量标准是以他们所确信的顾客需求为依据的,但是这并不一定准确。因此,许多企业都把重点更多地放在技术质量上,而事实上,顾客感觉到有关交付服务的职能质量、形象质量和过程质量等方面的问题更加重要。特别是在某些服务行业标准比较成熟和统一的情况下,这种现象会更加突出一些。

理想的状况是,服务质量标准除得到规划者和管理者的同意外,还要得到服务生产者的理解和顾客的认同。这就需要服务企业的管理者通过市场调查认识到顾客期望后,将他们对顾客期望的理解转化为具体的服务规范或标准。然而,由于资源限制、企业的短期行为、市场不利或管理不当等因素的存在,使得管理者对顾客期望的认识无法充分地体现在所制定的具体服务质量标准上,从而引起差距2的出现。

(三)差距3:服务交易差距

差距3是指服务质量标准与实际交付的服务质量之间的差距。在实际服务过程中,服务人员可能会由于这样或那样的原因而无法使所提供的服务符合质量标准。由于这类差距是在服务过程中形成的,所以又称为“服务交易差距”。

引起服务交易差距的原因通常是错综复杂的,很少只有一个原因在单独起作用,因此缩小服务交易差距的措施并不是那么简单。服务交易差距原因可粗略地分为三类:管理和监督、员工的技能和态度以及管理的技术或制度。

1. 管理和监督。与管理和监督有关的问题相对要多一点,例如管理者的方法不能激励和支持员工的质量行为，或者管理控制的制度可能与优质服务标准甚至是质量标准发生冲突。控制和奖惩制度与质量标准的实施相脱节的情况并不少见，它们都存在引发服务交易差距的隐患。故缩小服务交易差距的措施应包括改变管理者对下属的态度和管理体系中控制与奖惩制度实施的方式。而且，管理者必须注意与企业文化和内部营销有关的重大问题。一个与监督相关的问题是，服务标准与控制和奖惩制度自相矛盾。当顾客对服务生产者提出的合理要求与现行标准截然相反时，提供服务的人员就会处于非常尴尬的境地。提供服务的人员知道顾客的合理要求没有得到满足，尽管他可能做到，但管理制度又不允许他采取相应的行为，这肯定会逐渐扼杀员工追求卓越的动机。对此应采取的措施是消除员工服务过程中所有模棱两可的因素，改革监控制度，使之与质量标准统一起来。

2. 员工的技能和态度。服务企业实际提供的服务质量的高低，往往取决于服务第一线人员的专业素质。许多服务企业对一线员工的专业素质认识不足，招聘员工时对其素质要求不高，上岗前也未进行专门的岗前职业培训，员工缺乏必要的服务技能（包括心理学知识和语言沟通技能等），因而不可能提供高质量的服务。针对这种现状，一方面要求服务企业建立健全人事选拔培养体系，将此项工作制度化、规范化，并保证在这方面的资金投入。另一方面，要按照企业所经营的项目及岗位对各类服务人员的素质要求，严格选拔服务人员，并对他们进行岗前和岗位中定期与不定期的服务知识与技巧的培训，使他们具有从事该服务岗位应有的知识与技能。员工的服务态度是很难用硬性指标进行衡量的，但服务态度的好坏直接影响到员工所提供的服务质量。对此，人性化管理就显得特别的重要。通过人性化管理使企业员工深刻了解良好的服务态度对顾客评价他的工作质量高低的重要性。有一些过于自信的员工往往会陷入这样的误区：只要自己的服务技术好，不愁没人找你服务。然而事实上有许多服务项目是非常讲究工作环境和氛围的，服务人员的工作态度则是营造良好的工作环境和氛围的主要因素。因工作态度恶劣而导致服务质量差的例子在我们生活中是屡见不鲜的。有专家对“3.15”投诉案件进行分析，发现导致服务质量投诉的原因相当一部分是由服务人员的服务态度差而引起的。这种人为的影响因素是有形产品所没有的。

3. 管理的技术或制度。管理的技术或制度包括决策和其他日常工作，这些可能不适合员工。当然，问题可能出在员工身上，但更大的可能是，向员工介绍技术与生产和管理制度的方法不正确。技术和制度不完善，当然无益于质量改进，或者尽管它们可能是完善的，但是如果没有正确地介绍给员工，同样会产生质量问题。解决的办法或者是改进技术和管理制度，以使质量标准得以执行；或者是加强培训，重视内部营销。

案例链接

服务传递影响顾客满意度

2005 年 4 月上旬，中国质量万里行促进会针对中国市场上 20 个品牌手机和 6 种家电的售后服务质量进行了一次暗访。工作人员假设了这样一种情形：

手机购机半年以后屡次出现黑屏现象，想咨询修理、备用机、退换货事宜。针对家电，则是家里的空调或电视突然出现故障，且主人次日一早就得出差，家中只剩老人，但天气预报说天气将突然转凉，希望维修人员能连夜上门服务。

随后，工作人员挨个打起了电话，面对工作人员预设的三种问题，各品牌售后服务人员的答案各有不同，F品牌的接线员连什么是工号也不知道，N品牌的电话则最难打，第一次占线，第二次响铃1分钟无人接听，直到第三次拨打电话时，对方才表示："咨询的人太多了，接听不过来。"工作人员随后就S品牌的一款洗衣机出现的故障咨询对方提供的售后服务电话时，对方没听工作人员说完，就表示："我们这里是S的维修点，但只修小家电，不修洗衣机。"记者随后想就此向S公司了解为何出现这种问题时，也一直无人接听电话。

（资料来源：革继胜，北京娱乐信报）

（四）差距4：营销沟通差距

差距4是指服务企业在营销沟通过程中所作出的承诺与实际提供的服务不一致。引起这一差距的原因首先是服务企业内部各职能部门之间的横向沟通不够。企业内部有许多部门，各有不同的职能活动，但它们都是围绕提高服务质量这一主题而展开活动的。良好的沟通是部门间相互协作的基本前提。如果沟通不到位，就会形成各部门协调上的差异，从而导致顾客对企业整体服务质量的质疑。尤其是在推出一项新的服务时，决策、广告策划与公关宣传等部门应与实际销售部门、服务第一线的人员协商好，统一服务标准，统一宣传口径，按既定的原则推出自己的服务项目。这样既可使顾客形成正确的期望，又可使服务人员按照营销宣传的要求做好服务准备，使实际服务水平与对外宣传的质量水平相吻合。引起这一差距的原因其次是服务企业与顾客之间的纵向沟通出现了偏差。在激烈的市场竞争中，企业为了获取竞争优势，急于推出新的服务项目，而决策者和管理者并没有考虑到本企业实际提供相关服务的能力，在促销宣传活动中作出了夸大的宣传或过多的承诺，误导顾客对服务质量的期望。而在实际提供的服务过程中又没有达到承诺的标准，这势必会引起顾客感受服务质量的负面影响。缩小差距4的方法是要千方百计保持企业内外信息渠道的畅通，加强企业部门与部门之间、企业与市场之间的沟通，使企业外部营销沟通的计划和执行与服务生产统一起来；同时在广告宣传中实事求是地介绍企业和服务项目与标准，防止虚假、夸大和存在承诺过多的倾向；加强与改善企业的软、硬件设施建设，努力提高企业实际服务水平。

（五）差距5：顾客期望服务与感受到的服务的差距

差距5是指顾客感知或经历的服务质量与顾客期望的服务质量之间的差距，是上述四种差距的综合反映。在不同的环境下，顾客对服务质量的期望是不同的。如果服务人员不注意这种区别，刻板地运用通用的服务标准，就会使自己认为的"标准服务"与顾客所期望的服务之间存在差距。例如，一对热恋的情侣平常都忙于工作，难得相聚，周末来到餐馆用餐，期望在一个安静、舒适、没有外人干扰的环境下倾诉相思之情。可服务人员没有注意到这一点，而是根据热情周到的服务标准，不断地询问他们的需求。显然，服务人员过分热情的举动一次又一次地打扰了他们所期望的温馨气氛。顾客对这种"标准化"服务是不会认同的,他们会认为服务员的行为是不礼貌的行为。

对服务质量的主观判断受许多因素影响,所有这些都可以改变对已经交付的服务的感受。一位顾客在酒店的整个停留过程都享受到了出色的服务,除了糟糕的结账设施以外,但这最后的经历可能破坏他以前对该酒店全部的良好感受,也导致了他对该酒店服务质量偏低的评价。实际服务质量达不到顾客的期望,必然会引起顾客的不满,带来消极的质量评价,损害企业的形象。如果企业不努力改进自己的服务质量,顾客肯定会重新做出选择,其结果是客户流失、业务量减少。

第三节　提高服务质量的方法与策略

一、提高服务质量的方法

企业要提高服务质量必须采取适当的方法。近年来,研究人员和业界人士曾提出许多方法和技巧来提高企业的服务质量。在这里主要介绍两种常用的方法,即标准跟进法和蓝图技巧法。

(一)标准跟进法

企业提高服务质量的最终目的是在市场上获得竞争优势,而获得竞争优势的简捷办法就是向自己的竞争对手学习。标准跟进法即是指企业将自己的产品、服务和市场营销过程等同市场上竞争对手尤其是最好的竞争对手的标准进行对比,在比较和检验的过程中逐步提高自身的水平。

尽管标准跟进法最初主要应用于生产性企业,但它在服务行业中的应用也是很普遍的。服务企业在应用这一方法时可以从战略、经营和业务管理等方面着手。

1. 在战略方面。企业应该将自身的市场战略同竞争者成功的战略进行比较,寻找它们的相关关系。比如:竞争者主要集中在哪些细分市场?竞争者追求的是低成本战略还是价值附加战略?竞争者的投资水平如何?他们是如何分配在产品、设备和市场开发等方面的?等等。通过这一系列的比较和研究,企业将会发现过去可能被忽略的成功的战略因素,从而制定出新的、符合市场条件和自身资源水平的战略。

2. 在经营方面。企业主要集中于从降低竞争成本和提高竞争差异化的角度了解竞争对手的做法,并制定自己的经营战略。

3. 在业务管理方面。企业根据竞争对手的做法,重新评估那些支持性职能部门对整个企业的作用。比如,在一些服务企业中,与顾客相脱离的后勤部门,由于缺乏适度的灵活性而无法同前台的质量管理相适应。学习竞争对手的经验使得二者步调一致无疑是提高服务质量的重要保证。

(二)蓝图技巧法

服务企业要想提供较高水平的服务质量和顾客满意度,还必须理解影响顾客认知服务产品的各种因素。而蓝图技巧(又称服务过程分析)为企业有效地分析和理解这些因素提供了便利。蓝图技巧是指通过分解组织系统和架构,鉴别顾客同服务人员的接触点,并从这些接触点出发来改进企业服务质量的一种策略。它最先由萧斯塔克引入服务营销学中。蓝图技巧借助流程图的方法来分析服务传递过程的各个方面,包括从前台服务到后勤服务全过程。它通常涉及以下四个步骤。

1. 把服务的各项内容用流程图的办法画出来,使得服务过程能够清楚、客观地展现出来。

2. 把那些容易导致服务失败的点找出来。

3. 确立执行标准和规范,而这些标准和规范体现企业的服务质量标准。

4. 找出顾客能够看得见的服务证据,而每一个证据将被视为企业与顾客的服务接触点。在运用蓝图技巧的过程中甄别和管理这些服务接触点很有意义,因为在每个接触点,服务人员都要向顾客提供不同的功能质量和技术质量。而在这一点上,顾客对服务质量的感知好坏将影响到他们对企业服务质量整体的印象。

比如,一家航空公司提供服务的过程至少涉及以下几个接触点:顾客向航空公司寻求信息;顾客预订机票;顾客到达机场大厅;顾客排队等候;顾客办理登机手续;顾客寻找登机门;乘务人员验证顾客登机牌;顾客登机;顾客寻找座位;顾客摆放行李以及顾客落座,等等。如果其中的任何一个环节出现问题,可能会导致顾客认为该家航空公司的服务质量较差。此外,由于服务产品具有无形性、不可分离性等属性,顾客在购买服务产品时往往显得犹豫不决,因为产品质量可能不符合顾客期望水平的风险很大。而服务企业若能消除或减少这种风险,则对于提高服务产品质量有较大裨益。企业减少顾客"质量风险"的考虑,可以从以下角度考虑。

一是集中强调质量。这就要求服务企业的高层管理人员真正投资于质量管理的活动上,包括履行承诺保证,在资源配置上支持质量管理活动,建立以质量为核心的服务企业文化,使得各个管理层次都能自觉为维持良好的产品质量做出贡献。如果顾客感到企业内部各员工皆能认识到质量的重要性,都竭尽全力提供优质服务,则服务质量不符的风险自然会逐渐消除。

二是加强员工培训。仅有"提供优质服务"的意识是远远不够的,为避免"眼高手低,力有未逮",企业必须进行员工培训,让员工接受新的服务技巧,改善服务态度,丰富服务产品的知识。

三是广告的重点也是"质量"。顾客心目中对服务质量多有怀疑,企业在设计广告宣传时应针对这一心理状态,形象地突出有关产品的质量特征与水平。例如,利用现有顾客做广告模特儿,说出个人使用此产品后的心理感受,有利于增强顾客购买产品时的信心。

四是利用推广技巧。站在顾客的立场上,产品质量不佳,意味着他们在金钱或面子上的损失。如果顾客认为金钱损失的重要性较大,则企业可充分利用"工作之便"销售技巧,如免费试用,减价招揽等,鼓励顾客勇于尝试。这些销售诱因会使顾客认为金钱损失的风险降低。

五是善用口碑。不少研究发现,在选购服务产品时,顾客容易听取曾经使用过类似服务的朋友或亲人的意见。因此,善用已有顾客的口碑能增强顾客的信心。

二、提高服务质量的策略

影响服务质量提高的原因在服务提供过程中表现和归结为五大因素:人、设施、材料、方法和环境。

从“人”的方面来看，服务的对象是人，服务的最终目标是满足人的物质和精神需要。同时，服务一般是通过服务者与被服务者即人与人的接触实现的，服务者的素质在提高服务质量的过程中起着直接的决定性作用。

从“设施”方面看，服务设施的优劣及其保养维护构成了提高服务质量的重要组成部分。

从“材料”方面看，服务为顾客提供的有形商品或无形商品（主要指信息）是否优质，直接影响服务质量。

从“方法”上看，包括服务的技能、方式、程序、服务的艺术，以及管理用到的各种统计和非统计方法构成的服务方法及其能否被熟练运用，是服务者素质优劣的重要体现。

从“环境”方面看，环境安全、优美、方便、舒适和有序是提高服务质量的必要条件和重要因素。

所有服务企业应当改变过去那种对服务提供过程“经验型”、“粗放型”的管理方式，从理论的高度认识服务提供过程；通过改革和发展、通过强化管理和细化管理，来优化服务提供过程，最终达到提高服务质量的目的。服务企业要提高服务质量必须根据每一个企业在不同时期服务过程中存在的问题和服务环境状况采取具体的提高服务质量的策略。借鉴一些服务企业提高服务质量的成功经验，服务企业在服务质量管理中应采取以下一些具体策略。

（一）服务企业必须树立整体质量管理的思想

服务企业整体质量涉及服务的全过程、企业所有部门及全体员工，因而，服务质量管理是全过程、全员性、全面内容的质量管理。必须把全面质量管理的思想运用于服务领域，服务企业必须把服务意识贯穿于整个服务过程，让每一个员工都树立质量意识，致力于服务质量的提高；应抓好员工的培训工作，服务企业之间服务质量的竞争主要是员工素质的竞争，很难想象，没有经过良好训练的员工能有高质量的服务。由于绝大多数服务企业是感情密集性企业，也就要求服务企业搞好企业文化建设，在服务企业创造和谐的人际关系氛围，人人关心服务质量的提高，员工能设身处地为顾客着想，理解顾客的需要和期望，关心顾客，为顾客提供优质服务。

（二）高层管理者必须重视服务质量的提高

服务质量的好坏关系到一个服务企业的生存与发展，必须引起服务企业的管理者高度重视，把抓服务质量作为其最重要的一项日常工作。为此，服务企业的管理者必须以身作则，为服务人员树立优质服务的榜样：要求服务人员尊重顾客，管理者必须首先尊重服务人员；要求服务人员为顾客提供优质服务，管理者必须首先为服务人员提供优质服务。总之，管理在使顾客满意之前应先使员工满意。另外，为了使服务质量管理规范化、制度化，企业管理者必须要搞好服务质量标准的制定，制定出高标准的服务质量，建立服务质量管理的责任制。

（三）制定科学的服务营销战略和服务质量战略

服务企业的营销活动是一项有计划、有步骤的经营活动，它的有效开展有赖于服务企业搞好市场调查，在此基础上进行市场细分，准确了解其目标市场、目标顾客的需求及变化趋势，并制定出科学的服务营销战略，尽量满足顾客需要，以赢得顾客的长期信任。

为了实现服务企业的营销战略，服务企业必须制定服务企业的质量战略，建立服务质量管理体系、保证体系，根据服务的关键环节、薄弱环节，建立质量监控点。为了实现管理的规范化，提高服务质量，服务企业在发展战略中重点应加强服务标准的制定，为服务质量管理提供依据。

（四）必须制定服务的标准规程

制定服务规程时，首先制定服务的环节程序，再确定每一环节统一的动作、语言、时间、用具，包括对意外事件、临时要求的处理方式、方法等。管理人员的任务是执行和控制规程，特别要抓好各项规程之间的薄弱环节，用服务规程来统一各项服务工作，从而使之达到服务质量标准化、服务岗位规范化和服务工作程序化、系列化。

（五）建立服务绩效的监督、考评机制

服务企业要提高服务绩效和服务质量，必须建立相应的监督和考评机制，采取恰当的方法发现企业在服务传递过程中的服务质量问题以及对每个服务人员服务的好坏，有针对性地不断提高服务水平。国外一些服务企业使用比较性购物、假装购买、顾客调查，以及设建议卡与投诉表等方法来对企业的服务水平进行调查。例如，美国通用电气公司一年发出70万张调查卡给许多家庭，请他们对公司服务人员的绩效进行评比。花旗银行在ART，即准确性（accuracy）、反应性（responsiveness）和时间性（timeliness），这几项标准上不断进行检验。为了监控服务质量，国外有些服务企业还通过聘请一般消费者、专家、企业管理人员等通过暗中接受服务或实际消费，然后进行打分或评价的“神秘顾客”方法来检验服务质量，采用佯装购买的方式以发现员工是否提供良好服务。

（六）建立使顾客不满变为满意的系统

任何一个服务企业即使其服务质量标准和服务监督体系再完善，也不可能不出现质量问题，关键是如何对这些服务质量问题及其所引起的服务抱怨有一个灵活的反应处理机制。经营有方的服务企业都对顾客的抱怨作出随和和友善的反应，建立企业与顾客之间的信息沟通渠道，以化解和平息顾客的不满情绪。这就要求服务企业建立这样一个能灵活处置此类问题的系统，借鉴生产性企业建立售后服务中心的做法，处理好服务产品的售后工作，并要求从事此类工作的服务人员有灵活处理此类抱怨与投诉的权力与能力。

（七）创造良好的消费购物环境

服务环境对顾客感觉中的整体服务质量会有很大影响。在服务消费过程中，顾客不仅会根据服务人员的行为，而且会根据服务环境中的有形证据评估服务质量。因此，服务企业应根据目标细分市场的需要和整体营销策略的要求，做好每一项服务工作和有形证据管理工作，为顾客创造良好的消费环境，以便提高顾客感觉中的整体服务质量。

案例链接

“神秘顾客”法

资料显示，工业越发达的国家，服务业越兴旺，服务质量的竞争就越激烈，企业家就越注重改善服务质量。但如何有效地改善服务质量，提高客户满意度，各行各业的老总和营销精英们高招迭出，可谓八仙过海、各显神通。其中聘请一般消费者通过暗中接受服务或实际消费，然后进行打分或评价的“神秘顾客”法近年开始出现，并且被老总们视为企业“一级商业机密”，对外鲜有宣传。“神秘顾客”法最早是由肯德基、罗杰斯、诺基亚、摩托罗拉、飞利浦等一批国际跨国公司，引进国内为其连锁分部进行管理服务的。

第一个把快餐带进中国的罗杰斯快餐店总经理王大东先生认为，罗杰斯设“神秘顾客”的原因是为了让他们客观地评价餐饮和服务做得是否好，要他们给员工打分，而他们打的分数与餐厅员工的奖金等是直接挂钩的，但之所以叫“神秘顾客”，就是因为员工们都不知道哪位是“神秘顾客”。美国肯德基国际公司对于遍布全球60多个国家、总数9 900多个分店的管理，也是通过“神秘顾客”的方式，专门雇佣、培训了一批人，让他们佯装顾客、秘密潜入店内进行检查评分。由于这些“神秘顾客”来无影、去无踪，而且没有时间规律，这就使快餐厅的经理、雇员时时感受到某种压力，丝毫不敢懈怠，从而提高了员工的责任心和服务质量。

中国电信下属许多分公司都聘请在校学生、下岗职工、政府工作人员和企事业单位职工作为“神秘顾客”，监督窗口服务。方式为询问营业员简短问题，用半小时观察营业员的整体表现，然后填写有关监测问卷，按月度整理后反馈给有关部门。有关部门据此对营业员进行考核，决定是否继续予以聘任。这种方式使电信的服务在短时间内有了极大的改观，杜绝了过去应付检查的现象。

（资料来源：季辉等，服务营销）

第四节　全面服务质量管理

一、全面服务质量管理的内涵

在此我们借用美国经济学家菲根堡姆全面质量管理的概念，提出“全面服务质量管理”，它是指由企业所有部门和全体人员参加的，以服务质量为核心，从为顾客服务的思想出发，综合运用现代管理手段和方法，建立完整的质量体系，通过全过程的优质服务，全面满足顾客需求的管理活动。

（一）全企业的服务质量管理

每个企业的服务质量管理都可以分为上层、中层和基层管理，涉及整个企业。上层管理侧重于服务决策,并统一组织,协调各部门、各环节的服务质量管理活动;中层管理则要实施领导层的服务决策,对基层工作进行具体的业务管理;基层管理则要求员工按标准进行操作,严格检查实际操作情况。

(二)全员性的服务质量管理

由于现代工业产品具有结构复杂、技术密集的特点,使顾客对服务有越来越多和越来越高的要求,使服务工作向综合性发展。综合性要求技术服务由具有机械、电子、光学、电气、化工等专门知识的人员进行,并要求业务服务由具有营销、管理、公关、财务知识的人员进行。因此服务绝不仅仅是销售部门的事,它要求企业的生产、技术、采购、保管、财务、人事等部门人员都关心服务质量,参与服务质量管理。

(三)全过程的服务质量管理

现代的服务工作也具有全面性的特点,它要求从设计、制造、成套供应、安装、调试到使用过程中故障的排除、维修等,为用户提供从售前到售后的长期服务。实施服务质量管理,必须把服务质量产生的全过程管起来,才能保证和提高服务质量。服务营销首先是对经销商的全方位服务:在产品方面,为经销商提供技术领先、品质优秀、差异性显著、盈利能力强、并能领导市场潮流的新产品;在资讯方面,收集整理及时、准确的市场信息提供给经销商,同时向他们传播现代营销理念和分销技巧;在终端管理方面,为经销商提供硬件和软件两方面的支援,帮助他们提高管理水平和销售能力;在市场拓展方面,帮助经销商进行市场分析和市场规划、制定短期和长期的发展战略,协同经销商进行下级渠道的建设,在店面装修、人员培训、经营策略上给予支持,推动经销商的发展壮大;在人员培训方面,建立系统的培训工程,为经销商及其促销员提供经常性、高水平的营销理论和终端促销技巧的培训与督导;在市场秩序方面,加大监督审查力度,对违规行为严惩不贷,努力为经销商营造一个界定清晰、秩序井然的经营环境,使经销商可以专心致志地做生意,而不被外来因素干扰;在经营理念方面,要正确认识商业经营的性质,树立帮助经销商赢取利润的观念,剔除视经销商为狡猾的人的错误想法和眼红经销商赚钱的不正确心态,和他们建立荣辱与共、风雨同舟的利益共同体。

服务营销也是对消费者的服务,这主要指通过完善的售后服务,让消费者买得放心、踏实。创维在售后服务上提出了"顾客,您是总裁"的口号,也摸索出了一套行之有效的做法。通过全方位的服务营销,建成制造业理想的营销模式将成为可能,这种理想模式具备以下六个特点:运营成本低、物流速度快、资源效率高、市场控制力强、客户信用高、员工积极性高。

二、全面服务质量管理的方法

影响服务质量的因素很多,要把这许多因素系统地控制起来,就必须综合运用各种科学方法和管理技术。质量管理经过多年实践,创造了许多行之有效的工具和方法,概括起来有14种,其中传统的方法有7种:排列图、因果图、直方图、分层法、控制图、散布图、调查表;现代方法也有7种:关系图法、KJ法、系统图法、矩阵图法、矩阵数据分析法、PDCA法、箭头图法。实行全面服务质量管理完全可以移植和借鉴上述科学方法。一套行之有效的方法一般包括服务程序、服务人员和服务技术的优化。

（一）服务程序

服务程序对于用户服务质量的改进是十分重要的，它的变化将对用户的忠实程度产生一定的影响，但在现实的服务过程中这一点经常遭到忽视。不以用户为中心的企业与用户的合作经常是以用户的不满而告终，并且这种摩擦和不满通常以沉默的方式表现出来。不幸的是用户在解除与企业的合作关系时仍不会将心中的不满表达出来。企业往往对容易表达不满的用户比较重视，却忽视了那些沉默的用户，忽视了他们心中的不满。有一句古话说，“会哭的孩子有奶吃”，这一点经常在各个企业的用户服务中得到验证。

为了改善这种状况，企业有必要实施一种用户服务程序，在这种程序中企业能够了解自己的服务在哪些地方出了问题，并且知道用户希望自己如何去解决这些问题。然而，在整个社会的经济状况都不景气的情况下，企业要有足够的财政预算来做到这一点并不容易。下面就介绍一种低成本的服务程序，这种服务程序可以及时发现自己企业在用户服务中存在的问题。

服务程序有以下几个基本步骤。

1. 确定目标。企业应该为自己的员工和用户确定合适的目标，并通过用户服务程序去实现这些目标。服务水平协议就是一个很好的例子，通过这一协议的签订，企业向用户承诺在一定的时间内帮助用户解决其所遇到的问题。一旦目标得到确定，企业就要开始设计灵活的、动态的服务程序去实现这个目标。对于企业来说，签订服务水平协议的最终目的是要确定切实可行的目标，在此基础上向用户提供比自己承诺的更加优质的服务，提高用户对企业服务的满意程度。

2. 建立计划。在对自己的服务程序进行检验的基础上，建立一个“神秘顾客”计划。在这个计划中，企业的经理和管理人员能够使用用户服务并适当地将他们的体验以文件的形式反映出来。这样做只需要很少的资金投入，却能够保证整个服务系统和服务程序按照企业确定的目标行事。然而有一点必须引起小心：不要把这种方法作为一种惩罚的手段，而是要通过它来改正服务中出现的问题。

3. 细分用户。还要对自己的用户进行细分，从自己的数据库中找出能够帮助企业正确分割用户群的信息。为用户服务代表执行“flag”命令，以更好地了解收集每一部分用户的相关信息并发布那些有价值的信息。往往企业拥有相应的信息能力，它们知道应该与哪些用户保持关系，为了与这些用户保持关系应该尽多大的努力、花多大的代价。一个完整的数据收集和分析工作通常是漫长而艰苦的，但是如果能够正确地使用“flag”命令的话，那么将使这一过程变得既简单又能够达到相同的效果。

对用户进行调查非常关键。可通过运行一个系统来对用户进行必要的调查。发布调查结果，弄清楚用户到底需要什么、对什么产品感兴趣，然后再把得出的这些结论收集起来。整个过程中最重要的一点就是，从所收集的信息中发现问题并执行必要的程序对这些问题进行解决。

4. 预测未来。最后还应该提高企业的预见性。加强预见性就要加强与顾客的联系。加强与用户们的联系可以采取一些简单的步骤，比如，让他们尽快知道你所了解的问题、预先告知他们可能会遇到的服务中断或是提前向用户提供他们所需的信息，这些简单的方法可以使用户服务变得更加有效率。起反作用的用户服务模式需要被改造，这样用户服务代表(CSR)和用户服务支持(CSS)系统就能够认清形势,作出正确的判断(如在何种形势下应该改换服务模式)和真正有意义的行动(如:提前对用户进行通报)。

(二)服务人员

企业应努力提高客户服务代表(Customer Service Representative,CSR)的士气和技术水平,使客户成为忠实的员工,使这些员工能够为用户提供更好的服务,作为回报这也将提高用户对企业的忠实程度。当然,现在很多公司还没有认识到客户服务代表士气的低落。但是企业有时会过分强调客户服务代表的水平而忽略用户的满意程度,造成用户与企业联系的途径被切断,所以他们可能不知道企业最近到底发生了什么事情。下面是一些低成本的方法,它们用以提高客户服务代表的"服务效率"。

1. 实行"电子学习"计划。最有效的训练系统是那些将正确的信息提供给客户的系统,它们的共同风格就是方便、容易操作。通过实行一个名叫"电子学习"的计划,客户服务代表能够快速找到他们所需要的信息,企业也能通过它获得对客户服务代表在新产品新方法上的快速培训能力。

2. 平衡工作量。从以往的经验来看,专门的客户服务代表在解决专门的问题或是在与特定的用户群相联系方面将变得更加有效。当客户服务代表变为不可或缺的资源时,他们的短缺就会引发问题和麻烦。服务人员的日程安排使得公司保证大多数解决问题的人员都能够在用户需要时及时地接听电话回复问题。客户服务代表需要从不同的途径源源不断地接触到大量的信息来回应用户们所提出的问题和抱怨。

(三)服务技术

就服务技术本身来讲,它不能提供用户服务和支持所需要的信息和程序。但是,它可以简化数据的收集和分发程序并实现这一过程的自动化。企业需要了解哪些人是自己的用户群体,从而在此基础上改进服务,开展市场营销活动,可以借助服务技术这个工具。

服务技术的正确应用可以使企业深入了解用户的需求以及他们对企业服务的满意程度,CSS 技术和系统的正确应用可以在很大程度上减少用户服务所需成本。最近的盖洛普(Gallup)民意测验表明,用户希望得到精确可靠的信息,希望能够与向自己提供服务的企业保持良好的合作关系以便从它们身上得到好的建议。

有很多系统、工具和技术可以帮助企业和用户服务代表向用户提供他们所需要的服务。在这里就向大家介绍一些最重要的加强用户服务的技术与方法。

1. 应用调查软件。以用户为中心的企业经常在自己的用户中开展调查活动,以了解用户的需求,调查软件这一自动化的技术手段可以帮助企业更好地进行用户调查。因为它可以使数据的收集过程变得简单,通过电子形式存储的信息能够被其他系统和用户关系管理设备所应用,从而实现了用户调查的自动化。

2. 开发情报系统。世界级的用户服务能够通过多种渠道不断地提供信息。举例来说,企业在一个网站发布某一信息的同时,就开始将相似的在某些情况下甚至是相同的信息通过电子邮件和账户进行发送,这可以同样应用于企业自身的开发。例如,如果企业的某一供应商临时解除合作以致企业的正常业务被搁置,那么企业可以将这一信息告之用户,让他们及时了解最新的情况,用户是希望及时了解到这些信息的。

3. 重新审视企业网站内容的管理。用户们希望能够通过企业的网站得到企业的信息，而不只是他们自己的信息。已经建立了自己网站的企业应该注重对网站的维护。用户们要求网站的内容能够及时更新，提供充足的、有用的、有价值的信息。除此之外，网站应该便于用户的使用，并且能够通过其他的多种渠道提供同样的信息。

4. 加快用户服务的速度。电子服务手段能够帮助企业改善与用户之间的互动交流，并且实现这一交流的自动化。通过电子服务手段的使用，企业可以降低用户服务成本。

5. 创建在线团体。创立包括用户和企业人员在内的在线团体和在线聊天室是一种很有价值的用户服务。这些工具可以被企业有效应用为一种调节杠杆，实现企业与用户之间的思想交流，使企业可以根据用户的需要提供服务和技术支持。除此之外，作为一种很好的信息来源，在线团体和在线聊天室的建立还可以帮助企业更好地了解自己的用户，提供更好的用户服务。

本章小结

服务质量是指顾客对服务生产过程、服务的效用感知认同度及对其需求的满足程度的综合表现。服务质量包括技术质量和功能质量两项内容，具有可感知性、可靠性、反应性、保证性和移情性等 5 个属性。

服务质量的评估，既要符合企业制定的服务标准，又要较好地满足顾客的需要；既要考查服务的结果，又要评估服务的过程。服务质量的管理，一般基于服务质量差距模型。

提高服务质量的管理方法有标准跟进法和蓝图技巧法两种。策略包括树立整体质量管理的思想、重视服务质量的提高、制定科学的服务营销战略和服务质量战略、制定服务的标准规程、建立服务绩效的监督与考评机制和创造良好的购物环境等。

全面服务质量管理，是指由企业所有部门和全体人员参加的，以服务质量为核心，从为顾客服务的思想出发，综合运用现代管理手段和方法，建立完整的质量体系，通过全过程的优质服务，全面满足顾客需求的管理活动。

关键词

服务质量　服务质量评估　服务质量管理　服务质量提高　全面服务质量管理

思考题

1. 如何理解服务质量的含义？服务质量属性表现在哪些方面？
2. 服务质量如何评估？
3. 根据服务质量差距模型，服务企业与顾客在服务质量感知上的差距是怎样形成的？
4. 提高服务质量的方法和策略有哪些？
5. 全面服务质量管理的含义是什么？如何实施全面服务质量管理？

案例分析

四季酒店开创顶级服务新境界

随着近年来人们生活水平的提高，外出商旅出差住酒店已经成为人们的首选，各大小酒店也都使出浑身解数吸引顾客。而四季酒店则运用独具匠心的服务体现其顶级的服务水平。

(1)标准之中的意外惊喜。四季酒店提供的基本服务基于一种行业的普遍标准，也就是说，顾客在五星级豪华酒店所能感受到的档次和标准化的服务在四季酒店都能感受到，但是在这些普遍的标准之外，顾客还能体验到一种许多高端酒店普遍缺乏的一种骨子里流溢出来的安宁和静谧，这是顾客踏入四季酒店的一刹那就能明显地感觉出来的，因此四季酒店服务的第一重境界就是让顾客在体验标准化酒店氛围的基础上能够获得一种意外的体验心境，这也是四季酒店在规划设计和建造装饰酒店时所极力追求的。

(2)地域文化与个性魅力。高端酒店并非越豪华就越能显示其对于顾客的价值与魅力，四季酒店恪守的服务信条就是为顾客创造一种能够久久回味与倾心欣赏的优雅与品味兼具的建筑艺术，这才是符合高端商务人士和社会精英们情感需求的真正意义上的高端酒店，所以物质的体验必须承载区域所在地的地域文化，比如在中国北京和上海就有龙的形象镶嵌在四季酒店的建筑之中，在杭州则把酒店修建在园林中，别具雅致和韵味，这些鲜明的地域文化元素尤能使顾客在孤寂紧张的旅行途中消除更多烦闷平添更多乐趣。

(3)接近舒适度极限的住宿环境。打造极度舒适的室内居住环境是四季酒店的核心追求之一，在改造或新建每一家酒店时对室内设计和布局的完美考究异常苛刻，每一个微小的细节都不会放过，必须与室外的静谧环境高度一致，并且在房间里的硬件设施和实际氛围要求更加雅静和别致，房间就是顾客的一个家、一个整体的家，在这里必须充满温馨惬意、自由随意、安全踏实、释然落定的空间氛围，每一个物件都要让顾客觉得舒适到极致。

在四季酒店提供的顶级服务里，作为顾客实际感知的核心内容之一的睡眠所需的用具——睡床是如何被称之为极品的，对于商务顾客来说睡床的好坏优劣或适合与否在很大程度上会决定顾客留下还是流失，四季酒店深知睡床的重要，不惜代价在全球范围内搜寻最好的床上用品，并精心组建，用全球最好的材质和最好的设计建造出来的完美睡床必然会创造出无出其右的一夜好眠。

(4)随心所欲的休闲生活。没有完善的服务设施，顾客的生活会有些单调，四季酒店增加各种类型的娱乐休闲设施，可让顾客真正体验到随心所欲的畅快生活。喜欢热闹场景的顾客可以去酒吧，想放松一下情绪或保养一下肌肤和身体的顾客可以享受美妙无比的水疗SPA，热衷运动的顾客可以去健身房，那有各种健身课程可供享用，而偏爱某类饮食的顾客又可以在独特的风味餐厅美美地饕餮一顿，如果还需要一次隐秘的私密会谈，独特设计的四季套间或各种套房均能完美满足。而且在这么丰富的活动种类中，每一项活动本身的质量甚高，比如餐饮，汇聚了全球知名的顶级美食，比如SPA，融入了各个国家、各个民族的养生模式或保健技法，既新奇独特，又增益健康。

(5)高度个性化与量身定制。针对每一种类型的顾客群甚至是每一位顾客的独特差异性，四季酒店极力做到适合他们自己的服务解决方案，在市场进入到典型的后消费时代，顾客的个性化需求逐渐高涨，尤其对于商务人士，摆脱现实生活中如同一潭死水般的程式羁绊常系于心，司空见惯的生活景象已经使他们沉闷透顶，他们希望获得重现自我的个性舒展，而在传统酒店服务中，到处充斥了标准化的千篇一律的服务内容和服务程式，它们很难激发顾客内在的自我需求，因人而异的服务方式和服务内容真正难得一见。四季酒店精准洞悉顾客潜在的内心欲求，不吝成本着力打造这种量身定制式的超常规服务模式，对顾客来说这是一种独一无二的服务价值，而对四季酒店来说这不仅仅是一种好的服务、优秀的服务，更是一种对每一个消费个体的理解和尊重。

另外，四季酒店还提供独特而又周全的礼宾服务，通过灵活机动与以人为本的服务理念、通过与顾客建立和谐融洽可信赖的朋友式关系赢得顾客的长久支持。

（资料来源：中国营销传播网）

案例讨论：

1. 四季酒店的服务水平具体体现在哪些方面？
2. 为了确保酒店的服务水平，四季酒店在内部管理中应注重哪些方面？

第十二章 服务失败与补救

学习目标
Learning Objectives

1. 了解服务失败的概念和原因
2. 熟悉消费者对服务失败的反应
3. 掌握服务补救策略

引导案例

对不起，我只负责送餐

最近几天，李先生一直没有吃午饭的情绪。到了中午，比较痛苦的就是找哪家餐厅叫盒饭。最后选择了这里一家比较知名的快餐店，原因是他们的餐具比较令李先生满意。

这家餐厅有点牛，催了四五次之后，终于见到一个很精神的小伙子风风火火到了。把餐盒往办公桌一放，就站在那里一声不坑等收钱。钱一收到呼的一声就不见了。等李先生把手头上的事情处理一段落了，这时候基本已经是15分钟后了，李先生打开餐盒一看：居然是蛋炒饭。这种事情已经发生过一次了，但是今天真是一点胃口都没有了。于是打电话投诉。餐馆态度不错，说马上过去换。再过了15分钟，还是那个小伙子，面无表情把换好的炒面放李先生前面，拿起原来的炒饭就走。李先生突然发现：没有送一次性餐具。李先生终于忍不住了，叫住了他："你们怎么搞的？弄错已经不是第一次了，并且，居然没有餐具，难道用手吃啊？"

这时送餐小伙子冷静地看着李先生说："对不起，我只负责送餐。"然后转身就走，留下李先生哭笑不得。

实际中这类情况并不少见。一个公司的执行力，必须依靠整个系统的运作才能进行。但是，这种"对不起，我只负责×××"的意识，是执行不力的一个主要原因。很多企业在流程化方面还有待提高，所以对"后道负责"的要求还是比较强的。所谓"后道负责"，就是抛开"我只负责××"的意识，而是后道工序对前道工序的失误进行检查、监督、补救。一个萝卜一个坑的情况是理想的，但很难真正实现。好像这个餐厅，如果前道工序没有任何失误，这个小伙子的确能够"只负责送餐"，他做好送餐工作，别人做好其他工作，就很完美。但是，当前道工序有失误，而这时候，下道工序能够起到检查、监督、补救，那么，执行还是能够进行下去。

企业在实际工作中，比较强调"制订规范—分配工作—检查监督—激励提高”这种流程。先把规范制订了,再把工作安排下去,每人都做不同的工作,而在检查监督方面,不仅仅是上级对下级的监督和补救,还有后道流程对前道流程的监督和努力补救。任何“对不起,我只负责××”的态度是不允许存在的。即使不是你的错,也应努力补救争取顾客的满意。

第一节　服务失败及其原因

一、服务失败

当企业所提供的服务未能满足顾客的最低要求,从而让顾客感到很不满意时,就可以认为发生了服务失败(Service Failure)。

制造型企业注重自身服务质量的提高,通过实行全面质量管理各种方式提高自身产品的质量水平。可是调查显示,服务行业的服务质量问题严重多于制造业,顾客投诉率也远远高于制造业。很多服务企业致力于改进自身的服务质量,提高顾客的满意度,可是效果却不尽理想。事实上,服务是一种特殊的产品,与实物的产品相比服务具有以下一些特性,而服务的这些本质特征决定了服务失败是无法完全避免的。

首先,服务是无形的,它与有形产品不同,服务的质量无法用一个行业内为买卖双方普遍认可的标准来衡量,服务本质上是给顾客的一种体验,而顾客的满意与否很多时候受其自身教育程度、主观偏好、心态心情的影响,而并不仅仅取决于服务提供方,一旦顾客觉得不满意,无法避免地就反映为服务的失败。

其次,服务具有异质性,同一个人,对于不同的顾客,在不同的时间和地点所提供的服务可能是不同的,也就是说服务者本身也无法保证服务质量的稳定性。

再次,服务还是同时发生的,服务的过程是有顾客参与的(即服务的不可分离性)。从服务提供者来讲,由于服务的同时发生性,意味着消费者很难对服务质量进行事前检验。另外,由于顾客的不合作,服务的失败也难以避免。

最后,服务具有不可储存的易逝性,导致供需之间难以平衡。有形产品可以通过存储来调节供需不平衡,而服务却不行,如一个旅馆无法将淡季的空闲房间储存和转移到旺季。一旦服务的供需失衡很容易就导致顾客的不满、服务的失败。

但是,面对服务失败,不同的顾客会有不同的反应,并非所有的顾客都会选择抱怨。但是顾客抱怨无疑是企业了解消费者感受、审视服务中存在问题从而改进服务的一个重要途径。

二、服务失败的原因

要理解服务失败首先要了解服务失败的原因。造成服务失败的原因多种多样:可能错在企业——企业的计划不周、员工态度不好等;可能源于外部环境中的各种不可控因素——比如天气;还可能由于顾客本身缺乏经验或知识。对于顾客的因素,企业可以对顾客进行培训或者让员工帮助和教授顾客如何接受服务。同时也要尽量减少外界不可控因素对服务质量的影响,制定应急行动方案,提高应变能力。本节主要从企业行为的视角出发,讨论企业方面造成服务失败的各种因素。

对于企业中造成服务失败的原因,美国学者比特纳等人进行了深入、系统的研究。他们运用关键事件法,分别选择了顾客和企业员工两种访问对象进行分析,对来自航空、宾馆和饭店业的700个满意与不满意的事例进行了分析。结果显示,造成顾客不满意即服务失败的主要原因包括以下几种。

(一)对所提供的核心服务失败的反应失败

第一种服务失败,是指由于员工对于核心服务失败的反应不恰当而引起的顾客不满。它们都是和核心服务的失败直接相关的,而所谓的核心服务的失败主要包括三种:没有可使用的服务;不合理的慢速服务;其他核心服务的失败。研究表明,核心服务的提供出现问题是决定顾客最终是否满意的一个关键点,而服务接触人员对这类事件的解决和反应能力直接决定着核心服务的失败是否会最终造成顾客的不满。

当餐馆因为繁忙而上菜缓慢时,服务员耐心解释或提供额外补偿,如提供免费饮料的行为,会明显提高顾客的满意度,可从感情上很好地弥补可能造成的顾客不满。再比如,在旅游高峰期,一个顾客在景点当地的某个宾馆订好了房间,可到达当天才知道宾馆的订房系统出现失误,标间客满,没有了这位顾客预订的房间。面对这种情况,宾馆服务人员如果很冷漠地表示无能为力,顾客得到这样的"服务"之后必然是异常气愤,无疑是重大的服务失败。而如果当时宾馆的服务人员稍微灵活机动一些,想方设法给顾客一些安慰,就有更好的效果,弥合之后的服务仍然不失为一次成功的服务。

(二)对顾客的需要和请求的反应失败

第二种服务失败,是对顾客的需要和请求的反应失败。一般来讲,顾客的这些需要都是特殊的,是不包含在常规的服务传递系统中的。比如,航班上的乘客生病,需要药品和护理;淮扬菜馆的顾客偏好麻辣口味,要求调整菜的口味。这都要求服务接触人员要能够根据顾客的需要适当调整所提供的服务,满足顾客的特殊需求。在这种情况下,员工能否提供令人满意的服务很大程度上决定了顾客是满意还是不满意。

顾客的需要可能是明确表示出来的也可能是默示的。比如,航班上有旅客生病,他们对药品、护理的需要就是一种典型的默示需要,即使他并不开口要求照顾,乘务员也应该主动地提供帮助。而明示的需要主要包括以下几种:①特殊的需要,如老人需要搀扶,儿童需要额外的保护。②客户的偏好,上面所提到的要求吃辣菜的顾客的需要就属于客户的偏好。③顾客失误,比如顾客丢失了房间钥匙,丢失了飞机票,他不得不向服务人员请求帮助。④有损害性的其他事件,比如有顾客请求服务人员让影院中的其他顾客保持安静,或者车厢中的乘客请求乘务员要求飞机上的其他顾客不要吸烟。面对这些需要时,服务人员的反应如果不恰当就会造成顾客的不满,造成服务失败。

(三)服务人员的不期之举

在服务当中,有一类服务人员的行为不是由顾客的需要引起的,也不是服务传递系统中所计划的一部分,被称为服务人员的不期之举。具体来讲,这类行为可以分为以下几种类型:注意程度、不寻常行为、文化准则、格氏评价、不利条件。这类行为的结果也是不可预料的——可能让顾客非常满意,也可能造成顾客的极度不满。

注意程度包括积极的和消极的两类行为。积极的注意是指员工主动地关注顾客需要并预测顾客需要,会带来顾客满意;而员工忽视顾客需求,比如冷漠地对待顾客,顾客不满也是很自然的结果。

不寻常行为也包括积极的和消极的两种。积极的不寻常行为的典型例子是:一位多米诺比萨饼连锁店的工作人员在给一个地区的客户送货时,碰巧看到有一家人房屋被焚毁,而他们正在废墟里寻找食物,这个员工立即将这一情况报告给经理,于是,半个小时后,免费的比萨饼送到这家人手中。这家人对比萨饼店的满意甚至达到了感恩的程度,他们永远也不会忘记多米诺比萨饼连锁店工作人员雪中送炭的善良举动。而工作人员由于自身心情的影响而产生的谩骂和粗鲁地对待顾客就属于消极的不寻常行为。

文化准则这一类行为是指那些可能符合也可能违反社会文化准则的行为。公平、公正、真诚是指积极的文化准则,而歧视、欺骗、偷窃都是为社会文化所不认可的行为。符合公平、公正等积极的文化准则的行为会造成较好的顾客满意度,而那些为社会文化所不认可的行为也不会得到顾客的认可,从而引起他们的不满情绪。

同时,也有很大一部分的顾客对所接受服务的印象是很整体性的,他们不会将满意或者不满意归因于如上那些具体的因素,而只是做一些很笼统地评价,如"令人感到很愉快"或者"整个服务过程糟透了"这样的评价。这就是所谓的"格氏评价"(Gestalt Evaluation)。对于这一类顾客的分析就无法得出很具体的造成不满的原因,不过这也从另一个侧面给我们一个启示:消费者的满意与不满意是很主观的感受,顾客是将服务的过程作为一个整体来感受的,一着不慎往往满盘皆输。

不利条件包括员工在压力条件下积极的和消极的行为。如果当周围的人"丧失理智"时,员工采取了很有效的手段控制了局面,则顾客对于这种不利条件下的员工表现会留下深刻的印象。相反,一艘船在下沉,而船长和水手在乘客之前就跳上了救生艇,这显然是在不利条件下的一种消极行动。

总而言之,冷漠地对待顾客、消极的不寻常行为、为社会文化所不认可的行为、压力条件下的消极行为都可能成为服务失败的来源。了解了以上这些服务失败的来源将有助于更深刻地理解服务失败。

(四)顾客的不当行为

很多企业的服务理念是"顾客第一,顾客永远都是对的。"这样一种顾客至上的理念对于企业关注顾客,提高服务水平是有好处的。但是,在现实的管理工作中也应该认清:其实,顾客并不总是对的。比特纳女士所做的研究表明:很多时候导致顾客不满和服务失败的原因就在顾客本身——并不是员工服务不努力,而是这类顾客实在"太难缠"。她将这类服务失败归咎于顾客,并且将顾客的不当行为分为以下几类:醉酒、语言和行动上的攻击、破坏公司的规则以及不合作的顾客。在现实的服务当中,这类顾客其实也是很常见的,可是,公司的规则和传统的观念往往忽略了他们的存在。忽略的一个结果,就是员工缺乏面对这类顾客的经验和信心,在这种情况下,手足无措的员工会让问题愈演愈烈。

所以,企业应该正视这类顾客的存在,首先对服务失败进行客观的归因,不让员工"有委屈却说不出";同时也应该在制度上建立对这种顾客的处理办法,并且对员工给予一定的应急能力上的培训。

第二节　消费者对服务失败的反应

一、顾客行为的种类

服务失败时,顾客首先会自问:是谁造成了这样的结果。将服务失败归因于企业会让员工对企业产生不满意情绪,而如果将失败归因于顾客自己或者外部环境因素则不会引起其太大的对企业的不满。不满意的情绪往往包括生气、不满、失望、自怜和焦虑等,在这些消极情绪作用下,顾客可能会做出如图 12－1 中的各种反应。总的来讲,消费者的行为无外乎两种:抱怨和不抱怨(也就是保持沉默)。实证研究表明,仅有5%～10%的不满顾客会主动抱怨和投诉。

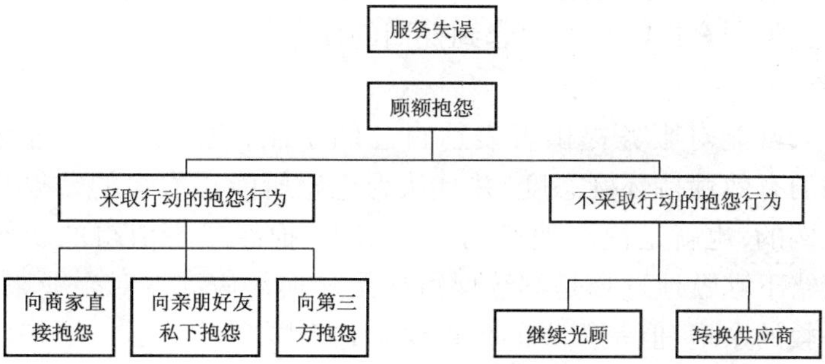

图 12－1　顾客对服务失败的反应

顾客抱怨的对象可能是多种多样的。最好的情况是,顾客在感受到不满意服务的当时就对服务提供者进行抱怨,给企业一个立即改正的机会,这种反应方式还潜在地避免了负面口碑的传播。那些在事后通过电话或者信件投诉的顾客同样也给企业提供了发现不足、改正错误的机会。

最坏的情形是,顾客并不直接向服务提供者抱怨,而是带着消极情绪向自己的朋友、亲戚以及同事传播有关公司的负面消息。负面口碑无声无息地削弱了企业的顾客基础,并且让企业丧失了可能的销售机会。

另外,顾客也可能向第三方抱怨,这里的第三方可能包括行业协会、消费者协会、政府的主管部门以及许可证发放部门。对不同组织抱怨可能会产生不同的结果。企业可以同行业或政府部门合作,从他们那里获得消费者不满意的信息来提高服务补救能力。

二、抱怨者的种类

有证据表明,根据顾客对服务失败做出的反应,可以将他们分为四类:发言者、发怒者、积极者、消极者。这四种类型顾客在不同的行业中可能占有不同的比例,但是他们的划分是相对一致的,并且每种都能够在所有的公司或行业中找到。

(一)发言者

发言者乐于向服务人员抱怨,并因为对抱怨的结果持有积极的预期,从而不会向其他人或组织表达不满。他们这种向服务提供者主动抱怨的态度是一种非常合作的积极态度，对企业来讲，这类顾客是企业最好的朋友。好的服务补救能够挽回这部分顾客，弥补他们对较差服务的不满。

（二）发怒者

在强烈的情绪冲动下，发怒者与其他类型的顾客相比更有可能极力向朋友、亲戚传播负面口碑，并且，他们比较偏向于向供应商抱怨，而不太可能向第三方抱怨。他们相信抱怨会有一定的社会作用，但是他们不会给供应商第二次改正的机会。在抱怨之后，他们会转向原有的供应商的竞争对手。他们对于企业一般都是不可挽回的顾客，却又造成了负面的口碑。对于这种顾客，第一次服务就做对很重要。

（三）积极者

这类顾客在各方面更加具有抱怨的倾向：他们向供应商抱怨，告诉其亲戚朋友，并且他们比其他人更可能向第三方抱怨，对于每一种抱怨的渠道，他们都期望出现好的结果。好的服务补救对这类顾客也能很好地起到挽回的作用。

（四）消极者

消极者们不太可能对服务提供者表达自己的不满，也不太可能向朋友及第三方抱怨。他们对抱怨的有效性持怀疑态度，并且认为抱怨所能够取得的结果与所投入的时间与精力是不成比例的，也就是说在他们的价值观中，抱怨是不值得的。他们的选择一般都是在不满的情绪下默默地选择是继续保留还是转换供应商。对企业来讲，这种消极的顾客没有服务补救的余地，但是损失的也仅仅是这个顾客。

三、消费者抱怨的原因

消费者是否抱怨主要取决于以下几方面的因素：服务失败对个人的重要性程度；顾客对于抱怨结果的预期；心理需要等。

如果服务本身对顾客来讲并不是很重要，或者服务失败的结果在顾客眼中也并不重要。那么顾客很有可能表现得宽宏大量，一笑置之，而不会引起强烈的情绪反应。显然，对他们来讲这样的服务失败并不值得他们花费时间和精力去抱怨，如送餐车迟到了几分钟。不过，虽然这种经历对顾客并不重要，他们不会抱怨，但是，一次有缺陷的服务，仍可能驱使他们在下一次转向竞争对手。

（一）顾客不抱怨的原因

顾客对于抱怨结果的期望能够影响顾客是否抱怨的决策。那些保持沉默的顾客往往不相信通过其抱怨行动对自己或者对别人会有什么积极的事情发生。

服务所固有的无形性和不可分性也在一定程度上让顾客对于服务的投诉少于商品。由于无形性，人们对于服务传递过程的评价主要是主观的，结果消费者常常缺乏客观观察的确定性，他们有可能会对自己的判断产生怀疑。

由于服务的不可分性，客户常常也是整个服务过程的一部分。因此，在服务未能达到理想的效果时，从归因上来讲，消费者本身“难脱干系”。可能是沟通的过程出现了问题，顾客本身没有表达清楚自己到底需要什么样的服务；也可能是顾客缺乏接受服务所需的条件，比如网上购物的消费者因为自己电脑的问题没有收到卖家发出的信息。另外,很多的服务是专业化的,技术性很强。缺乏相关知识的客户可能难以对服务的质量作出评价,因而难以投诉。一个典型的例子是对医疗服务质量的评价,顾客很难判断一个医生给自己开的药到底是否有效、合理。

(二)顾客抱怨的原因

与上面不抱怨的顾客相反,抱怨的顾客相信投诉会有积极的结果并且对社会有益。也就是说,他们相信得到公正的对待和良好的服务是应该的,相信自己将会并且应该由于服务失败而获得某种形式的赔偿。并且,社会责任感促使他们抱着帮助其他人的想法将自己的不满感受告诉服务提供者,同时也能促使自己在下一次不再受到相同对待。根据他们提供的信息,供应商可以改变服务方式,提高服务质量。积极的预期也会带来社会整体效应的提高。

因为不满意而抱怨着的顾客往往是高度情绪化的,从消费者心理学的角度来看,情绪状态下,顾客抱怨的行为也具有一定心理上的原因。首先,抱怨起着一个减压阀的作用,它可以使得抱怨者不满的情绪得到宣泄,起到"消消气"的作用,让顾客重新回到平衡的心理状态。其次,人们向第三方抱怨也是为了博得同情,看别人是否同意自己的意见,寻求一种认同。当别人表示自己在同样的情况下也会有同样的感受时,他们会觉得自己投诉得理直气壮。最后,抱怨者抱怨的时候也是为了制造一种印象,爱投诉的人通常被认为比不爱投诉的人更聪明、更有辨别力,通过投诉,他们觉得自己表现得比不投诉的人水准要高一些。还有一种看法认为,消费者投诉也是顾客借以恢复某种控制力的方式。如果顾客能够影响下一次可能的状态,这就意味着他从被动地接受服务失败的结果转向恢复了控制力。而向第三方抱怨则是出于一种报复心理,通过对冒犯自己的企业进行反面的口头宣传,他们也得到了某种程度上的控制力。

案例链接

4个投诉的用户

位于城市郊区的以中产阶级人群为主的为罗街上的4个人均是加拿大贝尔公司客户,而加拿大贝尔公司是安大略省多伦多市的一家大电话服务商。他们每个人都遇到了与电话服务相关的问题并且决定找加拿大贝尔公司进行解决。

- 文思顿·陈先生

文思顿每周末晚都要给东南亚的一些国家去电话,几乎每天中午都要给Kingston(离多伦多不远的一个小城市)打电话,并且几乎每个周末都要往不列颠哥伦比亚省的温哥华打电话。一天,文思顿先生收到了一张比平常任何时候数额都要高的电话账单。在仔细检查了账单之后,他确信账单数额有误,他被加拿大贝尔公司多收了电话费,因此他决定给加拿大贝尔公司的客户服务部打电话进行申诉并要求其改正错误。

● 玛利亚·波蒂乐小姐

玛利亚·波蒂乐最近错过了几个十分重要的电话，原因是拨叫者总是听到忙音。她打电话给电话公司以寻求一个比较可行的解决办法。

● 艾黎那·范德比尔特夫人

在过去的几个星期中，艾黎那·范德比尔特因为接到一系列言语猥亵的骚扰电话而烦恼。这些电话听起来像同一个人打来的，于是她给电话公司打电话希望能让这种令她烦扰的事情停下来。

● 理查德·罗宾斯先生

已经有超过一个星期的时间理查德·罗宾斯先生家的电话总是发出一种奇怪的嗡嗡声和咔哒咔哒的爆裂噪音，这使得理查德·罗宾斯很难听清电话那边的人在讲什么。他的两个朋友告诉他也听到了这些噪音。理查德·罗宾斯给加拿大贝尔公司打电话反映了这个问题。

（资料来源：李晓，服务营销）

四、消费者抱怨时所持有的期望

当顾客花费时间和精力进行抱怨时，他们往往对于抱怨的结果抱有一定的期望。下面将探讨消费者抱怨时所持有的期望，在进行服务补救的过程中，满足消费者的需要才有可能弥补第一次做错给顾客带来的不满意情绪。

研究表明，服务补救中消费者很在乎两个字——公平。服务补救领域的专家史蒂夫·布朗（Steve Brown）和史蒂夫·塔克斯（Steve Tax）总结了三种顾客寻求的公平类型：结果公平、过程公平和相互对待公平。

（一）结果公平

顾客希望自己得到的结果或者赔偿与自己的不满意程度、所付出的时间成本、精力成本是相匹配的。也就是说，必须让顾客感到，企业为自己错误所付出的努力起码应该与自己已经遭受的经济上和情感上的损失相当。企业可以采用经济赔偿、一次正式道歉、未来免费服务、折价、修理或更换等形式进行补偿。

顾客也会将自己的付出与得到的赔偿的比率与他人的付出赔偿比率进行比较。如果其他某位顾客付出了相同的成本，遭受了相同的不满意却得到了比自己更好的补偿，他们也可能会感到不满。这就是所谓的结果公平。

（二）过程公平

除了对得到补偿的结果要求公平之外，顾客也希望抱怨过程的政策、规定和时限是公平的。他们希望抱怨的途径和过程是清晰、快速、无争吵的，并且希望抱怨能够被快速地处理。他们欣赏那种能够快速提供恰当的、令人满意的服务补救的员工和企业。不公平过程的特点是使顾客感到缓慢、拖延和不方便。还有些企业会要求顾客提供服务失败的证明，否则就不承认是自己的服务存在问题，这样的过程会让顾客的不满意程度加重。

（三）相互对待公平

相互对待公平是指顾客在抱怨时，在与企业员工接触的过程中，期望受到员工有礼貌地、认真地、诚实地对待。如果顾客感到企业及其员工漠不关心或者没有承认错误的胸怀，顾客会觉得非常不满意，粗暴的态度可能会抹杀一切结果和程序上的努力。而顾客是否能感受到这种相互对待公平，很大程度上取决于抱怨处理人员的态度、职业素养以及是否得到足够的授权。所以，服务企业对于服务补救人员给予一定的礼仪、人际沟通上的培训以及授权是很必要的。

第三节 服务补救策略

一、服务补救的策略

现在很多企业已经认识到了服务补救的重要性，可是怎样做好服务补救呢？一般来说，失败的服务补救和不采取任何补救措施是同样糟糕的，有时甚至会产生更坏的影响。因此企业要尽一切努力避免对服务质量和顾客期望的双倍背离。企业若想挽回在服务提供方面已经失望的顾客，可以采用下面的几种方式：道歉、紧急复原、移情、象征性赎罪和动态追踪访问。每一个方式都是建立在上一个方式的基础上的。

（一）道歉

向顾客道歉是服务补救的开始，当企业意识到顾客的不满时，就应该有人向其道歉。道歉在一定程度上就意味着承认错误，这对于一些企业来说是很陌生的，它们常常不这么做。但是企业必须承认的是它们有时确实是无能为力的，比如因电脑故障、银行不能对顾客进行服务等。存在失败的危险在企业经营中是存在的，因为服务是易变的，只有企业接受了“失败有时是会发生的”这一客观事实，它才能向员工阐明向失望的顾客道歉的必要性。道歉的举动虽然很小，但是顾客会深切地感受到他们对于组织的重要性，这可以重新赢得顾客的好感。

（二）紧急复原

紧急复原是道歉的自然延伸，也是那些不满意的顾客所期望的。顾客在对服务表示不满后，就会希望企业可以做一些事情解决问题。紧急说明企业采取行动应迅速，复原就意味着企业为纠正错误而做的努力。当一个企业采取紧急复原措施的时候，它就向顾客表明了企业是很重视顾客的抱怨的，也表明了企业对自身错误的深刻认识以及企业自身的纠错能力很强。与得体的道歉一样，紧急复原行动令顾客知道顾客满意对企业很重要。如果一个企业对顾客的不满或抱怨视而不见或反应迟钝，或无法向顾客表明它在对此采取一些行动，那么顾客就会感到企业并不重视他们的感受，顾客也就会和其他不满顾客一起成为企业的流失顾客。

（三）移情

当完成紧急复原的工作以后，这时就需要对顾客表示一点移情，这也是成功的服务补救所不可缺少的。企业要对愤怒的顾客表示理解，理解因企业的服务未能满足顾客的要求而给他们带来的损失。但是要注意的是移情不仅仅就是简单地承认失败，移情要做的更重要的是努力地去理解为什么顾客会对企业失望，找出失望的具体原因。如果服务人员能够站在顾客的角度，他们就能很好地理解顾客的失望，并对顾客表示理解。移情的回报是令顾客意识到企业实际上是很关心他的困境的，而且也在积极地采取措施来减小损失。一般顾客若能意识到这一点，许多愤怒就会烟消云散，这也可以为企业和顾客的相互理解和尊重打下良好的基础。倘若移情努力不是真诚的，它就会使顾客重燃怒火。伪装的移情就好似恩惠或施舍，它只会使顾客更加愤怒。因此企业也要注意提高员工的倾听和移情技巧。

（四）象征性赎罪

对顾客表示理解和同情是很重要的，但是这时顾客仍未得到补偿。所以，在移情之后还要以一种有形化的方式来对顾客进行一定程度的补予。或许可以把送份礼物当做象征性赎罪的形式。礼物可以以赠券或其他的形式来赠予，如一张免费的电影票或音乐会的入场券、一次免费旅行等。之所以叫象征性赎罪，是因为企业提供给顾客的不是服务的替代品，而只是告诉顾客企业愿意为他的失望负责，愿意为因服务的不周对顾客造成的损失做出一定的补偿。需要注意的是如果企业赎罪的成本相对过高，就会对组织有负面影响，而赎罪的支出过小，则又无法发挥它的作用。所以对于企业来说，确定顾客的接受临界值也是一项重要的工作。

（五）动态追踪访问

在作了一定的补救后，企业还要看其挽回顾客好感的努力是否有效。通过对象征性赎罪进行动态追逐访问，企业可以测量出所采取的措施是否得到了顾客的认可，是否在一定程度上缓解了顾客的不满。如果访问表明企业的努力并没有达到预期的目标，那么在服务补救程序中就要加入新的手段。动态追踪访问有多种形式，因服务类型和服务补救情景而定，比如可以是象征性赎罪以后的电话回访或者是一封信或电子邮件，还可以是服务结束后对顾客的口头询问等。这样做的目的就是确定企业的赎罪努力是否得到了认可，顾客的不满或抱怨是不是得到了扭转。而且，动态追踪访问使企业获得了一次对补救计划的自我评估的机会，并可以找出哪些环节需要进一步的改进。

一般而言，采取了上述补救措施的企业是能够消除顾客不满的。当然这五种方式不是每一次都要全部用到，这要视具体情况而定了，但是不管是哪种情况，企业都要让顾客意识到企业对他们是很重视的。

案例链接

万豪酒店的服务补救

万豪连锁酒店的一位忠诚顾客前往加州的 Sarl Ramon 市公干，在出差之前，他在网络上预定了该酒店的一间客房。当他到达该城市时已经是晚上，在层层雾气中寻找了很久以后，他终于看到一个指示牌，上面写着“万豪酒店建筑工地大门”。

啼笑皆非的顾客通过联络该公司的度假订房中心，才发现他预订的竟是半年后才开业的酒店客房。好在他在附近找到了住处，也没有耽误自己的旅程。

但他的旅行代理人建议他写封信向董事长马里奥特投诉,他照做了。董事长马里奥特亲自写了一封道歉函给他,并附上一张免费住宿一晚的招待券,很快万豪的订房部门也写了一封道歉函。这位顾客以为这件事情应该算是落幕了。

但是当 Sarl Ramon 新建的万豪酒店的营销经理注意到这件事并告诉总经理时,两人觉得颇为有趣,认为应该在酒店真正开幕时,请该顾客回来更好地体验一下。于是,在酒店开幕当日,该顾客经历了一次终生难忘的服务体验:免费乘坐头等舱飞往 Sarl Ramon 市,直升机接送他和妻子直飞酒店,酒店大门口全体员工组成的欢迎队伍驾临……这位顾客从此成为万豪酒店的终身支持者。

(资料来源:梁彦明,服务营销管理)

二、服务补救的原则

优秀的服务补救策略是各种各样的策略在一起发挥作用的综合体。企业在制定服务补救策略时要遵循以下几个原则。

(一)尽量避免服务失误,争取一次做对

服务质量的第一条规则就是在第一次就把事情做好,如果能做到,就没有补救的必要,补救所需的花费以及赔偿的费用就可以避免了。可靠性或者第一次做对是所有行业关于服务质量最重要的量度。一个企业采取一系列服务补救的措施后还是要回到服务策略的基础也就是服务的可靠性。

企业可以采用防故障程序的全面质量管理概念来改善服务的可靠性。防故障程序通过现场自动报警和控制来确保不发生错误,对服务进行“错误防护”;确保按恰当的顺序和适时的方式进行服务;确保与服务相关的有形物品是干净的、得到很好维护的,并且顾客资料是准确和及时更新的,还可以用于确保员工行为和顾客行为的有效性。此外企业应形成一种零缺陷的观念来保证第一次就把事情做对,在零缺陷观念下,每个人都理解可靠性的重要性。企业的目标就是让每个顾客满意,并且寻找改善服务的方法。零缺陷观念下员工会充分地理解和领会“顾客终身价值”的概念,每时每刻对每一位顾客都提供优质服务。

(二)欢迎并鼓励顾客抱怨

再优秀、服务质量再好的企业也不能避免失误的发生,服务补救策略的关键组成部分就是欢迎并鼓励抱怨,而且对抱怨要预期、鼓励和追踪,抱怨的顾客也要被真正当成朋友看待。

通过满意调查、重大事件研究和追踪抱怨。还可以鼓励一线员工发现顾客不满意和服务失误的根源就往上报告这些信息。如果通过一些失误情况发现了某些公共原因,就可以对服务过程和属性进行修改。鼓励抱怨还可以教会顾客怎样抱怨,很多顾客是不知道该跟谁讲、过程是什么或者应该涉及什么。企业就要使这些过程尽量简单,顾客最不愿看到的就是当其不满意时,还要去面对一个复杂的、难以进行的投诉过程。比如企业可以通过免费呼叫中心、免费电话、电子信箱等技术来帮助、鼓励和追踪抱怨,使顾客很容易就找到销售和服务人员。而且采用技术还可以在问题和抱怨发生之前实现预测,甚至使员工在顾客发现问题存在前对问题进行诊断。

（三）快速行动

抱怨的顾客希望得到企业的快速反应。如果企业欢迎，甚至鼓励抱怨，它就要快速对抱怨采取行动，这也就要有适合快速行动的系统和程序，以及对员工授权。企业可以采取的行动有以下几个。

1. 在现场关心问题。顾客希望听到其抱怨的人就可以解决他的问题，无论这项抱怨是通过个人、电话还是国际互联网方式。打电话给顾客也可以加快抱怨的处理，即使顾客是花费时间写信抱怨的也可以通过电话来回应。

2. 授权员工。对员工进行培训和授权可以在问题发生时就予以解决。往往一个未解决的问题可能会很快升级，比如客人在饭店住宿，对饭店洗衣房不满，如果他的投诉没有得到响应或及时解决，那么顾客就会离开去光顾其竞争对手。有时候，员工们可以在问题发生之前预见到它们，并给顾客以惊奇的解决方法。比如在旅行途中，因为塞车，导游可以调动游客的积极性，举办车上联欢或讲解一些关于旅游地的传说或者是提供车上游客食物和饮料，以此来转移游客的注意力，让他们的抱怨分散。对于服务人员，补救培训是十分需要和必要的。因为顾客要求服务补救在现场及时进行，那么一线员工就要有技巧、权力和激励来从事有效的补救。有效的补救技巧包括倾听顾客问题、采取初始行动、辨别解决方法、即兴发挥以及变通规则等。员工不仅要有权力来行动，而且不能因采取的行动而受罚，企业必须要有一些激励措施鼓励员工行使其补救权力。

3. 允许顾客自行解决问题。这也快速处理问题和抱怨的方法，通过建立一个允许顾客亲自解决服务需要和处理遇到问题的系统（一般是需要技术支持来完成的）。顾客直接应用公司的技术完成对自己的服务，给自己提供及时答案，比如银行的 ATM 机。

（四）公平对待顾客

企业在快速反应时，公平对待每一位顾客也是很重要的，一般来说，顾客希望在三个方面得到公平对待：他们得到的结果、服务补救的发生过程以及相互间的对待等。

（五）从补救经历中学习

问题解决状况并不仅仅是指有机会补救有缺陷的服务和加强与客户的联系，它们同时也有助于改进客户服务特征和规范信息来源，而企业对此却常常忽视和未加利用。通过追踪服务补救的努力和过程，企业可以获知一些在服务交付系统中需要改进的系统问题。通过进行根本原因分析，识别出问题的来源，对过程进行改进，有时能彻底消除对补救的需要。

（六）从失去的顾客身上学习

有效服务策略的一个重要方面就是从已经决定离开的顾客身上学习。正式的市场调查可以发现顾客离开的真正原因，对离去顾客的研究特别是对顾客的深入调查，以确定其离去的真正原因，有助于避免未来的失误。由训练有素和真正了解业务的人员进行深度访谈是最有效的做法。企业的高层管理人员来进行这项研究就更好了，特别是对大宗顾客或丢失一个顾客会带来巨大影响的企业顾客而言，从而来发现顾客背离的真实原因。

从顾客身上学习要将重心集中在那些已经离开的、重要的或有利可图的顾客身上而不是针对离开企业的每个人。尽管行业不同，顾客离去的特殊原因也会各不相同，但还是可以找到一些共同之处，比如：价格、不方便、核心服务失误、服务接触失败、对服务失误的反应、竞争、道德问题及不自觉转换。

（七）重新把事情做好

企业通过集成所有的服务补救战略，就会发现对服务补救的需要越来越少，而当服务补救确实发生时，企业也早有准备，就会给顾客留下深刻印象并仍然保证业务能持续下去。

本章小结

当企业所提供的服务未能满足顾客的最低要求，从而让顾客感到很不满意时，就可以认为发生了服务失败。服务失败的原因主要来自于对所提供的核心服务失败的反应失败、顾客的需要和请求的反应失败、服务人员的不期之举和顾客的不当行为等方面。

服务失败会引发顾客抱怨，抱怨者分发言者、发怒者、积极分子和消极分子四种类型。当顾客花费时间和精力进行抱怨时，他们往往对于抱怨的结果抱有一定的期望。一般有结果公平、过程公平和相互对待公平三种期望。

企业在处理顾客抱怨时，可以采用这样几种方式：道歉、紧急复原、移情、象征性赎罪和动态追踪访问。应遵循欢迎并鼓励顾客抱怨、快速行动、公平对待顾客、从补救经历中学习和从失去的顾客身上学习等原则。

关键词

服务失败　顾客抱怨　抱怨处理

思考题

1. 什么是服务失败？其产生的原因是什么？
2. 抱怨的顾客有哪几种类型？他们抱怨时有哪些期望？
3. 处理顾客抱怨的策略有哪些？
4. 处理顾客抱怨时应遵循什么原则？

案例分析

从马航事件看企业的危机公关

马航在飞机失踪当天派出包括专业心理疏导人员在内的庞大代表团抵达北京，4 天连发 11 份声明，召开多场信息发布会，每名失联家属一对一配备看护人员，快速安排失联人员家属赴吉隆坡,给予家属 5 000 美金慰问金等,从做出反应的时间和力度看都不算差。但为什么招致家属和舆论的一致抵触和差评?

公众事件注重发布程序,但更关键的是第一时间与公众和媒体尤其是与当地政府和失事人员家属有效沟通以及有条不紊周密安排。

从事件发生到对外公布,马航需要大量的内部信息核实和对外协调确认时间,尤其是与官方的通报确认时间。事件调查和处理过程中,在尚未得出最终结论和未得到官方最终确认前,很多事宜航空公司无法单方面进行发布和表态。但对外发布第一时间就应同步附上企业的明确表态,表明企业对事件诚恳负责的态度和对失事人员及家属的关切,而不仅限于公布事件消息。外界不一定了解整个过程,如果信息公布不及时、不到位,缺乏有序组织和有效沟通,很容易引发更加强烈的误会和质疑。

马航当天即派出庞大的代表团抵京,从行动本身足以代表其响应速度和重视程度,但恰恰因为缺乏与当地国家政府和合作伙伴的有效沟通,缺乏对公众和媒体尤其是失联人员家属的有效情感沟通和责任承担。新闻发布会一拖再拖,地点一改再改,没有充分考虑到参与报道的各国媒体数量如此之多,更没有通知失事人员家属。同时,缺乏当地政府的支持和参与,企业单枪匹马召集新闻发布会,本身就缺乏公信力,如果仓促中漏洞百出,对媒体和公众最起码的尊重和有序接待和安排都欠缺,不仅失联亲属这些当事人不满,连事外的媒体都会不满和倒戈,通过媒体传递给公众的印象和形象就会更加凌乱和局促。

企业发布信息并不是只有开发布会一种渠道,训练有素的企业会在第一时间发表声明表明担当,再有条不紊地组织发布会,争取政府和舆论的支持,进而取得公众的理解和支持。如果没有充分准备好,匆忙上马,反而会在海内外媒体的聚焦下进一步放大企业的缺陷。要知道,北京两会是世界的焦点,昆明一案是世界的焦点,在此背景下发生的航班失联事件在新闻聚焦叠加效应和关注度上将快速冲顶。而第一印象失分,就会极大影响企业的公信力,加剧公众的不信任感。

尽管事件发生后,面对最终赔付责任,航空公司和乘客亲属在某种程度上将成为利益对立的甲、乙方,企业需要秉承契约精神,只有勇于检视自身过失,承担对用户的责任,坚信质量、服务和管理的提升才能带来企业的良性发展和效益改观,才能走出公共危机的阴影,消除公众的不信任感。

妥善安置好失联人员亲属,给予人性化服务和呵护,而不仅仅是公事公办的各种声明和形式,更能取得失联人员亲属和公众的谅解和支持,才能渐渐摆脱危机。马航以服务著称,而此次危机处理事件欠缺的恰恰一是信息公开和有序组织,二是人性化的沟通和服务。人命关天,大马有错在先,相关信息皆无,官方不断澄清再不断否认,缺失了坦诚、情感和服务,会加剧公众质疑和不满,加重危机。信任危机更连累到马来西亚的航空、旅游及其他各个产业,导致其他产业一片低迷,股价大跌。

一些外企形式规范,但在中国败走麦城,首要的就是未能融入当地风土人情和环境,水土不服。马航连发 11 项声明,秉承了外企某些方面字斟句酌的严谨和规范,但由于欠缺有序的组织和有效应对突发事件的经验,缺乏与政府、媒体、公众以及失联人员家属的有效互动,缺乏人情冷暖的温度,与失联人员家属和公众始终有距离感。尽管其很多方面的实际表现(第一时间公布马航各地办事处电话,通过机场和酒店安顿失事人员家属,相继开通马航博客和政府微博,护送家属赴马,提供先期慰问金等)比起国内一些事件处理上规范得多,有诚意得多,力度也大得多。

同样是信息焦虑,外交部副司长"大家最关注的问题,亲人在哪,我也想知道"一席肺腑话说到了失事人员家属的心弦上,新华社记者手记《我怕来不及,我在寻找你》同样是以情感打动人心,尽管沧海茫茫、信息皆无。这些感同身受的情感交融远比单纯的经济补偿更深得人心。设身处地为顾客着想,一切误解终将冰雪融化。

案例讨论:

1. 借鉴其他企业的危机公关案例,对马航提出改进建议。
2. 当遭遇突发事件时,企业应如何处理并妥善安置各类对象?

参考文献

[1] 王永贵. 服务营销[M]. 北京:北京师范大学出版社,2007.

[2] 李晓. 服务营销[M]. 武汉:武汉大学出版社,2004.

[3] 梁彦明. 服务营销管理[M]. 广州:暨南大学出版社,2004.

[4] 郭国庆. 服务营销管理[M]. 北京:中国人民大学出版社,2005.

[5] 季辉等. 服务营销[M]. 北京:高等教育出版社,2007.

[6] 郑吉昌. 服务营销管理[M]. 北京:中国商务出版社,2005.

[7] 贾昌荣. 服务营销战[M]. 北京:中国经济出版社,2006.

[8] 阳 林. 服务营销[M]. 北京:电子工业出版社,2008.

[9] 曹礼和,邱华. 服务营销[M]. 武汉:武汉大学出版社,2004.

[10] 叶万春. 服务营销学[M]. 北京:高等教育出版社,2004.

[11] 傅云新. 服务营销实务[M]. 广州:广东经济出版社,2002.

[12] 李怀斌. 服务营销教程[M]. 大连:东北财经大学出版社,2002.

[13] 冯丽云. 服务营销[M]. 北京:经济管理出版社,2002.

[14] 马龙龙. 服务营销与管理[M]. 北京:首都经贸大学出版社,2002.

[15] 王 超. 服务营销管理[M]. 北京:中国对外经济贸易出版社,1999.

[16] 李海洋. 服务营销[M]. 北京:企业管理出版社,1996.

[17] 汪纯孝,蔡浩然. 服务营销与服务质量管理[M]. 广州:中山大学出版社,1999.

[18] 陈祝平. 服务营销管理[M]. 北京:电子工业出版社,2002.

[19] 陈 觉. 服务产品设计[M]. 沈阳:辽宁科学技术出版社,2003.

[20] 吴晓云. 服务营销管理[M]. 天津:天津大学出版社,2006.

[21] 罗海成. 服务业顾客忠诚度研究[M]. 天津:南开大学出版社,2006.

[22] 王永贵. 顾客抱怨与服务补偿[M]. 天津:南开大学出版社,2007.

[23] 克里斯托弗 H 洛夫洛克. 服务营销[M]. 陆雄文,庄丽,泽. 北京:中国人民大学出版社,2000.

[24] 菲利普·科特勒等. 专业服务营销[M]. 俞利军,译. 北京:中信出版社,2003.

[25] 约翰 E G 贝特森,K 道格拉斯霍夫曼. 服务营销管理[M]. 邓小敏,王志刚,叶陈毅,译. 北京:中信出版社,2004.

[26] 马尔霍特拉. 市场营销研究:应用导向[M]. 涂平译. 北京:电子工业出版社,2002.

[27] 理查德·诺曼. 服务管理:服务企业的战略与领导[M]. 范秀成,译. 北京:中国

人民大学出版社,2006.

[28] 瓦拉瑞尔 A 泽丝曼尔,张金成,玛丽·乔·比特纳. 服务营销[M]. 北京:机械工业出版社,2004.

[29] 克里斯汀·格罗鲁斯. 服务管理与营销——基于顾客关系的管理策略[M]. 韩经纶,译. 北京:电子工业出版社,2002.

[30] 麦可姆·麦克唐纳,爱德兰·佩恩. 服务营销规划[M]. 北京:企业管理出版社,2002.